"十四五"职业教育国家规划教材

"十三五"江苏省高等学校重点教材：2017-1-077

高职高专
市场营销专业
工学结合
规划教材

市场营销策划

（微课版·第三版）

徐汉文　袁玉玲　主　编
王金龙　陈　锋　副主编

清华大学出版社
北京

内 容 简 介

本书是"十四五"职业教育国家规划教材。本书由教育部市场营销专业国家级教学团队带头人徐汉文教授领衔主编,秉承了"目标导向,任务驱动,项目载体,岗位实践"的指导思想,校企合作共建,并进行了近五年的项目化教学实践与完善。本书的编写既体现了先进的教育理念,也遵循了职业教育的规律。教材内容根据项目化教学的要求进行设计,融理论与实践为一体,职业性强;在体例上大胆创新,融知识性与趣味性为一体,可阅读性较强。本书配有国家级教学团队精心制作的微课学习资源,读者可以使用移动终端扫描二维码观看学习。

本书共包括营销策划基础、营业推广策划、节日活动策划、产品广告策划、新品上市推广策划、公共关系主题活动策划和企业形象策划 7 个项目,25 个任务。每个项目具有相对独立性,同时项目之间又有机关联,保证了教材的完整性,便于读者举一反三、融会贯通,进而全面提升营销策划能力。

本书可作为高职高专市场营销类、经济贸易类专业的教材,也可作为社会培训教材和自学用书。

本书封面贴有清华大学出版社防伪标签,无标签者不得销售。
版权所有,侵权必究。举报: 010-62782989, beiqinquan@tup.tsinghua.edu.cn。

图书在版编目(CIP)数据

市场营销策划:微课版 / 徐汉文,袁玉玲主编. —3 版. —北京:清华大学出版社,2019(2023.8重印)
(高职高专市场营销专业工学结合规划教材)
ISBN 978-7-302-53449-5

Ⅰ. ①市… Ⅱ. ①徐… ②袁… Ⅲ. ①市场营销-营销策划-高等职业教育-教材 Ⅳ. ①F713.50

中国版本图书馆 CIP 数据核字(2019)第 163000 号

责任编辑:左卫霞
封面设计:傅瑞学
责任校对:赵琳爽
责任印制:丛怀宇

出版发行:清华大学出版社
网　　址:http://www.tup.com.cn,http://www.wqbook.com
地　　址:北京清华大学学研大厦 A 座　　邮　编:100084
社 总 机:010-83470000　　邮　购:010-62786544
投稿与读者服务:010-62776969,c-service@tup.tsinghua.edu.cn
质量反馈:010-62772015,zhiliang@tup.tsinghua.edu.cn
课件下载:http://www.tup.com.cn,010-83470410

印 装 者:三河市科茂嘉荣印务有限公司
经　　销:全国新华书店
开　　本:185mm×260mm　　印　张:13　　字　数:312 千字
版　　次:2011 年 8 月第 1 版　　2019 年 9 月第 3 版　　印　次:2023 年 8 月第 5 次印刷
定　　价:48.00 元

产品编号:082790-02

丛书序

我们正面临的是一个快速变化的新营销时代,今天的成功经验还没来得及总结,可能已成为明天进步的障碍。"微利时代"给企业营销提出了新的挑战。

几乎所有的营销者都希望能像阿里巴巴一样,站在一个宝藏库的门前,念一句"芝麻开门",就能不费吹灰之力得到里面的"真金白银"。为此,他们也确实下了不少苦功去寻找和学习这种本领,然而,无论学习的是菲利普·科特勒和阿尔·里斯的"咒语",还是大卫·艾克的"法术",最后大多数人都以失望而告终。因为无论那些"咒语"和"法术"如何精妙灵验,如果没有与企业自身的营销实践相结合,没有运用科学的营销方法与策略,也都百无一用。

因此,所有的营销者都不应忘记,市场上的宝藏有很多,但是在使用那些灵验的"咒语"之前,先要找到适合自己和企业的营销理论、方法与策略。只有这样,行走在营销大道上的营销者才能穿越无数迷雾与陷阱,最终运用自己学到的"咒语"和"法术"打开成功营销的大门。

随着我国社会经济又好又快地发展,社会对市场营销人才的需求日益扩大,与此同时,企业在市场上的营销竞争也更加激烈。因此,能否培养出不仅数量足够,而且素质和技能较高的、能够充分适应和满足企业市场营销需要的营销专业人才,已成为当前我国高职高专院校和市场营销业界必须思考与解决的一个既重要又迫切的问题。

要培养出一支高素质、高技能的市场营销人才队伍,关键要编写出一套体系科学、内容新颖、切合实际、操作性极强的市场营销专业教材。正是基于这样的需要,我们在广泛征求全国高职高专院校市场营销专业的教授、专家、学者、学生,以及企业营销业界专业人士对市场营销专业教材建设的意见与建议的基础上,成立了高职高专市场营销专业工学结合规划教材编写委员会,采用课题研究方式,通过走访企业和多次召开教材编写研讨会,对教材的编写原则、体系架构、编写大纲和基本内容进行了充分的探讨与论证,最后确定了一支由直接从事市场营销专业一线教学和科研工作,既具有丰富的市场营销教学科研经验,又拥有丰富的企业营销实践技能的专家、教授、学者和"双师型"教师的编写队伍。

高职高专市场营销专业工学结合规划教材的编写原则与特色如下。

1. 与时俱进,工学结合

本系列教材在充分贯彻和落实国务院《国家职业教育改革实施方案》(国发〔2019〕4号,简称职教20条)的基础上,注重市场营销新理论、新方法和新技巧的运用,充分体现了前沿性、新颖性、丰富性等特点。同时又根据高职高专市场营销专业学生毕业后就业岗位群的实际需要来调整和安排教学内容,充分体现了"做中学、学中做",方便"工学结合",满足学生毕业与就业的"零过渡"。

2. 注重技能，兼顾考证

本系列教材根据营销职业岗位的知识、能力要求来确定教材内容，着重理论的应用，不强调理论的系统性和完整性。既细化关键营销职业能力和课程实训，又兼顾营销职业资格的考证，并通过大量案例体现书本知识与实际业务之间的"零距离"，实现高职高专以培养高技术应用型人才为根本任务和以就业为导向的办学宗旨。

3. 风格清新，形式多样

本系列教材在贯彻知识、能力、技术三位一体教育原则的基础上，力求在编写风格和表达形式方面有所突破，充分体现"项目导向、任务驱动"和"边做边学、先做后学"。在此基础上，运用图表、实例、实训等形式，降低学习难度，增加学习兴趣，强化学生的素质和技能，提高学生的实际操作能力。同时，力求改善教材的视觉效果，用新的体例形式衬托教材的创新，便于师生互动，从而达到优化学习效果的目的。

由于编者的经验有限，高职高专市场营销专业工学结合教材对我们来说还是首次探索，书中难免存在不妥和疏漏之处，敬请营销业界的同行、专家、学者和广大读者批评与指正，以便我们能够紧跟时代步伐，及时修订和出版更新、更优的教材。

高职高专市场营销专业工学结合规划教材
编写委员会

第三版前言

党的二十大报告指出:"加快建设教育强国、科技强国、人才强国",要"广泛践行社会主义核心价值观",并提出培养"有理想、敢担当、能吃苦、肯奋斗的新时代好青年"的时代课题。为此,我们把培育和践行社会主义核心价值观融入教材建设全过程,落实在章节、知识点、案例、习题中。本书全面贯彻新发展理念,充分运用数字经济赋予经济社会发展的"新领域、新赛道"和"新动能、新优势",发挥教材的"数字化"功能,为实现高质量发展,培养德智体美劳全面发展的社会主义建设者和接班人,发挥教材的支撑作用。

为贯彻落实全国教育大会精神和《国家职业教育改革实施方案》(国发〔2019〕4号)等文件精神,结合大数据、移动互联网、人工智能、云计算等对营销实务带来的新形势、新理念、新技术,编者将诸多新的教学理念、教育实践成果更新到本版教材中,使之满足当前的教学需求。

《市场营销策划》教材于2011年8月出版第一版以来,受到广大师生和读者的肯定与欢迎,这给予了教材编写团队极大的鼓励,也成为教材改进的强大动力之源。本次修订,相较于第二版,做了如下改进。

1. 体例结构更加完善

在保持教材原有七个项目的基础上,对部分项目内容的呈现顺序做了优化调整;在每个项目之后增加了"章节测试题",以便学生巩固所学内容,真正做到学以致用。

2. 内容更新与时俱进

应对营销环境、营销技术等变化,增加了营业推广工具等方面的新内容,并对全书案例进行了更新。

3. 教学资源更加丰富

以信息化技术为支撑,进一步丰富教材配套资源,增加了多媒体课件和教学视频等配套资源。

本书由教育部市场营销专业国家级教学团队带头人徐汉文教授和团队骨干教师袁玉玲担任主编,并负责教材的统稿与审定,王金龙和陈锋担任副主编。具体分工如下:徐汉文编写项目1,袁玉玲编写项目2、项目3和项目7,王金龙编写项目6,陈锋编写项目5,王文海编写项目4,刘雪瑜和武翠提供了部分案例和视频,红豆集团红豆杉生物科技股份有限公司安晓东参与了项目设计,提供了企业案例等。感谢红豆集团、深圳市爱迪尔珠宝股份有限公司、红星美凯龙等企业及徐信保、张贤、王振俊等企业界朋友们的大力支持与帮助。

本书在修订过程中参考了国内外相关文献,在此谨向原著作者表示感谢,同时也向第一版、第二版所有参编人员表示感谢。由于编者水平有限,书中仍有不足之处,敬请读者和专家批评与指正。

编　者

2022年12月

课程介绍

第二版前言

市场营销策划是高职院校市场营销专业的一门专业核心课程，目标是使学生具备从事市场营销专业相关职业岗位所必需的营销策划基本理论知识，训练营销策划的思维，掌握营销策划的方法，并能按要求撰写相关营销策划方案。为此，我们以"目标导向，任务驱动，项目载体，岗位实践"为指导思想，借助校企合作搭建的平台，与深度合作的多家知名企业营销人员一起进行了近五年的项目化教学实践和研究。《市场营销策划》自2011年8月出版以来，受到广大同行、职业院校的学生和业界朋友的好评，这也给了我们莫大的信心和更强劲的动力。

作为职业教育工作者，作为教育部市场营销专业国家级教学团队的带头人和核心成员，本教材编写组一直没有停止过对教材内容选取与组织、教学方法改革等方面的探索与实践。因此，我们一直"在路上"——在不断修正与完善本教材的路上。

本教材的编写力求运用先进的教育理念，遵循职业教育的规律，突出项目化课程设计特色，即以职业生涯及其发展为目标，为学生终身职业发展做准备；以职业素质与能力为基础，在职业情境中开启学生的智慧；以典型工作任务为中心构建课程框架，整合理论与实践；以工作过程为主线，按照工作过程的需要选择知识点，把知识与技能的学习相融合，激发学生的学习兴趣。

本教材的特点集中表现为以下三点。

1. 项目化设计，融理论与实践为一体，职业性强

根据岗位需要，设计工作项目和典型工作任务，并将完成任务所需理论知识贯穿其中，对于未来发展所需的知识以"超链接"等方式呈现，让学生在真实的任务中体会并掌握理论，在理论的指导下更好地完成任务。

2. 体例创新，融知识性与趣味性为一体，可阅读性强

本教材每个项目的脉络结构均为：他山之石→目标与要求→工作任务→任务书→项目实施与考核→训练营→知识库→课后思考，以便读者认知该项目的全貌。其中，"他山之石"以经典理论或名人观点引领整个项目；"目标与要求""工作任务""任务书""课后思考"则使读者明确学习的目标与任务；"训练营"即是具体任务，旨在指导学生实操训练；"知识库"（库中含有故事汇、超链接、金钥匙板块）将相关的知识、案例及完成任务所需的技巧进行了梳理、归纳，便于学习与运用；"项目实施与考核"对施教者给予了实施教学的建议。

3. 由易到难，融独立性与整体性为一体，利于强化巩固

根据学习和认知规律，项目和任务的安排由简单到复杂，并设计真实的职业情境，选取贴近实际的策划案例，便于学生由浅入深，反复练习。每个项目具有相对独立性，项目之间有机关联，保证了教材的完整性，便于学生举一反三，融会贯通，进而全面提升营销策划能力。

本教材由无锡商业职业技术学院徐汉文教授、袁玉玲副教授担任主编并负责教材的统稿审订。具体编写分工如下：袁玉玲编写项目一、项目四和项目五，徐汉文编写项目二、项目六，无锡商业职业技术学院王金龙编写项目三，无锡商业职业技术学院王文海编写项目七，红豆集团有限公司崔业松总监参与了项目设计，提供了企业案例等。感谢红豆集团、深圳市爱迪尔珠宝股份有限公司、红星家具集团等企业及徐信保先生、张贤先生和王振俊先生等企业界朋友的大力支持与帮助。

本教材在编写过程中，参考和借鉴了许多理论成果与相关书籍，在此表示衷心感谢！由于时间仓促和水平有限，不足之处在所难免，敬请读者批评指正，以便改进。

编　者
2014 年 4 月

第一版前言

随着高等职业教育改革的深入发展,高等职业教育的目标更加明确,即培养生产、建设、管理、服务第一线需要的高技能人才,使学生获得职业岗位需要的、相应的职业能力。为实现这一目标而采取的教学手段也更加清晰,就是落实项目化教学。《市场营销策划》是高职院校市场营销专业的一门专业核心课程,教学目标是使学生具备从事本专业相关职业岗位所必需的营销策划基本理论知识,掌握营销策划的思维和方法,并能按要求撰写相关营销策划方案。为此,我们以"目标导向,任务驱动,项目载体,岗位实践"的思想,进行了两年多的项目化教学实践和研究,在此基础上,编写了《市场营销策划》一书。

本书运用新的教育理念,突出项目化课程设计特色,即以职业生涯为目标,为学生终身职业发展做准备;以职业能力为基础,注意在职业情境中培养学生的实操能力;以工作结构为框架,体现职业环境的特色;以工作过程为主线,按照工作过程的需要来选择知识点;以工作任务为中心,整合理论与实践,重在培养学生关注工作任务的完成,而不是知识记忆;以工作实践为起点,把知识与技能的学习相融合,激发学生的学习兴趣。所以本书的特点为:理论知识实用、够用,项目设计真实,职业情境鲜明,突出零售行业倾向。学生在"做中学、学中做",学生通过反复练习,能为零售门店做相关策划方案。体例方面突出项目、明确目标、细分任务,以"成果展示与分析"导入、"知识储备"引领、"任务演练"和"综合实训"强化、"课后思考"激发思维与拓展思路。将职业素能所需要的营销策划技巧贯穿于目标、任务、项目中,全面提升学生的营销策划能力。

本书具有以下较为鲜明的个性特征。

首先,职业性强。在内容上强调操作性,而没有过多的理论分析与解读。其重点则是介绍常见营销策划项目的步骤、内容以及具体格式的撰写。一方面便于在校学生学习,并通过反复练习,掌握营销策划的创意与文案撰写;另一方面也可以作为实际营销策划的参考。

其次,贴近实际。尽可能采用最新的中国本土案例进行讲解,一方面利于学生理解内容,掌握方法;另一方面也可以帮助学生掌握实际营销策划工作的能力。

最后,素能并重。全书通过大量实案对课程内容进行讲解,增强教材的可读性和实用性。建议或要求学生为真实的企业进行策划,在实践中增强学生的团队意识等职业素养,并切实提升其职业技能。

本书由无锡商业职业技术学院的徐汉文、袁玉玲担任主编。徐汉文负责项目1和项目2,袁玉玲负责项目3和项目7,无锡商业职业技术学院王文海负责项目4,无锡商业职业技术学院董慧负责项目5,无锡商业职业技术学院王金龙负责项目6。感谢华东师范大学职业教育研究所匡瑛博士对本书的大力支持和指导,感谢红豆集团、深圳爱迪尔珠宝股份有限公司、红星家具集团等企业及徐信保先生、张贤先生、崔业松先生、王振俊先生等业界朋友给予的大力支持和帮助。

本书在编写过程中,参考和借鉴了许多理论研究成果与相关书籍,在此表示衷心感谢。由于编者水平有限,不足和不妥之处在所难免,敬请读者批评与指正。

编 者

2011 年 5 月

目 录

项目 1　营销策划基础

任务 1.1　营销策划基础认知 / 002
　1.1.1　营销策划的含义 / 002
　1.1.2　营销策划的原则 / 005
　1.1.3　营销策划的构成要素 / 006
　1.1.4　营销策划的主要类型 / 007

任务 1.2　营销策划方案结构及撰写流程 / 008
　1.2.1　营销策划书撰写原则 / 013
　1.2.2　营销策划书撰写流程 / 014
　1.2.3　营销策划方案结构形式 / 025

任务 1.3　营销策划基础学习与应用 / 027

章节测试题 / 031

项目 2　营业推广策划

任务 2.1　营业推广活动策划基础认知 / 033
　2.1.1　营业推广的概念与特点 / 034
　2.1.2　营业推广策划要求 / 035

任务 2.2　营业推广策划方案结构及流程 / 035
　2.2.1　营业推广策划流程 / 039
　2.2.2　营业推广策划方案结构设计 / 041

任务 2.3　营业推广策划方式选择与设计 / 044
　2.3.1　针对消费者的营业推广工具及使用要点 / 044
　2.3.2　针对中间商的营业推广工具及使用要点 / 048

任务 2.4　营业推广策划专项训练 / 049

章节测试题 / 050

项目 3　节日活动策划

任务 3.1　节日活动策划基础认知 / 053
任务 3.2　节日活动策划方式选择原则 / 057
  3.2.1　节日活动策划原则 / 060
  3.2.2　节日促销商品选择和节日促销设计 / 063
任务 3.3　节日策划方案结构设计 / 065
任务 3.4　节日策划专项训练 / 073
章节测试题 / 075

项目 4　产品广告策划

任务 4.1　产品广告策划基础认知 / 077
  4.1.1　产品广告策划的概念 / 081
  4.1.2　产品广告策划的作用 / 081
  4.1.3　"三段式"广告策划程序 / 083
  4.1.4　广告策划的工作流程 / 084
任务 4.2　产品广告策划方案内容及结构 / 084
  4.2.1　广告策划书的基本内容 / 091
  4.2.2　产品广告策划方案结构形式 / 092
任务 4.3　产品广告策划专项训练 / 098
章节测试题 / 106

项目 5　新品上市推广策划

任务 5.1　新品上市推广策划基础认知 / 110
  5.1.1　新品上市活动策划基本概念 / 116
  5.1.2　新品上市活动策划运作过程 / 117
任务 5.2　新品上市推广策划方案结构及流程 / 120
  5.2.1　新品上市活动常见的终端推广形式及策略 / 124
  5.2.2　新品上市推广活动策划流程 / 126
  5.2.3　新品上市活动策划方案结构形式 / 127
任务 5.3　新品上市推广策划专项训练 / 129
章节测试题 / 135

项目 6　公共关系主题活动策划

任务 6.1　公共关系主题活动策划基础认知 / 138

　　　　6.1.1　公关策划的含义及内容 / 140

　　　　6.1.2　公共关系模式 / 141

　　任务 6.2　公共关系主题活动策划的形式及内容 / 147

　　　　6.2.1　公共关系主题活动的概念及类型 / 149

　　　　6.2.2　公共关系主题活动的形式 / 150

　　任务 6.3　公共关系主题活动策划方案结构及流程 / 157

　　　　6.3.1　公共关系策划的基本原则 / 163

　　　　6.3.2　进行公关主题策划时应考虑的三个因素 / 164

　　　　6.3.3　公共关系策划方案结构形式 / 165

　　任务 6.4　公共关系主题活动策划专项训练 / 170

　　章节测试题 / 174

项目 7　企业形象策划

　　任务 7.1　企业形象策划基础认知 / 177

　　　　7.1.1　理念识别——企业的"心" / 178

　　　　7.1.2　行为识别——企业的"手" / 179

　　　　7.1.3　视觉识别——企业的"脸" / 180

　　任务 7.2　企业形象策划的形式及内容 / 182

　　　　7.2.1　CIS 策划的程序 / 186

　　　　7.2.2　CIS 策划的基本原则 / 187

　　任务 7.3　企业形象策划方案结构及流程 / 189

　　任务 7.4　企业形象策划专项训练 / 192

　　章节测试题 / 193

参考文献

项目 1

营销策划基础

他山之石

著名营销策划人叶茂中说:随着今天世界的交流、开放,大家的思维方式会越来越同化。为什么竞争会进入僵局?就因为你的思考方式和别人的一样。所以营销的创新不是建立在前人的理论基础和自己的经验基础上,而是建立在想象力和创造力的基础上。这个时代是属于创造力和想象力的时代。

……

总之,做营销策划的秘诀就是建立在强大的渴望给客户解决问题的责任心的基础上,用创造力和想象力去解决问题。

目标与要求

(1) 了解营销策划的含义。
(2) 熟悉营销策划的基本流程及各环节的注意事项。
(3) 熟悉营销策划书撰写的基本格式。
(4) 能运用基本认知理论认知评价营销策划方案。

工作任务

运用基本认知理论认知并评价营销策划方案。

任务书

(1) 查阅资料信息,提炼策划书构成要素。
(2) 阅读案例,分析营销策划方案结构及撰写流程。
(3) 撰写相关营销策划方案的评论稿。

项目实施与考核

【实施步骤】

(1) 将班级每5位或6位同学分成一组,每组确定1人负责。
(2) 学生按任务书要求,在教师指导下完成任务要求的内容。
(3) 各小组将任务完成成果以PPT的形式在班级进行展示、交流、讨论,教师总结点评。

【项目考核】

（1）项目考核以小组为单位。
（2）项目考核包含小组协作、态度、汇报表达等内容。
（3）以任务书中最后一个综合任务作为项目考核内容。
（4）项目考核形式如表1-1所示。

表1-1　项目1考核评价

评价指标	评价标准	分值	评估成绩/分	所占比例/％
评价方式及内容	① 主题评价准确	5		65
	② 策划活动目的表述准确	10		
	③ 对象、场所、时间明确	5		
	④ 内容具有创新性和可行性	15		
	⑤ 策划方案结构合理、内容完整	10		
	⑥ 活动控制措施可行	10		
	⑦ 费用预算具体、合理	5		
	⑧ 效果评估	5		
汇报交流	PPT制作版面专业性强、结构层次分明	10		30
	汇报思路清晰、语言表达流畅	10		
	回答问题思路清晰、内容准确	10		
学习过程	如出勤、参与态度等	5		5
小组综合得分				

任务1.1　营销策划基础认知

训练营

查阅资料信息，提炼策划书构成要素：查阅资料与信息，提炼策划书构成要素，列出相关数据分组交流。

知识库

认识营销策划

1.1.1　营销策划的含义

"策划"一词在当今社会的各种场合与媒体中已被广泛运用，但"策划"的本意是什么呢？

在中国古代，"策划"的名词性较强，与现在的"计划""计谋""谋略""对策"的意思比较接近。例如，辛弃疾在《议练民兵守淮疏》中说："事不前定，不可以应猝，兵不预谋，不可以制胜。"他把"策划"定义为提前考虑要从事的计谋。又如，运筹帷幄之中，决胜于千里之外，这里把"策划"定义为决定千里战事的谋略。《孙子兵法》云："上兵伐谋，其次伐交，其次伐兵，其下攻城。"意思是说：上等的军事行动是用谋略挫败敌人，其次是用外交手段战胜敌人，再次是用武力击败敌军，最下之策是攻打敌人的城池。其中"上兵伐谋"一语是指依靠谋略运用，包括政治、经济、文化、外交等手段的综合运用，不待对立双方矛盾激化就先期解决了问题。再如，古人云："凡事预则立，不预则废。""预"就是全面考虑各种情况，充分估计每一种可能性，判断事物发展变化的趋势，设计、选择能产生预期效果的行动方式。简言之，就是策划。"策划"一词在《辞海》中的解释为计划、打算；在《现代汉语词典》中的解释为筹划、谋划。

"策划"一词在西方发达国家就如同我国的"计划"一词一样，有很高的使用频率。美国"哈佛企业管理丛书"认为："策划是一种程序，在本质上是一种运用脑力的理性行为。"美国人把策划称为软科学，也叫咨询业、顾问业或信息服务、公关传播。比较著名的有美国的兰德公司、麦肯锡公司等策划咨询公司。20世纪末，美国麦肯锡公司为中国今日集团的发展战略进行了全面策划，其策划报告是《造就一个非碳酸饮料市场的领导者》。这份策划报告长达300页，今日集团为此出资1200万元人民币。今日集团认为，麦肯锡报告的特点在于实用。今日集团按照这份策划书进行操作，1998年销售额达到30亿元，比往年销售额上升了100%以上。

日本人把"策划"叫"企划"。小泉俊一在《企划书实用手册》中指出："在一定意义上，凡是人的思维都可以看作是广义的企划。但是，今日所指的企划，则是其中的特殊内容，即高度计划的有目的的企划。"长期从事企业经营策划调研的专家和田创认为策划的定义从不同的角度来看可以有多种。例如，当问及"有什么好的策划"时，这里的"策划"是指智慧、创意；当说到"从现在起必须进行策划"时，"策划"成了创造智慧的行为。因此，策划在不同的时间场合可以是不同内容的表示。和田创对策划的定义是：策划是通过实践活动获取更佳成果的智慧或智慧创造的行为。在日本有一定规模的企业几乎都有自己专门的企划部，并十分重视企划工作。例如，在20世纪70年代，日本汽车大举进入中国市场时，考虑到中国人民有抗日情绪，丰田汽车公司就策划了一个仿唐诗的广告词："车到山前必有路，有路必有丰田车。"从此，日本丰田车的形象连同这句广告词在中国各大城市的街头广为宣传、家喻户晓。

策划又称"策略方案"和"战术计划"（strategical planning/tactical planning），是指人们为了达成某种特定的目标，借助一定的科学方法和艺术，为决策、计划而构思、设计、制作方案的方程。

综上所述，策划有以下七个主要特点。

(1) 策划的本质是一种思维智慧的结晶。

(2) 策划具有目的性，不论什么策划方案，都有一定的目的，不然策划就没有意义了。

(3) 策划具有前瞻性、预测性。策划是人们在一定思考以及调查的基础上进行的科学的预测，因此具有一定的前瞻性。

(4) 策划具有一定的不确定性、风险性。策划既然是一种预测或者筹划，就一定具有不确定性或者风险。

(5) 策划具有一定的科学性。策划是人们在调查的基础上，进行总结和科学的预测。策划不是一种突然的想法或者突发奇想，它是建立在科学的基础上进行的预测、筹划。

(6) 策划具有科学的创意。策划是人们思维智慧的结晶,是一种思维的革新。具有创意的策划,才是真正的策划。策划的灵魂就是创意。

(7) 策划具有可操作性,这是策划方案的前提。如果一个策划连最基本的可操作性都没有,那么这个策划方案即使再有创意、再好,也是一个失败的策划方案。

以上的种种定义和策划实例说明了一个道理:策划是一种非常复杂的活动,它不同于一般的"建议",也不是单纯的"点子",它其实是一种包含创造性的谋划。因此,策划是为了解决现存的问题,为实现特定的目标,提出新颖的思路对策,并制订出具体可行的方案,达到预期效果的一种综合性创新活动。

从策划的最终定义中,可以看出策划包括以下三个要素。

(1) 必须有明确的主题目标。策划如果没有主题目标,就成了一些无目的的构思的拼凑,根本没有成功性可言,更不用说解决问题了。

(2) 必须有崭新的创意。策划的内容及手段必须新颖、奇特,扣人心弦,使人观后印象深刻,打动人心。

(3) 必须有实现的可能性。应当在现有人力、财力、物力及技术条件下有实现的可能性,否则再好的策划也是空谈。

因此,营销策划是一种运用智慧与策略的营销活动与理性行为,是为了改变企业现状,达到理想目标,借助科学方法与创新思维,分析研究创新设计并制订营销方案的理性思维活动,是在对企业内部环境予以准确的分析,并有效运用经营资源的基础上,对一定时间内的企业营销活动的行为方针、目标、战略以及实施方案与具体措施进行设计和计划的活动。这是为实施营销目标而对营销策略进行实际运用的活动,是营销管理全过程的重要组成部分。

注意:关于营销策划,欧洲国家已经将定位、营销、策划分得很细,各自有专业的操作公司。而我国很多营销策划机构依然在追求全案操作,包括从定位到设计推广一体化进程,这样难免影响其专业性。最近几年,上海、广州等地已经逐渐出现了细分的营销策划公司,如专业做定位、专业做设计、专业做营销托管等,这是营销行业的大势所趋。

营销策划同样包含创意、目标和可操作性三要素。没有独辟蹊径、令人耳目一新的营销谋略,不能称为营销策划。没有具体的营销目标,策划就落不到实处。而不能操作的方案,无论创意多么巧妙杰出,目标多么具体、富有鼓动性,也没有任何实际价值,这种所谓的策划只能是资源浪费的过程。

澳大利亚一家发行量颇大的报纸,某日刊出一则引人注目的广告,意思是说某广场空投手表,捡到者等于免费奉送。这一下子引起了澳大利亚人的广泛关注。空投那天,直升机如期而至,数千只手表从高空天女散花般地纷纷落下,早已等候多时的来自四面八方的人们沸腾了,那些捡到了从几百米高空扔下的手表的幸运者,发现手表依然完好无损、走时准确,一个个兴奋不已,奔走相告。西铁城的这一伟大创举成为各新闻媒介报道的一大热点。从此,西铁城手表世人皆知,其质量更是令人叹服!

西铁城手表的营销策划目标是扩大西铁城手表的知名度,于是这个策划的一切活动都是为了实现这一目标。手表的宣传本可利用电视广告等手段来达到,但是一般的电视广告不具备创造性,也不会引起如此巨大的轰动。于是西铁城手表的策划者在促销活动中融入了自己的创意,运用飞机空投表现自己商品的质量,这是一种前无古人的策划。这种策划就当时的条件来说是可以实现的。

营销策划与营销计划的区别。营销策划与营销计划不同。营销计划是按经验和常规对企业营销活动涉及的人、财、物率先所做的安排与平衡,而营销策划更强调创造性、主动性、针对性和可操作性,它不拘泥于以往的经验。面对一个将要解决的问题,总是先策划后计划。如针对西铁城手表要解决"如何扩大西铁城手表的影响"这一营销问题,智囊部门首先进行营销策划。经过一段时间的研究,选择了飞机空投手表这一举动,并选择在澳大利亚这块神奇的土地作为空投点,并拟订出营销策划方案。到此营销策划完成了,接下来的工作就是营销计划了。有关人员根据营销策划方案进行策划方案实施过程中每一细节的处理,如第一步的工作是和澳大利亚官方商谈,获准在澳大利亚首都的某广场空投;第二步是在某机场租借几架直升机;第三步是委托澳大利亚某报纸登载有关空投手表的广告。可见,这里的计划是营销策划之后具体性的工作,也就是如何把策划的结果一步步地落实到行动中。而策划则是把握方向性,把创意汇总、整理,形成书面策划并予以实施的过程。

1.1.2 营销策划的原则

营销策划的主要内容是企业经营能力、营销手段及具有精心创意的谋划过程。但是,策划主体因各种各样的原因,在对上述问题的认识上和操作上存在较大差距。为了提高营销策划的准确性与科学性,策划主体必须形成正确的营销观念,准确认识和把握营销策划的原则。营销策划一般需要遵循以下基本原则。

1. 战略性原则

营销策划一般从战略的高度对企业营销目标、营销手段进行事先的规划和设计,市场营销策划方案一旦完成,将成为企业在较长时间内的营销指南,也就是说,企业整个营销工作必须依此方案进行。因此,在进行企业市场营销策划时,必须站在企业营销战略的高度去审视它,务必认真仔细,详细周到。从营销战略的高度进行策划,其作用至关重要。

2. 信息性原则

市场营销策划是在掌握大量而有效的营销信息基础上进行的,没有这些信息将导致营销策划的盲目性和误导性。同时,在执行市场营销策划方案的过程中将会出现方案和现实有出入的情况。因此,在调整方案时也要在充分调研占有信息的基础上进行。在收集市场信息时力求全面、畅通、准确和可靠。占有大量的市场信息是市场营销策划及实施成功的保证。

3. 系统性原则

营销策划是一个系统工程,其系统性具体表现为两点:一是营销策划工作是企业全部经营活动的一部分,营销策划工作的完成有赖于企业其他部门的支持和合作,并非是营销一个部门的工作。二是进行营销策划时要系统地分析诸多因素的影响,将这些因素中的有利因素最大限度地综合利用起来,为企业营销策划服务。

4. 时机性原则

营销策划既要达到适时,也要做到"重机"。换句话说,要重视"时间与空间"在营销策划中的重要作用。俗话说"机不可待,时不再来",因此,策划主体不仅要重视策划内容中的时机,也要注重策划过程所花费的时间,更要注重实施运作过程中的时间性和有效性。

5. 权变性原则

市场就是战场,竞争犹如战争。现代市场经济中,营销环境是企业不可控制的因素,因此,市场随时在波动变化着,一场场激烈的竞争也正在演绎着,企业营销策划和行动方案必须适应这些环境的变化,也就是说必须具有权变的特性,只有这样,企业才能灵活地去适应市场环境,在竞争中获胜。权变性的原则在策划中是不可缺少的思维因素。

6. 可操作性原则

营销策划主要用于指导营销活动,其指导性涉及营销活动中每个部门的工作及各环节关系的处理。因此其可操作性非常重要。不能操作的方案,创意再好也无任何价值。方案不易于操作必然要耗费大量人、财、物,导致管理复杂、效率低下。

7. 创新性原则

创新性是营销策划工作中的核心内容。这不仅要求策划的内容、方案、技术创意新,表现手法也要新。著名的管理学家卡斯特曾经说过:"世界上任何事物都在变,唯独一件事不变,那就是变。"面对多变的营销环境和激烈的市场竞争,创新工作显得格外重要。给人以全新的、新颖的创意感觉是策划的核心内容。

8. 效益性原则

企业发展生存的最终目标是获利,企业经营管理的最终目标是效益和效率。作为企业经营管理手段和工具的营销策划,更应在众多环节上体现出效益性原则。营销策划方案中还必须有详尽的预算,以使策划方案取得实效。成功的营销策划,应当是在策划和方案实施成本既定的情况下取得最大经济效益,或花费最小的策划和方案实施成本取得目标经济效益。

9. 发展性原则

在互联网飞速发展的今天,各行各业都在历史的推动下高速发展,行业技术也在飞速发展,比如高速发展的互联网、人工智能、大数据分析及云技术,这些技术的飞速进步,必然会带来新的变革。而这些新的变化除了在思维和逻辑上对营销策划产生影响外,必然会要求企业在推广技术、推广方式及推广工具上产生改变。所以企业要与时俱进,利用新技术、新理念在策划手段上发挥更高效的作用。

1.1.3 营销策划的构成要素

要进行营销策划,必须明确以下三个方面的要素。

1. 营销策划目标

营销策划目标也就是营销策划的对象。一定时期内企业营销活动的具体内容很多,未来的营销活动要策划的项目也很多,要搞好营销策划,首先必须确定策划目标。策划目标可以是单一目标,也可以是复合目标。

策划目标是有一定时间、空间限定和数量限定的。从企业角度而言,确定策划目标应当慎重。常规性的营销活动,即企业能顺利进行和开展的营销业务不需要系统策划。策划的目标一般是企业营销活动中的重点、难点问题,是影响企业营销全局,制约企业生存、发展,而企业靠自身实力又难以解决的问题。这样确定的策划目标,才有策划价值和实际意义,才能避免资源的浪费。

2. 营销策划主体

营销策划主体是指进行营销谋划,提出策划方案的策划者。策划主体可以是个人,也可以是某一机构、组织。就企业营销策划而言,可以是企业内部人员,也可以是企业外部人员。由于策划是一种高智力密集型的创造性活动,因而对策划主体的知识、文化、能力素质有着特殊的要求。现代营销策划的主体多由专业性的咨询公司及有关科研机构担任,或是由高中级专业研究人员担任。企业在开展营销策划前,应优化选择策划主体。

3. 营销策划信息

营销策划作为一种谋划、规划的过程,是一种分析、比较、研究的过程,也是不断思考的过程。企业要保证策划活动顺利进行,必须占有大量的第一手资料,掌握足够的营销信息;应根据营销策划目标的要求收集与策划目标有关的各种信息,包括本企业内部可控信息,与此有关的市场环境信息、消费者需求信息、竞争对手的信息等。充分收集信息,可使企业在策划过程中比较、选择、去伪存真,保证策划方案的正确和可行。

1.1.4 营销策划的主要类型

营销策划从不同的角度可分为各种不同的类型。

营销策划类型

1. 按营销策划的主体划分

按营销策划的主体划分,策划可分为企业内部自主型策划和外部参与型策划。

(1) 企业内部自主型策划。企业内部自主型策划是指企业内部专职营销策划部门(如策划部、企划部、营销部、市场部、公关部或销售部等)从事的市场营销策划活动。企业内部自主型策划的特点是熟悉企业内部资源状况和条件,策划方案可操作性强,但方案的创意和理念设计受企业文化或管理体制的约束,往往缺乏开拓创新精神和市场冲击效果。

(2) 外部参与型策划。外部参与型策划是委托企业以外的专门从事营销策划的企业(如营销策划公司、管理咨询公司、广告公司等)从事的营销策划活动。外部参与型营销策划的特点是显性投入高,起点高,视角不同,创意新奇,理念设计战略指导性强,但可操作性不强,特别是没有严格的商业契约约束的策划方案,可操作性较差。

2. 按营销策划的客体划分

营销策划的客体就是策划的具体对象和内容。按营销策划的客体可分为以下几种。

(1) 整合营销策划。环境分析、机会判断、对手分析、资源评估、战略规划、战术设计。

(2) 市场营销战略策划。较长时期的企业营销实施步骤、分几个阶段、达到什么目标、如何监控和修正营销过程等。

(3) 市场调研策划。对调研方法、手段、工具、费用、实施、效果、进度等的设计。

(4) 新产品开发策划。原则方法、构思创意、创意筛选、概念形成、设计论证、试制试销等。

(5) 价格策略策划。含样本(目录)价的制定及依据,各种定价策略的实施方案及论证。

(6) 营销渠道策划。渠道成员的选择、分销策略的制定、渠道管理方法等。

(7) 促销策划。营业推广、人员推销、广告、公共关系的具体实施方案等。

(8) 企业形象策划。企业识别系统的整体内容设计、顾客满意体系的具体内容及操作系统。

3. 按策划的层次划分

(1) 营销战略策划。营销战略策划是依据企业战略的要求与规范制定市场营销的目标、途径与手段,并通过市场营销目标的实现服务于企业的战略,是企业战略体系的核心,包括市场定位策划、目标市场策划、市场竞争策划等内容。

(2) 营销战术策划。营销战术策划是以营销战术设计的思路和方向,综合运用各种市场营销手段,进入和占领目标市场,实现企业的战略意图。与战略策划相比较,战术策划是短期的、局部的、个别的、具体的。其内容包括产品策划、价格策划、渠道策划、促销策划、专项主题策划等。有些策划还是根据当时的企业环境变化和需要而进行的个案策划。

本教材依据企业(主要是零售行业企业)需要的战术性策略,从整合到专项,重点在战术上以较通俗的形式,介绍了营业推广策划、节日活动策划、产品广告策划、新品上市推广策划、公共关系主题活动策划、企业形象策划六种策划类型。

去下面的网站看看吧!一定会有更多收获。

1. 策划书网：http://www.cehuashu.net.cn
2. 策划师论坛：http://bbs.cehuashu.net.cn
3. 中国策划师在线：http://bbs.imcko.com

任务 1.2　营销策划方案结构及撰写流程

○ 训练营

阅读案例、分析营销策划方案结构及撰写流程：根据提供的案例,总结分析一般营销策划方案的撰写结构、流程及注意事项(列表说明)。

○ 故事汇

某品牌手机营销策划方案

一、前言

××电子是一家具有雄厚科技创新实力的国际化电子企业,于1981年5月在中国某地成立,目前主营消费类通信、数字视音频及IT产品,已形成手机、家用系统、便携系统、电子装备、通信、IT六大事业部产品体系,逐渐完成从传统影音企业向3C(computer,communication,consumer electronics)产业融合的综合电子企业的转型。六大事业部体系从开发、采购、生产到销售都已实现在同一网络平台下的专业化操作,通过ERP系统实现高效率和低成本的运作,研制生产出多种具有竞争力和市场潜力的时尚科技精品。

本方案是针对该企业某品牌手机的营销状况进行诊断、策划,对新项目的开发提出可行性的实施方案。通过对某品牌手机的营销策划,能够提升某品牌手机的品牌知名度;扩大其市场占有率;加强某品牌手机与消费者的亲和度,使某品牌手机的形象深入人心。

二、策划背景分析

1. 手机市场的现状

(1) 手机市场规模扩大。工业和信息化部发布的统计数字显示:2018年全年移动电话用户总数达到15.7亿户,移动电话用户普及率达到112.2部/百人。产品更新换代速度加快。

(2) 品牌竞争集中度越来越高。2018年全年,国内手机市场总体出货量4.14亿部,国产品牌手机出货量3.71亿部,占同期手机出货量的89.6%。2018年,整体手机市场几乎被榜单前六厂商所占据,近九成市场被六家厂商分割。有五个国产手机品牌在销量上超过苹果手机,苹果手机排名第六位,销量为3632万台,但销售额第一仍是苹果手机。

(3) 市场竞争越来越激烈。

(4) 手机市场秩序有待规范。

(5) 手机发展的大致方向与趋势。

2. 产品发展的现状

(1) 企业本身实力方面。

(2) 品牌知名度、美誉度方面。

3. 手机消费现状

(1) 消费能力。

(2) 消费偏好。

手机用户年龄和收入分布如图1-1和图1-2所示。

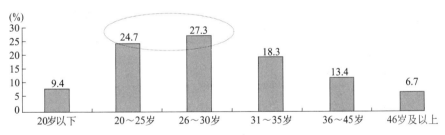

图1-1 手机用户年龄分布

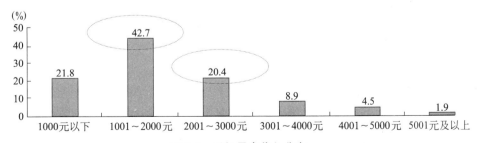

图1-2 手机用户收入分布

三、产品状态分析

对某品牌手机的 SWOT 综合分析列于表 1-2。

表 1-2　某品牌手机的 SWOT 综合分析

优势(strength)	劣势(weakness)
• 品牌具有一定的知名度、美誉度 • 外形时尚,设计经典 • 产品系列组合比较全面 • 广告支持力度较强 • 拥有工序完整、加工深度最深的生产线 • 可靠的系统、完善的装置、尊贵的外形、豪华的配置(娱乐与沟通相结合) • 超前锁定 5G 产业,拓展海外市场 • 价格相对较低,性价比较高 • 相对国产品牌手机技术比较先进 • 手机市场增长迅猛 • 行业规范化 • 渠道优势 • 差异化的定位 • 多元化的发展战略 • 服务意识强	• 消费者购买国产手机有一定心理障碍 • 没有掌握核心技术 • 产品组合不全面 • 市场竞争过于激烈 • 新产品推出时间慢 • 广告宣传相对单一 • 促销手段单一、落后 • 消费者购机趋于理性化 • 市场品牌集中度高 • 手机市场秩序有待规范 • 规模小,没有规模优势 • 定位过于狭隘 • 品牌认知度不高
机会(opportunity)	威胁(threat)
• 国家加大对国产手机的扶持力度 • 手机消费者的消费心理日趋成熟 • 消费者消费能力大幅提高	• 外国品牌大举入侵 • 几大行业巨头仍处于垄断地位 • 国内竞争对手实力强大 • 各个知名品牌推出新品

四、策划方案及说明

1. 策划目标

（1）总体目标

① 提升××手机的品牌知名度；

② 倡导××手机的品牌理念；

③ 扩大××手机的市场占有率；

④ 加强××手机的消费者亲和度。

（2）初期目标

① 就品牌而言加强并扩大××手机知名度和认知度；

② 塑造企业形象,提升企业市场占有率；

③ 告知大众,倡导"××让数码充满个性"的生活新主张；

④ ××产品的研发及产品信息；

⑤ 宣传品牌的同时推出产品广告宣传。

（3）中期目标

① 就品牌而言,加强品牌介绍,全方位展示××手机品牌特征及内涵；

② 利用各种活动宣传展示公司实力；

③ 就产品而言,宣传产品概念时加大××品牌宣传力度,提高购买率；

④ 阐述各产品的鲜明个性及品质、功能等。
(4) 后期目标
① 进一步提升品牌认知度,加深企业形象,提高消费者购买欲(配合各期活动,产品宣传及销售);
② 就产品而言,强化各产品优势及概念,促进销售;
③ 就品牌而言,传达企业理念及未来远景和××手机的优良品质。

2. 方案内容

(1) 方案一:在当地开设"××手机专卖店"

消费者可以拿起展示在货架上的任何一款真机试用,这样可以直观地感受到手机的质感及其操作界面的灵活性。

专卖店布局设置:从方案目标出发,需要将专卖店布局为家居环境,即专卖店中要添置一般家居(客厅模式)用品,如电视、空调、桌椅沙发等,让顾客有回到家的感觉。

① 开设专卖店说明。

首先,手机终端厂商通过专卖店加强消费者对于品牌产品,特别是高端产品的个性化体验,提升消费者的参与性、互动性和印象性。终端厂商希望通过这种方式展示技术实力,实现高端旗舰产品的市场导入并提升品牌美誉度。

其次,这种模式不仅体现了手机技术的进步,更代表了一种新型的营销模式。手机厂商能够通过快速发展品牌零售店带动手机产品的销售、提升产品的服务,并且通过发展这种营销模式逐渐摆脱对于传统营销渠道的过分依赖。

另外,终端厂商投资大规模建设零售店不仅仅局限于对于终端零部件产品的推广。品牌零售店的体验理念将在展示增值服务方面得到进一步的体现。当消费者形成在手机零售店体验增值服务的消费习惯后,终端厂商将在与运营商的博弈中获得一定的话语权,使厂商在以运营商定制为主要销售渠道的未来手机市场中赢得竞争优势。

② "家居感受"说明。

专卖店按照家居环境设置,主要添设一些家电用品和可供消费者休息的桌椅。其中,电视、空调、音响、计算机等家电用品,主要可以让消费者体验到"红外遥控"的真实感受。而沙发、桌椅,既能让消费者在观看体验时得到休息,留住消费者,又可以让消费者产生亲切感,增加品牌的忠诚度和亲和度。

(2) 方案二:"红外遥控"手机设计让消费者具有"一机在手,掌控个人世界"的感觉

"红外遥控"手机具有红外遥控设置。此款手机外形设计为直板机,手机侧面设置红外端口,具备通过红外端口进行电器的遥控功能。即通过手机对电视、音响、空调等进行控制。(红外控制需安装特定软件,Windows 98 以上设置即插即用,软件、USB 数据线在产品中自带)。

"红外遥控"手机外观材料设计为抗刮擦钢化玻璃涂层(防刮晶钻屏)。手机可装在口袋中,而无须担心硬币和其他物体刮擦或磨损 LCD 显示屏,因为坚硬的钢化玻璃涂层更耐刮擦。

"红外遥控"手机呈现紫色幻彩外观,给消费者无限遐想空间。

(3) 方案三：广告宣传创意

① 舒适安逸，温馨惬意。

② 美丽的家中放松身心，简单生活。

③ 轻松掌握个性世界。

一位消费者在下班回家之后，坐在舒适的沙发上，看着眼前的电视，抬头看看空调，懒得去拿遥控器。于是，他拿出口袋中的手机进行空调遥控。体现了只要一键，便能掌控个人世界；一机在手，轻松掌握个性世界的广告创意。最后这个人拿着这款手机说道"××手机简单生活，世界尽在掌握中"。

3. 方案的可行性分析

此策划方案具有一定的可行性。

预期营销前期会给企业带来一定的经济收益，但是用在专卖店的建设费用的回收需要一定时间。专卖店具有长时间的收益性，会为企业带来长远的经济利益。首先，专卖店这种体验方式使××企业可以赢得消费者的青睐；其次，专卖店在售后服务方面给消费者带来了一定的信任度。应该说投资是相当值得的。

就手机初期步入市场而言，尝试性的市场开发具有一定的风险性，但是，由于该手机具有特色之处，根据调研的结果，相信手机推出后，会有一定的销售收入。即这种创新符合当今时代人们的"简单生活方式"的需求，如表1-3所示。

表1-3　盈亏平衡分析表

销量	总成本/元			总收入/元
	变动成本	固定成本	总计	
0	120000.00	300000.00	420000.00	0
10	138000.00	300000.00	438000.00	600000.00
20	156000.00	300000.00	456000.00	1200000.00
30	174000.00	300000.00	474000.00	1800000.00
40	192000.00	300000.00	492000.00	2400000.00
50	210000.00	300000.00	510000.00	3000000.00
60	228000.00	300000.00	528000.00	3600000.00
70	246000.00	300000.00	546000.00	4200000.00
80	264000.00	300000.00	564000.00	4800000.00
90	282000.00	300000.00	582000.00	5400000.00
100	300000.00	300000.00	600000.00	6000000.00

前100台为高价策略，价格相对高一些，之后可以对价格进行适当调整，达到市场同类或相似产品的均衡价格，使企业能够扩大市场占有份额。

五、方案控制

1. 销售收入

(1) 成本费用。

初期投入：房租33万元、工资40万元、营业费用37.6万元、广告费用50万元。

(2) ①利润＝销售收入－成本，②净利润＝利润×(1－所得税税率)。

预计税后净利润为96.18万元人民币(设所得税税率为30%)。

资金来源：自有资本 100 万元，投入资本 100 万元。
资金类型：银行存款 150 万元，现金 50 万元。

2. 未来两年的现金流量预测

略。

六、方案实施进程

第一阶段　告知阶段（2018 年 3 月—2019 年 4 月）

广告宣传，消费者互相告知，以大众为诉求对象，广而告之。

第二阶段　导入阶段（2018 年 5 月—2019 年 7 月）

消费者接受阶段，企业加强广告力度，电视广告着力于品牌及产品形象宣传。

第三阶段　推广阶段（2018 年 8 月—2019 年 12 月）

在推广阶段，消费者数量激增，企业进行相应的服务营销活动。产品销售预测如表 1-4 所示。

表 1-4　产品销售预测　　　　　　　　　　　　　　　单位：万元

保守预测	第一年	第二年	累计
总投资	200.00	100.00	300.00
销售收入	320.00	440.00	760.00
税金	6.00	12.00	18.00
利息	6.00	6.00	12.00
工资	40.00	40.00	80.00
房租	33.00	33.00	66.00
销售费用	37.60	63.92	101.52
广告费用	50.00	100.00	150.00
折旧	10.00	10.00	20.00
利润	137.40	175.08	312.48
设备投入	30.00		30.00
其他流动资金		100.00	100.00
现金净流量	117.40	85.08	202.48
税后利润	103.05	31.31	234.36

请回答：某品牌手机是通过什么方法和步骤将自己的手机产品推向市场的？

知识库

1.2.1　营销策划书撰写原则

撰写营销策划书是要将营销策划的创意和解决问题的思路，用文字形式表达出来，形成一个完整的方案。营销策划需要将营销策划解决问题的方法、行动安排、执行方法、控制要点等想法与内容，用一种书面载体形式表达出来。就是对一项营销行动方案做出的计划性文件。与通常所说的营销战略或商业计划书不同的是，它是就一个策略性的行动编制的计划，因此与营销计划和商业计划书相比，它的性质是对营销行动做局部指导，也是对行动的关键点做出的创意的表达。同时还有一些对创意和构思进行说明的内容,目的在于使营销策划者拿出来的营销策划能说服客户或领导采用。

为了提高策划书撰写的准确性与科学性,首先应把握其编制的几个要点和原则。

1. 逻辑思路强

策划的目的在于解决企业营销中的问题,按照逻辑性思维的构思编制策划书,首先是设定情况,交代策划背景,分析产品市场现状,再把策划中心目的和盘托出;其次是详细阐述具体策划内容;最后是明确提出解决问题的对策。

2. 简洁朴实

要注意突出重点,抓住企业营销中所解决的核心问题,深入分析,提出可行性的相应措施,针对性强,有实际操作指导意义。

3. 可操作性强

编制的策划书是要用于营销指导活动的,其指导性涉及营销中的每个人的工作及各环节关系的处理,因此其可操作性非常重要。不能操作的方案,创意再好也没有任何价值。不易于操作也必然要耗费大量人、财、物,导致管理复杂,成效低。

4. 新颖的创意是策划的灵魂

要求策划的创意新,内容新,表现手法也要新,给人以全新的感受。新颖的创意是策划书的核心内容。

1.2.2 营销策划书撰写流程

创作策划书就像写剧本,精彩的演出源于精彩的剧本。同理,精彩的策划源于精彩的策划书,剧本有序幕、发端、高潮、尾声,策划书也有前言、目标、创想、展开、设施评估、未来前景创想、未来结果预测,最终的目的是以较少的投入获得巨大的效益。

营销策划方案的撰写流程

策划是一项创造性极强的智慧工作。策划程序包括很多环节,策划者在进行策划的构想时,他们的思维方式和思考方法都有较大的差异。同样的策划,其创意可能完全不同,判断哪个才是正确的,必须根据个案的特点和要求来改变构想的程序。就一个完整、典型的策划案来说,策划书的创作程序一般包括四个步骤:确立策划主题,调研、收集情报,进行策划创意,策划方案撰写。

策划书的创作方法有很多,不同的标的对象策划书有不同的要求,不同的时代背景下有不同的策划书,不同的策划者又有不同的策划表现手法,各行各业的策划书都不相同,但所有的策划书既有个性特点,又有其共性。共性表现在策划程序上是基本相同的,而且所有策划书都离不开创造和创想。策划书既是解决问题的预先设想,又是指挥如何解决问题、怎样解决问题的指导书。我们将从一般策划书创作过程的共性开始研究策划书。

1. 确立策划主题

如果策划不先明确策划对象——主题,那么策划就很难成功。譬如,主题只是"促销策划",就不如"甲地区乙产品的促销策划"的对象明确和容易策划。因此,一个杰出的策划高手开展策划工作时,在程序上首先会找出策划对象,确立策划主题后再进行下一步的策划工作。"目前的经营状况不太理想,有没有更好的方法可以改变现状呢?"在企业经营中,到处存在这类课题,而这些课题,无一不是策划的潜在对象。

作为策划者,应该不断提高自己的提问意识,提高寻找策划对象、解决实际问题的能力。因为,没有好的主题,就无法产生好的策划。

(1) 发现并设定问题

这一步的工作是提出问题,要初步弄清楚面对的是一个什么样的策划,客户对于这个策划项目的期望如何、目标是什么。策划问题设定得高低优劣,取决于提出问题的组织或个人的思维悟性、学术基础、经验积累,以及对现实和未来的把握程度等各种因素。在策划的起始阶段,提出一个关键性问题胜过回答100个问题。发现并设定策划问题就像一场比赛的开局一样,可以在很大程度上影响整场比赛的成败。在策划人与客户不是同一主体的情况下,发现并设定问题的工作一般由客户来完成。但策划人应积极参与,与客户一道研究和设定策划问题。

优秀的策划人首先表现在对策划问题超常的敏感性上。有时候一则在常人看似平常的新闻报道,在优秀的策划人员眼中就可能是黄金万两的财富之源,就可以启动一个成功的项目策划。

(2) 选择恰当的策划主题

客户要求针对某个问题制订一个策划案。于是,策划人从收集到的许多策划对象中左挑右选,最终还是没能确定一个合适的策划主题。

相信不少的策划人都曾有过上述的经历。之所以出现这种情况,就是因为策划人在策划中没有把握好方向,于是就成了"迷路"的人。要想不"迷路",应该怎样做呢?

假如你是在为你的公司做一个营销策划,在看堆积如山的环境报告书、商品的市场资料、销售业绩报告书等之前应考虑清楚以下几个问题。

① 做这个策划是基于什么理由?
② 为什么会挑选这个策划对象作为策划的主题?
③ 用这个策划主题做出的策划案会产生什么效果?
④ 这个策划主题是否会被你的上司或客户认同和接受?

我们把需要策划的对象看成人,人生病就需要找医生,而策划对象出现问题就像人生病一样,找出生病的原因,就找到了问题,策划也就是解决问题的过程,写策划书就是治病开处方的过程。只要你能找到问题,就能找到策划的出发点,也就是找到策划主题了。有一种过滤策划主题的方法叫作"过滤筛子"法,这是一种非常有效的方法,它使策划者能准确地将策划对象找出来,使主题明确化。具体做法是采用列表法,即在一张表格上将问题一个一个具体深入地写出来,例如,在本次策划中,将确立什么主题?为使主题明确,必须明白地提出"谁""为什么""拟定什么计划"等。例如,近来本公司销售额下降的甲产品,如何才能提高其销售额?

假设这是第一个问题。明确的只有产品和提高销售额等目的,而其他问题模糊不清。于是,你就必须将问题加以浓缩。如果策划要求为产品促销,那么,可将此问题浓缩成如下表述:为了提高本公司最近滞销的甲产品的销售额,应采用哪一种广告宣传方法?像这样将问题浓缩在广告宣传的范围,或许不少人认为是理所当然的事。事实上,如果不站在策划者的立场正确规范策划的范围，那么，策划的内容很可能会不明不白地涉及他人的工作范围。明白确定策划的立场后，再以"将在什么地点实行策划"为要点，将问题加以集中。如果销售甲产品的场所是大商场，就应将实行策划的地点限定在大商场。例如，为了提高本公司近来滞销的甲产品的销售额，在大商场门前，应采用哪一种广告宣传方法？如此，策划的范围（广告宣传）和地点（大商场门前为主）已经明确，然而是不是还有可以浓缩问题的余地？想一想甲产品是销售给什么对象，也就是以哪种消费群体为对象。从以往的销售资料或产品属性等可以设定以大学女生为目标对象。于是，问题又可以更集中为：为了提高本公司近来滞销的甲产品销售额，在大商场门前，以大学女生为对象，应采取哪一种广告宣传方法？

最后，还应确认实行策划的时间。如果以女大学生为对象进行促销活动，在9月前后的入学、升学期间最适当，效果也最好。所以问题可表为：为了提高本公司近来滞销的甲产品销售额，在大商场门前，以女大学生为对象，在9月前后期间，应采用哪一种广告宣传方法？

至此，策划出发点的问题已经相当明确了。最初模糊不清的策划主题，现在已完成了初步的架构，在工作中再也不必顾虑走岔路。在策划的过程中，也许会出现各种疑问或构想，遇到这种情形，回到先前那些问题并加以分析，就能避免主题不明确的策划了。

（3）策划主题明确化

在这里介绍最有效的两种策划主题明确化的方法：数字化和专有名词化。

先就"数字化"来说，假设主题中提到"增加营业额"，这是一种印象，不是数字；"降低成本"也同样不是数字。但如果改成"增加营业额30%"或"降低成本10%"就数字化了。如果能以数字具体表现，那么通过数字实现的策划目标也就自然清晰了。

在设定策划主题时，因为可以数字化的部分有营业额、毛利率、投资额、时间、投入人员等，几乎遍及各个方面，因此可以首先考虑将数字加进策划主题中。

所谓"专有名词化"，则可包括地区、行销渠道、商品、机械、工厂、原料等，这些都可以尽量用专有名词来表现。例如，"降低产品成本"还不够，策划对象完全不明确。假如以"降低A、B、C产品的塑料原料费和制造加工费成本5%"来表现，则对象成为明确的专有名词，更容易做出重点明确的策划。

曾经有一个企业在做海外建厂的策划时，因为没有注明区域范围的专有名词，策划者仅依靠自己的判断，以为是某地区，立即着手调查。结果将许多调查费花费在和经营者完全无关的地区上。这就是因为没有把对象专有名词化所造成的差错。

像这样把数字、专有名词尽量纳入策划主题，可以说是一种容易立即着手展开工作并很有效率的方法。

（4）明确策划委托方的思想意图

在主题明确化的阶段，还有一点是务必要确认的，那就是"策划委托者的本意"。

假定上司给你一个指示，要你做一个××的策划。这时上司到底期待什么，他到底在想什么，都需要事先确定，也就是我们常说的把对方研究透。

曾经有过一个这样的例子。一家公司中负责营销的经理对策划部门下达一项指示：针对本公司主要产品乙（不是单项而是各种型号组合的产品群）拟定一个提高销售量20%的广告促销策划案。结果策划部门绞尽脑汁，尝试各种构想之后，发现在销售环境不理想和产品的竞争能力也有问题的情况下，要拟定一个提高销售量20%的策划实在困难。于是想到可以放弃直接追求销售量的提高,转而利用关联企业和外包工厂的协助,通过部分产品的改良降低乙产品生产成本,获得与增加20%销售量几乎相同程度的利益。于是策划部门整理出策划提案,向主管部门提出。

然而策划部经理却挨了上级的批评。因为经理希望提高乙产品销售量20%,其实是由于生产部门的负责人反映,如果乙产品销售量不提高,生产线的开机率会有问题。根据当初的计划,乙产品应该卖得更好才对,生产部门就是根据这个情况购进新设备并安置人员的。然而乙产品的销售量却一直未见提高,而产品生产线的开机率甚至无法达到工厂的损益平衡点。

在公司总裁也出席的营销会议中,负责销售的经理因为这个原因被批评,并答应设法提高乙产品的销售量,以免给工厂带来麻烦。

换句话说,经理的本意是提高销售量,以扩大工厂开机率,目的并不在增加效益。然而策划部门却以为如果能增加利润,不一定要从提高销售量来直接达到目标。

还有一个例子。有一个市场调查公司接受一家食品厂商的委托。委托内容是给出针对一个新产品上市前的市场同类竞争商品调查所需的费用估价和策划。然而,该调查公司由于弄错了厂商的真正用意,而没有接到这笔生意。错误出在哪里呢?原来,该调查公司提出的要点放在竞争产品的品牌、厂商、产量、销售量、广告、促销方法、营销渠道等对策的详细报告。然而食品厂商在新产品开发阶段,已经对以上各点要素大致掌握了。他们想知道的是从批发商、零售店、消费者及广告公司等方面,收集有关应该运用什么行销渠道、什么手段、什么价格体系及活动战术和打入市场的具体构想。可是调查公司却被传统的调查项目所限,未能掌握客户的真正意图,而被另一家调查公司抢走了这笔生意。

2. 调研、收集情报

调研是一切策划的基础,是收集情报的必要手段。策划调研的目的之一是进一步深化策划问题并最终明确策划主题。这一过程并不一定遵循某个固定模式,它应该是科学的调研过程与策划人员的脑力激荡的巧妙组合。通常,策划人在递交内容充实、很有分量的调查报告时,策划的主题就应该明确了,因为策划调研报告的结论实际上就决定了与策划对象相关的问题是什么,与客户的期望有什么差距,在现有的环境约束下可能的实现路径有哪些。

(1)预先进行形象思维

在进行市场调查和客户调查时,预先建立假设是一切的关键所在。所谓"全方位"的调查,充其量只是为了调查而进行的调查,其实是浪费时间。即使事先决定了调查的项目,如果对调查的结果缺乏某种程度的预测,很可能使调查"白忙一场"。一位优秀的策划人,在进行调查前,一定会有某种程度的预测,这就是所谓的"假设"。有时候,花费了相当的时间、精力和金钱,针对众多项目加以调查。然而,在回收问卷、输入资料、着手进行分析的过程中,却对"为什么要进行这项调查""应该进行怎样的调查"等调查的目的越来越模糊,结果变成"为了调查而调查"。

为着手策划而进行事先调查时,也必须建立"假设"。必须了解什么是客户的利益,什么是客户真正的需求,谁是决策者,决策者会听取谁的意见,自己公司的商品、服务是否真的符合顾客的需求。着手进行调查时,应该在所建假设的基础上进行调查。在自主开发商品或新事业时,可以由自己决定在调查上所要花费的时间和金钱;然而,在为客户进行策划时,就不可能如此"尽情浪费"客户的时间,必须有目的、切中要害地向客户发问,因此,事先的调查就显得格外重要。许多商品之所以推出后能够获得成功,就在于能够成功地提出"假设"。即使是在偶然情况下产生的"假设",也可以想办法让它成为"必然"。在调查过程中,在设计调查内容前和调查后,都需要提出"假设",在进行调查的过程中,可以不断地修正所提出的"假设"。如果"假设"没有任何变化,也就失去了假设的意义,"假设"的目的是刺激自己思考。"假设"越具体越好,如果内容太抽象、太广泛,就无法进一步加以验证。

要避免进行错误的调查,必须注意以下几点:缺乏假设的调查会变成"为了调查而进行调查";如果前提条件不明确,调查就会变得缺乏效率;如果只针对文献资料进行调查,就无法了解现场的状况,也无法获得灵感与创意,所以,调查也一定要抓住重点问题进行调研策划。

(2) 深入一线调查情况

调查、分析的四大基本原则是:多看,多听,多问,多查。

多看就是仔细观察与策划对象有关的各种客观环境和客观事物,以自己所见捕捉情报。比如要做产品的促销策划时,最好亲自到该产品的生产现场,亲眼观看生产过程;到流通市场、批发市场、零售店等亲自观察,了解实情。尤其是经验较浅的策划人,对新对象必须好好观察。在观察的同时,最好能将对客观的事实和现场的感受忠实地记录下来。如果有任何可以作为策划创意与构想的灵感线索,也不要忘记当场记下。因为以现场的客观事实为出发点所写的策划案,对企业来说,是最有效而且最受欢迎的。

多听是指要多接触产品策划者、工厂负责人、行销渠道的批发商和零售商,以及营业部负责人、营业员、店员等,了解他们的想法与期望、他们的抱怨或不满,多问他们,多听取他们的看法并勤做笔记。

多问是指多商量。这是指由策划人主动提出问题。对于自己所观察和感受的结果,有什么疑问或不了解的地方,多提出问题,深入了解,把自己的意思表达出来,以掌握现场以及与策划对象有关人士的本意。这是建立策划案并能被接受的基础。这种事前的了解有助于企业的导向,同时也在确切了解对方的个性和期待中,建立起良好的人际关系。

多查是指为了了解过去的事例、经验、其他厂商的做法等,有必要查阅报纸或行业的刊物、说明书、记录等各类资料,同时也有必要调查这方面的实际体验和评论。

(3) 采用多种调查手段

调查的分类方法很多。如果按照调查的范围来分,大致可以分为资料调查和实地调查两大类。资料调查就是从报纸杂志、各种书籍和报告中收集资料,然后加以分析。随着网络的不断发展,最方便的就是上网收集相关的信息,除了各大财经报纸、杂志专属的网站,还可以查询许多跨国企业的信息,对企业分析非常有帮助。实地调查是在周详严密的架构下,由调查人员直接向被访问者搜集第一手资料的相互来往过程。第一手资料又称为初级资料,系指首次搜集到的资料。实地调查一般采用观察法、实验法和问卷法。

调查方法还可以按照调查的领域分为以下七大类。

① 政治、经济、社会动向调查。应该在日常业务中注意了解这几个领域的动向。政治、经济上的法规更新往往会造成社会的变化,企业也会随之变化,商品生产和设备制造也会发生改变。

② 技术动向调查。技术动向调查可以按第一次、第二次和第三次产业革命的技术动向

调查报告来加以分类。在企事业策划中,主要以第二次和第三次产业革命的调查为主体。

③ 市场调查。市场调查是判定市场的大小的依据,可以针对与市场相关的消费者调查、市场成长率、市场动向、本公司和竞争对手在市场的占有率、产品的生命周期等各种项目加以调查。这些都是对企业十分重要的信息。

④ 行业调查。行业调查就是针对同行进行的调查。在开拓新事业时,更要深入了解该行业特有的规范和制度。

⑤ 企业调查。企业调查的主要目的在于将自己的公司与同行的其他公司加以比较,吸收其他企业的优点,进一步发挥自己的优势。这是与策划关系最为密切的部分,可以进一步将之细分为:技术调查、产品开发调查、产品调查、投资资源调查、销售调查、人事制度调查、办公室现代化(OA)调查、研究开发调查、业绩调查和成本调查。这些可以通过资料或实地调查等方式进行,尤其可以通过走访现场,亲眼看、亲耳听的实地调查方式,掌握第一手资料。

⑥ 竞争对手和新产品的开发调查。这项调查通常以市面上已经公开的资料、数据为主,更确切地说,应该是情报的收集。企业公开情报,往往是为了提高企业形象,有助于开展销售活动,或进一步获得商机。

⑦ 针对自己公司和新产品的开发调查。该调查不仅可以了解自己公司的技术阶段,更有助于了解市场。在调查时,以收集公司内部情报为主,除了收集有关研究开发和新产品的技术性资料以外,更应该从是否符合顾客需求的市场角度加以收集。只有不断地进行市场调查,才能开发出真正符合顾客需求的新产品。

商业社会中,企业会直接或间接地受到政治、经济和社会因素的影响,只有不断地洞察这些因素对企业所造成的影响,掌握变化的方向,才能使企业在激烈的竞争中生存下来。当然,这些变化也对人民的生活造成很大的影响,因此,在制订策划案时,如果无法看到消费者的生活变化,就无法获得成功。

(4) 实地调查,收集信息

实地调查中所收集的资料一般都称为主要资料,是调查者亲自走访现场所收集的第一手资料。收集、分析主要资料时,可以通过问卷、访问等实地调查,以及观察商家的情况、道路的交通流量(观察法),或通过试销、试用(推算法),了解顾客的反应。

一般来说,问卷和访问的实地调查占的比例较高。在实地调查中,还可以细分为定量调查和定性调查。定量调查是根据问卷调查的量进行分析,定性调查则是根据调查的性质加以分析。

在定量调查中,可以按照实施的方式细分为六大类。分别为直接面谈调查法、日后回收调查法、邮件调查法、电话调查法、集体面谈调查法、计算机网络调查法等。调查人员可以根据调查内容、成本和时间等要素,决定所要采取的方式。其中,以直接面谈调查法所花费的成本最高,计算机网络调查法的成本最低。

在建立假设后,定性调查可以用来验证假设是否正确。定性调查会受到受访者的心态、背景和环境因素的影响,虽然看似简单,其实包含着很大的学问。说到市场调查,人们很容易联想到问卷调查之类的定量调查。其实,在决定市场战略的方向时,个别访问比问卷调查更有效果。

集体访问人员需要一定的训练,因为只进行一两次访问,访问人员根本无法掌握访问的诀窍,要练习20次左右,才能掌握其中的精髓,知道该如何控制场面。随着经验的积累,自然会成为"个中好手"。

调查是为了验证假设是否正确。所以,如果没有预先建立假设,就不应该毫无目的地着手调查。正确的步骤是:收集资料—建立假设—再进一步收集资料—进一步加以分析—重新建立假设。这种不断重复的过程十分重要,更重要的是必须亲自收集资料,加以分析,再以此验证自己的假设。

(5) 汇总调查结果

归纳调查结果时,可以将调查结果汇集成一篇独立的报告,一般称为单独型报告。也可以将调查配合报告的内容和调查报告的重点分散在各个项目中,一般称为穿插型报告。

在制作专案策划和商品策划时,一般以穿插型报告为主;为顾客提案时,可以按照实际需要,巧妙运用单独型报告或穿插型报告。有时候,单独型报告的调查结果会令人感受到真切的临场感。如果需要在上司或公司董事之类的上级面前发表策划案,则使用穿插型报告较理想,因为这些上级往往没有耐心听别人的长篇大论。他们通常只对"现场的声音"及"临场感"有兴趣,所以,应该在策划案中,穿插一些具体的"声音"。如果只是简短地陈述几则他人的意见,内容难免显得单调无力,无法发挥应有的临场感,最好更加具体地说明"这是××公司的××经理的意见",就可以让人觉得"身临其境",更加认同调查的内容。

在归纳调查结果时,只要根据不同项目设立假设,然后将不同项目的调查内容加以整理、分析,自然就会呈现答案。答案呈现后,必须检讨是否符合逻辑、是否可行、自己对该调查结果是否感到满意。在为客户提案时也是如此,当对方感到"他对我们公司的情况还真了解""原来他还去征求过经理的意见""他调查得真仔细,虽然在这点上有一些出入,但整体来说感觉还不错",这样就算是获得了圆满的调查结果。

在归纳调查结果时,必须注意以下事项:应该注重现场的"声音",在归纳时,不要浓缩得太简短;尽可能保持客观的态度,应该公平地记录正确的答案和负面的答案;除了按照不同项目归纳以外,还应该列举些特定人物的具体意见;除了用语言陈述结果以外,还必须适当地配合图表加以说明;图案、插图或照片都有助于增加临场感。

总之,调查结果不仅可以让自己更进一步地认清现状,也更有助于获得对方的认同。

两种调查的归纳方法分别包括以下一些项目。

单独型调查的归纳方法:调查的目的;调查概要;个别访问结果;集体访谈结果;问卷调查结果;调查中的发现;成功要因;阻碍要因;今后的行动。

穿插型调查的归纳方法:策划的背景;策划的目的;被策划商品的定义;市场的定义;调查概要;市场的可能性(市场规模);附加意见;事业或商品概念;事业或商品体系;价格体系;经营体制;销售形式;促销计划;事业伙伴;整体盈亏;成败要因;事业蓝图;行动计划。

(6) 环境分析

对策划而言,分析环境是不可或缺的过程之一。如果无法进行环境分析,策划背景和目的将变得模糊不清。进行环境分析时,可以从宏观环境、行业环境和公司环境三个方面着手但并不一定要面面俱到,只需针对与策划有关的项目进行分析。例如,在各环境中,一般只需针对3~5个项目加以分析就足够了。在针对个别的环境变化加以整理后,再将自己得出的多个结果归纳为一个结果,有助于读者理解。

在宏观环境方面,包括社会、经济、产业构造、世界整体局势、信息化、价值观、生活方式、经营理论、组织模式等方面。在行业环境方面，则可以从法律规范、不同行业的加入、市场规模、市场占有率、价格、进口产品、技术能力、信息化等方面加以分析。在公司环境方面，可就理念、战略、计划、事业版图、市场的定位、商品的服务、网络、价格、销售渠道、技术、专利、研究开发等方面加以分析。分析环境是奠定策划背景、策划目的的基础。所以，如果能够以简洁的句子加以表达，将会给人留下鲜明的印象。

在宏观环境、产业环境和公司环境中，最受瞩目的就是如何分析产业环境的变化。因为，产业环境的变化会直接影响企业的经营指标，对经营方针的决定造成很大的冲击。而且，行业（市场）环境分析是否妥当，也决定着策划案的效果。因此，审核提案的决策者也会十分重视这一部分。

(7) 确定解决问题的切入点

策划主题中包含的问题可能不只一个，但并不是每一个问题都需要给予相等分量的关注。策划人员必须判断从哪个问题切入，才能使策划工作既切实可行又能带来良好的效果。而周密的调查研究往往可以帮助策划人员找到策划成功的切入点。

在选择切入点方面，要考虑可行性与效果性统一。作为世界著名炸鸡品牌的肯德基(KFC)在中国的企业经营策划就相当可圈可点，应该说它的经营策划就达到了可行性与效果性的完美统一。与同行业的许多其他公司不同，肯德基在全世界成功拓展业务的主要切入点，不是直销，不是代理，而是特许加盟。这种特许加盟模式的特点，不是让加盟者交纳加盟费后自行开店，而是让加盟者出资购买一间正在运行中并已盈利的连锁店。转让已经成熟的餐厅，加盟者不必从零开始，可以较快地融入肯德基的运作系统，进而极大地保障加盟者成功的机会。这对肯德基和加盟者来说都是确保双赢的稳健而便捷的做法，实现了便捷可行与良好效果的统一。

3. 进行策划创意

策划主题确定后，接下来应该考虑的就是如何通过完美的创意将其表达出来。完美的创意表达是策划创意形成的重要标志。没有好的创意表达，即使发现了很有价值的问题，也无助于策划工作的有效完成。

针对目标
进行创意

(1) 通过各种方式表达好的创意

表达好的创意可以是时间、空间的巧妙契合，可以是人文、历史、政策走势的完美统一，也可以是其他的任何惊人之举。著名策划人叶茂中曾经为北极绒保暖内衣策划了一则广告，巧妙地利用了时空移位的办法，成功地表达了策划创意。这则广告的核心广告语是"赵本山被外星人劫持了"。他设计了一个赵本山被劫持到外星上的场景，当赵本山露出身穿的北极绒保暖内衣，并且用他极具特色的东北口音说出"地球人都知道啊"时，你不得不感叹这个时空移位创意之巧妙！想一想"茅台碎瓶震万国"这个经典创意，如果没有当时这一情急之下无奈又聪明之举，不知道我们的国酒茅台要经过多久才会被世界认可。

2001年7月13日是奥委会宣布2008年奥运会主办城市投票结果的日子，也是亿万中国人瞩目的时刻。海尔独具匠心地抓住了这一饱含商机的"超黄金"时刻。在各代表团陈述间隙，海尔的广告片被不失时机地插播进来。此时的广告并不刻意渲染中国人的急切心情，而是给出了海尔在全球各地的基地和员工的形象，并让它们去传达海尔作为一个全球企业期盼中国成功的良好祝愿，给人以深刻而美好的印象。更具震撼力的是，就在萨马兰奇宣布北京为2008年奥运会主办城市、全场一片沸腾时,镜头一切,出现了"全球海尔员工祝贺北京申奥成功"的贺词。

我们相信,那一刻,所有人在万分激动之余,不仅记住了中国2001年的辉煌,也一定记住了海尔,海尔将其全球企业形象的广告策划创意成功地融入了具有全球性影响力的奥运题材之中。

无论用哪一种方式表达策划创意,其核心要旨都在于与策划所关注的目标群体实现真正的心灵沟通,对方被打动的同时就会在心里接受你的创意。中央电视台很多成功栏目的策划,都在于贯彻了策划创意表达的这个核心要旨。例如,中央电视台《同一首歌》这个栏目就创意而言,其成功之处就在于:第一,它真正知道受众内心的渴望,可以说,每一个人的成长经历中都少不了歌声,几乎每一个人都在内心深处曾经为几首老歌激动过,这是他们成长经历中不可分割的一部分;第二,《同一首歌》将每个人内心深处的老歌情结集中地释放出来,每一次都会请老歌的首唱者演唱,让观众过足了瘾;第三,《同一首歌》绝不拘泥于一个城市、一个场馆,许多期《同一首歌》的制作活动是在北京之外的城市进行的,这样更贴近观众,更容易引起受众的心灵共鸣。比如,2001年《同一首歌》元宵节特别节目就是在台湾制作的,血浓于水的亲情与歌声融汇交织,毫无疑问地形成了一个成功的策划创意。

(2) 超越现实、敢于梦想

超越现实、敢于梦想的策划案是属于超现实性的、超前的策划,在质的方面要求具有相当的差异性,这时必须以某种形式脱离现有认知和固定观念而展翅飞翔。如果能够顺利飞跃,就成为"飞跃的策划";如果失败,就变成"折翅的策划"。要想使着眼点"飞跃",必须经常做"飞跃"的训练,才能熟练地掌握飞跃法。

脱离现状的具体方法有:想出假设、做梦、空想、构想、憧憬等方法。每一种都很类似,但是只要有意识地训练自己进入这些脱离现实的世界,那么突破创意障碍的可能性自然会增强。假设是制造一些假想的前提,"如果能够这样""如果某某东西是如何"。做梦也不一定要晚上才行,可以坐在桌前让梦想飞驰。梦的构成要素是从过去和现实的愿望、期待、恐怖、不安混合起来所产生的。空想和想象也是一种假设的制造。

"如果有这样的东西""这里如果能变成这样"等,让创意从想象力中飞跃而出。如果能摆脱现实的固有观念和限制,对策划主题做放大的梦想,或设定完全不同层次的假设,那么就有可能冲出策划创意的死胡同。

我们在制作策划时,也常常希望能从这些假设、想象、构想的世界中寻找暗示,向质的飞跃挑战。有一家化工企业,在研究销售额倍增的策划时,向全体员工征求各种梦想。其中有几个员工提出"全体员工赴国外旅游"。于是策划小组想让这个梦想起飞。他们计算如果要请全体员工旅游,必须达到多少营业额和利润然后将计算出来的营业额和利润按不同的地区、不同的商品,做合理的分配,并向生产和销售两部门呼吁,"为了让全体员工能够赴国外旅游,必须实现这个目标"。结果,各营业场所和生产一线的员工,对这个目标发起了挑战,纷纷自发地提出各种扩大销售的建议并积极实行,使最初被认为是梦想的全体员工赴国外旅游终于实现了。

无论是新产品推行,还是降低成本或市场开发等,如果用中规中矩的方法会碰壁时,策划创意不妨尽情发挥想象力,以找出奇特的突破口。因此不要轻易忽视一些看起来像做梦一样的想法。

(3) 企图是谋划的动力

① 尝试层次的策划。将已知的创意或组成的策划稍加修正、加工而成。例如,在以人物为主角的电视广告上,让男扮女装或反过来用女扮男装来表演。也胜过完全不做新尝试的陈旧策划或完全照抄的策划,这种策划至少尝试达到新鲜感和差别化。

② 企图层次的策划。这是变化的切入点,加上新创意的策划。例如,北京××涂料公司,曾因想用小狗喝涂料来证明涂料无毒,结果遭到动物保护组织的反对,最终逼得总经理自己喝下去才了事。后来,××公司用小动物做变化切入点,进行了在北京市征集可爱的小动物做形象大使的公开活动,一下子改变了原先"虐待动物"的形象,使人感到这个策划的创意之新。

③ 谋略层次的策划。一反过去已知的创意,做出被认为不可能的策划。如果稍加注意,不难发现类似这种谋略层次的策划还不算少。例如,日本山中湖附近一家饭店为了吸引旅客,打出"如果看不见富士山,不收住宿费"的广告,因而成功地实现了吸引客人眼球的目的。其实他们是根据科学统计,发现完全看不见富士山的日子极为稀少,才敢打出"如果看不见富士山,不收住宿费"的广告。

④ 独具特点形成诉求差异化。好的策划是效率高的策划。所谓效率高的策划,是策划所产生的效果,相对预计所花费用较大而言。所谓效果比,是指投入费用单位(如10万元)所得的效果,如果以金额计算或推测,达到10倍或20倍(相当于100万元或200万元)的比例,也就是以最小的投入获得最大的收益。

杰出的策划者策划效率高,而且拥有高效率制作策划的能力。然而这种策划从理论上来看,是什么样的策划制作呢?如果以一句话概括,就是对策划的对象、接受者具有强大的诉求力,能使他们对该策划产生强烈的共鸣。策划的诉求力,以及策划的共鸣力是如何产生的呢?就是该策划使诉求对象产生了强烈的兴趣、关注和共鸣。如果诉求对象(目标对象层)大量而持续地像策划所诉求的一样采取行动,那么该策划便非常成功了。

例如化妆品,针对商品内容、商品构成做强力宣传、诉求的策划,将广告曲子设定为十分流行的歌曲——《漂亮一下》。那么年轻女孩的化妆,便一起变成"漂亮一下又何妨","为了要自己看了也高兴"。这是对年轻女孩的心理、行动和流行现象做过充分研究,再通过广告词、电视宣传、广告歌曲、店面广告等频繁播出,创造新的化妆趋势。不管这类化妆品的宣传策划是不是一个好的策划,但毫无疑问,它是一个强有力的策划。这种策划诉求的条件,是与过去的策划相比具有差别性,如果没有差别,便无法产生新的反应。这种差别对诉求对象来说,必须是有意差别。所谓有意差别,就是策划诉求的接受者,能够承认"原来如此,这个不一样"的差别。

如果能从另一个角度努力策划,展现出差别诉求时,又能使诉求对象产生新的反应。正如有些男人对自己漂亮的太太看惯了之后就不觉得有什么动人之处,反而会被别的女人所吸引,其道理是一样的。

因此策划者对自己的策划所拥有的差异到底在什么地方,必须善于判断和认识。一味投入大量资金做广告也是一种差异,然而仅仅是这样,未免太缺乏智慧。仅仅是策划者凭主观认为的"差别",而诉求对象却不能感觉到,也不能算是有差别。

⑤ 创意无限,时间有限。在寻找策划的着眼点和琢磨策划创意时有一个诀窍,即设定截止时限。所谓截止时限,是到某日某时为止的时间限制。也就是说,对某一策划主题进行

创作时,思考好着眼点,或将这些着眼点转为策划的过程,必须提出截止日期,也就是规定到什么时候为止必须整理出来的时间。这样决定下来以后,按照人类的习性,会随着截止时间的迫近而提高紧张感,迫不得已做出点什么来,于是灵感和创意也被逼出来了。这就像学校的考试时间快到了,学生忽然用起功来是一样的原理。

如果是机器,一般都是按照时间成比例地进行工作。但是人的心理和习惯如果没有紧迫感,便常常拖拖拉拉无法进入用功或工作的状态。聪明一点的人只要开一个"夜车"就能考及格,构想创意也有类似的地方,这或许因为人的本性就是这样的。

如果策划书提出的截止时间尚未明确决定,或还有相当长的时间时,策划者可以按照自己的意愿,设定截止日期和各阶段工作的时限进行策划。也就是在自己心里设定一个时限,自加压力,以制造紧迫感。

4. 策划方案撰写

策划方案撰写是营销策划的最后一个步骤,就是将营销策划的最终成果整理成书面材料,即营销策划书,也叫企划案。其主体部分包括现状或背景介绍、分析、目标、战略、战术或行动方案、效益预测、控制和应急措施,各部分的内容可因具体要求不同而详细程度不一。

策划方案撰写

（1）策划书的八要素

写策划书就如同写剧本,它必须具有下列八个要素。

① 演出的主要内容（策划的目的、方式）。

② 出场的演员、观众（策划相关人员）。

③ 舞台背景（策划场所）。

④ 表演时间（策划时机）。

⑤ 这样演戏的理由（策划的假设、原因）。

⑥ 演出如何进行（策划的方法和整体系统运转）。

⑦ 一流的演出令人赞赏（精彩的策划）。

⑧ 演出的规模、预算（策划的预算）。

对策划案来说,还有两个要素要注意。一是带有感叹和疑问意义的"你的策划是否像一场精彩的演出";二是策划是否已具备十足的感性,像精彩的演出一样扣人心弦,使人不得不发出"多么有趣味""多么动人"之类的感慨。

策划书的产生过程,是方案设计最后的成熟思考和最初的实际实施。它是对策划者才智和经验的一种检验,迫使策划者对自己的任务有一个全面、清晰的了解,建立合理目标,编制工作程序,分清轻重缓急,组织实施活动,并展示行动结果。

（2）策划书的创作方法

策划书不同于一般的文章,它是一种创意构思的书面化作品。为了使策划能准确而细致地表达出策划人天才的构思,就必须思考成熟,并在草稿纸上写出要点和画出"素描"后,才能开始着手写作策划书。策划书写作的基本顺序如下。

① 撰写整个策划书的大纲。

② 列出大纲中各章的大致内容。

③ 检查大纲中各部分是否平衡。

④ 重新调整后,确定各章节分配。
⑤ 将自己收集的资料及构思的要点进行整理,写进各章节。

这样,第一稿的策划书就出来了。这时还要统一策划书的体裁及记述方法。尤其是几个人共同执笔的情况下,必须留意主要细节,前后呼应,然后再正式撰写策划书。

1.2.3 营销策划方案结构形式

表1-5是一份完整的市场营销策划案的结构表,策划方案各组成部分可根据策划对象等具体情况增删。

表1-5 营销策划方案结构形式

策划案各组成部分	具体内容或说明	举 例
策划案封面	• 策划书名称(×××公司××营销策划方案) • 市场营销策划书编号 • 委托方 • 策划者(部门或者人名) • 完成策划时间 • 策划书使用期限	请参照故事汇 《某手机营销策划方案》
目录与前言	• 目录一般排列到二级标题 • 前言是对策划内容的一般性说明,应当简明扼要	
营销背景分析	• 行业发展现状 • 行业竞争状况 • 产品总体需求现状 • 产品总体供应现状	
营销态势分析	• 企业产品营销优势劣势分析 • 企业产品营销机会威胁分析 • 企业产品营销资源分析	
战略规划	• 营销战略构思 • 品牌形象定位 • 产品定位(功能、目标客群、价格、心理)	
整合营销传播	• 广告策略 • 公关策略 • 人员推广策略(建网点、铺货) • 销售促进行动(短期刺激措施) • 行动方案设计和实施细则	
费用预算	• 整体策划方案的费用预算表	
效果预测	• 方案实施后的效果评价 • 评价方法运用得当	
附件	• 调查报告及其调研原始资料 • 主要参考文献 • 专家顾问情况 • 其他材料(照片、录像带、录音带、实物等)	

请把故事汇中的某手机营销案例中的主要内容用上述结构提炼出来。

🔘 金钥匙

营销策划方案操作要领

中国市场已经越来越趋于成熟,由卖方市场走向买方市场,消费者越来越理智,这使部分企业品尝到失败的苦果。在激烈的市场竞争下,宣传战、价格战、概念战层出不穷,这样很容易使企业营销策划陷入各种各样的误区,给企业的经营带来不必要的麻烦。下面是在策划案的撰写过程中要注意掌握的操作要领。

营销策划方案撰写原则及要领

1. 营销策划方案要容易理解

营销策划书是一种说服性材料,应该考虑使用者的思维习惯和理解能力。其体系要井然有序,各个部分之间逻辑合理、顺理成章;局部内容也可采用通俗易懂的方法表达;所涉及的概念深入浅出,使人易领悟;策划书中标明的总费用和明细费用详尽明确,使人知晓;策划书显示的方案全貌使人一目了然。

2. 营销策划方案要有清晰的进度

营销策划方案的实施过程会受到众多因素的干扰,其中"人"的因素影响很大,往往打乱策划方案的运行进程。因此策划书的执行进度与计划进度很难相符。过于刚性的计划进度不适于营销活动动态的背景环境;过于柔性的计划进度不利于控制营销活动的节奏,不便于规范营销操作质量。实践证明,在撰写营销策划书时,尽量使用具有较大弹性的计划方法。如用甘特图法表明营销策划的进度,以指导企业营销的进展。

3. 营销策划方案要擅长运用各种图表

在营销策划书中巧妙穿插各种图表可以显得生动活泼,增强穿透力和感染力。撰写策划书之前可以在一张图表上反映出策划方案的全貌;撰写策划书的前言或摘要时,最好采用概括力较强的流程图或系统图将全部内容清晰完整地展现;在策划书描述营销策划的相关概念时,最理想的方法是将其以图形的方式进行示意,以加深理解。

4. 营销策划方案要有效果预测

营销策划书应根据足以信赖的资料对营销策划的预期效果进行预测,同时对可能产生的成本收益状况也要一并说明。从说服的角度来看,如果将该企业成功范例或近似成功范例作为实证的依据,将会增大策划书被接纳的可能性。另外,对策划过程中遇到的难点问题不应回避,在策划书中阐明问题的实质,提出策划实施时应特别注意的事项,并将其做成备忘录附在策划书后。

5. 营销策划方案要突出重点

当策划主体面对错综复杂的营销问题时往往产生很多想法,然而不可能把这些想法全部纳入策划书中;否则策划方案里面的构想、创意太多,目标分散,不易形成策划焦点,也会分散使用者的注意力,使其不易聚合能量解决要害问题。因此,撰写策划书的关键性要求是尽量浓缩精华,适当舍弃。

6. 营销策划方案要显示个性

优秀的策划主体所做出的营销策划书会充分表明其个性特征,将自己的信念、观点和看法融入策划方案中,最终拿出解决问题的系统方法。正是这种独特的思维方式和策划风格,使之别具魅力,能够抓住策划方案使用者的心理,引起共鸣,获得信赖。

7. 营销策划不要片面追求知名度

有人认为,所谓策划就是猛烈地做宣传、打广告,消费者熟悉或关注你的产品自然就会选择你的产品。在这种错误的指导思想下,许多企业不在消费者需求和产品本身上下功夫,而是不惜代价地做广告。事实上,"广告明星"企业大多昙花一现。所以在撰写策划案时要防止陷入片面追求知名度的误区。

任务1.3 营销策划基础学习与应用

训练营

阅读以下案例并按营销策划方案结构要求撰写评论稿,汇报交流。

故事汇

TCL美之声无绳电话机的实效推广

一、背景

TCL集团是以电话机发家的企业,TCL移动通信有限公司是国内最大的电话机产销公司,自20世纪90年代初以来,TCL电话连续十年销量全国第一,成为中国名副其实的"电话机大王"。

进入2000年,电话市场发生了变化,TCL通信面临着新的形势。一方面,由邮电渠道发号配装电话逐渐取消,消费者自主购机市场快速成长,而TCL向来对邮电渠道依赖过重;另一方面,无绳电话机销量增长迅猛,前景可观,TCL传统强项却是有绳机产品;还有新兴的无绳电话机消费被看好,竞争激烈,后起之秀步步高已在新产品市场上占得先机。

通过对国内市场进行深入研究,并参照国外市场发展进行分析,TCL通信确认,无绳电话产品会是将来的主流,为了在未来市场获取主导优势,企业从今天起,需要加强对无绳电话机的推广。TCL通信期望,通过不多的数年时间,能够凭公司整体资源在无绳电话机市场赶超对手,重返领导地位。

特别重要的是,TCL通信当时的思路非常明确,新市场的推广必须"先有定位再做广告",这为无绳电话机的实效推广奠定了基础。

二、定位策略

无绳电话机市场已经启动,且有不少竞争者加入,要为TCL无绳电话机确立合适的定位,得进行深入的研究。其中"定位三角研究"是通常的做法,可以探寻在消费者心目中,有哪些富含价值的位置尚未被竞争对手占据,而且真正适合自己。定位三角研究见图1-3。定位三角研究从消费者方面发现,人们已普遍知道了无绳电话机产品,但对它的认识却并不深入。第一,往往只是被无绳电话机"无绳"的方便性所吸引,对进一步如何评价、选择这种产品认识不多;第二,大家普遍关注基本的产品质量问题,特别是"无绳"带来的通话质量,而较少有更高的要求;第三,几乎所有的人都倾向于购买知名品牌,以求品质保证,但真正熟知的无绳电话机品牌只有步步高。

图1-3 定位三角研究

从竞争方面来看,市场颇为热闹,真正强势的品牌也只有步步高。步步高第一个以"方便"的概念吸引普通电话机的购买者,大力开拓品类市场,其他品牌也类似地跟进,没有独特的定位性推广。

回看TCL自身,企业认为自己的整体实力、产品品质及技术力量应该强过主要对手,而且TCL的彩电产品非常出名。因此品牌有一定的影响力。

综合研究的结果是,TCL通信首先明确,步步高已在消费者心目中抢先占据了"无绳电话"品类定位,自己应该避免与其争夺同一位置,而要通过关联、攻挤步步高,或寻找其他特性阶梯树立自己的定位。考虑到步步高没有突出的特点或弱点,难以让人关联和攻挤,则探寻有价值特性概念,成为TCL无绳电话机的定位方向。

深入分析知道,既然电话的主要作用是用来通话,那么"声音清晰"应该是可以评估的重要特性。事实显示,消费者正是非常关心声音清晰问题,而且其他竞争者也没有类似的主题推广,企业认为,TCL产品的品质能够支持"清晰"概念,于是确认:TCL应该去抢占无绳电话机市场中"声音清晰"的特性阶梯,将产品特性定位于"清晰"。

考虑到"TCL"品牌虽然有一定的影响度,但它彩电的主要产品的联想其实并不适宜无绳电话产品,新定位最好配有一个更吻合的名字,TCL通信重新为自己的无绳电话机进行了命名,称为"TCL美之声"。企业希望,通过推广,"美之声"可以尽快地抢得无绳电话机市场第二的地位,以后再等待时机,一举超越领导品牌步步高。

假以时日,"声音清晰"的美之声,有可能像"防止蛀牙"的高露洁、"安全"的富豪,成为个性鲜明、价值独特的品牌。TCL无绳电话机定位策略见图1-4。

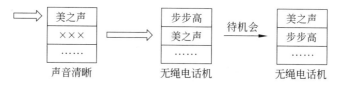

图1-4 TCL无绳电话机定位策略

三、实效的推广

有了明确的定位之后,该如何有效地推广美之声品牌?有什么主题可以统率企业所有的传播行动,整合大家用力的方向?

一个比较好的技巧,是将定位概念当成熟品类去推广,这样会让所有人(包括企业和顾客)有一个明晰的印象。TCL美之声的行动主题,应该是:在中国推广"清晰型"无绳电话机!

定位的前提研究已经证实,消费者对无绳产品已广泛知晓,但还不够深入,普遍关注通话质量问题,那么进一步引导人们购买清晰型无绳电话机,理应是不错的策略。美之声可以通过推广清晰型无绳电话产品,建立自己的定位。

依正常的传播步骤,美之声的推广拟订了三波推广计划。第一波,告知"清晰型无绳电话"面世,着意向业界、媒体传播新品牌的"身份",同时引发消费者的关注;第二波,以"清晰型"的身份,去唤起和迎合消费者对无绳电话"声音清晰"的需求,推广品牌;第三波,如若"清晰型"产品出现跟进者,美之声将加强清晰技术方面的诉求,维护领先地位。计划已定,待到TCL通信调整、改进好产品,推广便拉开序幕。

1. 告知清晰型无绳电话机面世

宣传新概念最有效的方法,是充分利用新概念的"新闻性",张扬它的冲击力,从而给人以深刻印象。美之声清晰型无绳电话机的上市,就综合了新闻、公关、促销、广告等多样形式为"清晰型"新概念开路,以求获得人们最大的关注。

整个"告知清晰型无绳电话机面世"的推广活动,以"TCL创新出品美之声:清晰型无绳电话机上市"新闻发布会领衔,围绕一个免费换机的事件活动展开,大张旗鼓地宣告清晰型无绳电话机的诞生,鼓动消费者购买新型产品。由于TCL集团的良好影响,以及TCL通信高层对推广的重视,新闻发布会成功举行,"清晰型无绳电话机"在业界与媒体有了一定认知度,为后续的宣传确立了基础。

重头戏事件活动,是一次颇具规模的全国"免费换机大行动",主题为"无绳电话机不清晰,免费换成清晰型"。活动时间内,任何无绳电话的使用者只要觉得电话通话质量欠佳,就可以到商场免费换领一台崭新的TCL美之声清晰型无绳电话机。这种破无荒的好事,令"TCL美之声"及"清晰型无绳电话机"迅即成名。活动表面上针对已经购买无绳电话机的消费者,实际上更大程度也吸引了正在打算购机的人群,直接激起了人们对无绳电话机通话质量欠佳的关心,使众多人通过产品比较,转向了清晰型产品的购买。当然在产品上市期,TCL有相应的优惠促销。

第一波的广告运动完全配合全国免费换机活动展开,电视广告作为重点。TCL美之声最广为人知的第一条广告片,描述了一个坐在马桶上打电话的人,由于通话不清晰带来尴尬和无奈,终于说出了自己的心里话:无绳电话机不清晰,方便有什么用呢?广告最后建议人们选用TCL创新出品的美之声清晰型无绳电话机。这个广告让不少人联想到了步步高的广告片,以为美之声是在斥责"方便千万家"的步步高不够清晰,应该改用新型产品美之声。这种"对台戏"广告引发了不少争议,但美之声品牌及产品的知名度显然大大得到了提高。

美之声的其他广告,则又配合影视广告展开。报纸广告延续了对通话不清晰的针砭,同时作为平面媒体,也承担了告知免费换机活动细则的功能,广告投放基本上集中在活动期间,很好地加强了宣传声势。美之声的售点建设,为换机活动配置了焕然一新的POP物料,更着力提供有关清晰型产品的宣传资料,以期在一线争取更多的潜在顾客,甚至是直接的购机者。

"无绳电话机不清晰,免费换成清晰型"的活动,激起了人们极大的兴趣,加之有效的广告配合,令众多消费者注意到了"清晰型无绳电话机"的面世,并吸引不少的购买者,开始转向考虑选择新品牌"美之声"的产品。

2. 唤醒"清晰"需求

借助事件活动初步告知清晰型无绳电话机面世之后,新产品与美之声品牌受到了人们高度的关注。TCL通信在此基础上,继续唤起消费者对无绳电话机"声音清晰"的需求,乘胜追击。

首先是加强渠道的推广和售点人员促销。在中国市场,一个品牌被经销商接受非常重要,他们既是销售参与者,也是产品宣传者,他们的看法会慢慢渗透到市场,最终影响消费者。TCL针对渠道关系人员,沟通了企业对无绳电话机项目的看法,提出了对新产品销售的政策激励,取得了渠道方面的支持。在此基础上,TCL通信组织了全国销售人员学习,了解清晰型无绳电话机的推广计划,特别强化了一线促销人员的培训,让大家在售点能更好地激发消费者的"清晰"需求。

广告上,美之声转向了新产品带来"声音清晰"好处的诉求,承诺美之声具有优良的通话品质。电视广告,描述一个母亲通过电话唱摇篮曲,催宝宝睡眠,但她轻微地打嗝声掩饰不住,惊动了宝宝,非常生动地传达了美之声无绳电话机"再细微的声音也能清晰传递"的特点。报纸及平面广告以饶有趣味的绕口令表现,突出美之声"只要你说得清,就能听得明"的传话性能。由于广告单一、明确地诉求"清晰",切中人们对无绳电话机普遍的关心点,美之声温馨、有趣的广告很容易地让大家会心接受,从而赢得了人们的"芳心"。

第二波的推广表现得很平实,在渠道与售点做足工夫之后,直接地刺激和满足消费者潜在的需求。正因如此,TCL美之声的推广简明有力,颇为奏效。

3. 诉求"清晰"技术

这是一波有备无患的推广运动,以备有竞争者跟进"清晰"概念时,用来强调美之声的领先优势。

小家电产品的营销有一个特点,消费者在深入了解一个品牌,特别是将两个品牌相互比照时,可能会关心它们的"技术先进度",虽然不一定详细弄清,但总要有大致的印象。基于此种情况,TCL美之声一早就提出了"六重清晰技术,四重清晰品质检验"的口号,意指自己采用了多项技术,使通话质量更清晰,并且产品出厂要经严格检验,确保清晰品质。这一方面使品牌在推广"清晰"概念初期能获得消费者信赖;另一方面也为将来的推广做了铺设。

由于技术的叙述比较理性与复杂,TCL美之声对"6+4"清晰技术的传播主要集中在平面广告及宣传品上,特别是售点的物料。TCL设想,消费者买电话不会像购买大宗商品那样事先研究太多,而往往到售点进行比较选购,适当的技术性能介绍有助于消费者现场做出选择。

TCL最终的打算是,企业要大力发展清晰型产品,技术研发应该往通话清晰技术方面侧重,一旦有新的突破,即刻和消费者的"清晰"需求对接起来,策动新的技术形象宣传。

现有"6+4"技术伴随产品面世,又待新成果来张扬品牌,TCL美之声"清晰"定位的推广,当可在未来立于不败之地。

四、效果评估

美之声先有定位再做广告,而且传播活动直指消费者明确的需求,总体上是一个富有实效的推广案例。

从销售与市场来看,TCL通信的无绳电话机销量比上一年增长30%,而新品牌"美之声"数月内成为第二品牌,成绩喜人。

从竞争反应来看,美之声"无绳电话机不清晰,方便又有什么用"的广告,曾经引发了对手的抗议。这符合营销大师杰克·特劳特与艾·里斯的说法,衡量策略是否有效,可以看它是否刺痛了竞争对手。

从品牌建设角度看,美之声"声音清晰"的定位,代表着无绳电话机最重要的特性,至今发展良好。只要 TCL 愿意维持,美之声有可能成为明日市场的主流品牌。

事实上,TCL 美之声无绳电话机的推广,已使品牌从毫无特色的对手中脱颖而出。

章节测试题

一、不定项选择题

1. 营销策划是为了（　　），实现特定的目标,提出新颖的思路和对策,并制订出具体可行的方案,达到预期效果的一种综合性创新活动。
   A. 解决企业现存的问题　　　　B. 解决企业以前的问题
   C. 解决企业未来的问题

2. 以下体现营销策划含义的关键词是（　　）。
   A. 目标明确　　B. 思路创新　　C. 方案可行　　D. 声势浩大

3. 促销专题策划属于（　　）。
   A. 战略策划　　B. 整合营销策划　　C. 战术策划　　D. 企业形象策划

4. 以下（　　）是营销策划方案撰写时的操作要领。
   A. 容易理解　　B. 进度清晰　　C. 显示个性　　D. 重点突出

5. 营销策划方案撰写流程的第一个步骤是（　　）。
   A. 收集情报　　B. 确立主题　　C. 策划创意　　D. 组织队伍

二、讨论题

1. 举例说明策划在我们生活中的哪些方面有哪些作用。
2. 举一个你认为比较好的或不太好的营销策划活动案例,说明它好或不好的理由。

项目 2

营业推广策划

他山之石

营业推广的很多手段,尤其是在推出新产品或吸引新顾客方面,譬如销售奖励、赠券等通常都附带价格上的让步,刺激比较强,较易吸引顾客的注意力,使顾客在了解产品的基础上采取购买行动,也可能使顾客追求某些方面的优惠而使用产品。同时它可以使广告宣传的效果得到有力的增强,破坏消费者对其他企业产品的品牌忠实度,从而达到销售本企业产品的目的。

目标与要求

(1) 了解营业推广及营业推广策划概念。
(2) 熟悉营业推广策划方案的写作步骤和流程。
(3) 理解营业推广策划方案的写作要点及注意事项。
(4) 熟悉营业推广方式及方案设计。
(5) 能按要求撰写营业推广策划方案并展示汇报。

工作任务

撰写营业推广策划方案并展示汇报。

任务书

(1) 认识营业推广及商家营业推广经营活动。
(2) 分析营业推广策划方案结构及流程。
(3) 认识营业推广方式,选择设计营业推广形式。
(4) 撰写营业推广策划方案。

项目实施与考核

【实施步骤】
(1) 将班级每5位或6位同学分成一组,每组确定1人负责。
(2) 学生按任务书要求,在教师指导下完成任务要求的内容。
(3) 各小组将任务完成成果以PPT形式在班级进行展示、交流、讨论,教师总结点评。

【项目考核】
(1) 项目考核以小组为单位。

（2）项目考核同时包含小组协作、态度、汇报表达等内容。
（3）以任务书中最后一个综合任务作为项目考核内容。
（4）项目考核形式如表 2-1 所示。

表 2-1　项目 2 考核评价

评价指标	评价标准	分值	评估成绩/分	所占比例/%
评价方式及内容	① 策划主题明确	5		65
	② 策划活动目的表述准确	10		
	③ 对象、场所、时间明确	5		
	④ 内容具有创新性和可行性	15		
	⑤ 策划方案结构合理、内容完整	10		
	⑥ 活动控制措施可行	10		
	⑦ 费用预算具体、合理	5		
	⑧ 效果评估	5		
汇报交流	PPT 制作版面专业性强、结构层次分明	10		30
	汇报思路清晰、语言表达流畅	10		
	回答问题思路清晰、内容准确	10		
学习过程	如出勤、参与态度等	5		5
	小组综合得分			

任务 2.1　营业推广活动策划基础认知

● 训练营

认识营业推广及商家营业推广经营活动：查阅资料与信息，进行市场实地观察，列举各商家营业推广相关活动形式、内容、特点。编制商家营业推广活动分析表（见表 2-2），分组交流商家营业推广经营活动情况。

表 2-2　商家营业推广活动分析

营业推广活动名称（包括商家名称）	活动时间	活动内容与形式	活动创意与特点	预期效果	备注

知识库

2.1.1 营业推广的概念与特点

1. 营业推广的概念

营业推广又称销售促进(sales promotion,SP),菲利普·科特勒把它定义为:"刺激消费者或中间商迅速或大量购买某一特定产品的促销手段,包括各种短期的促销工具。"从这个定义可以看出,营业推广是指在短期内为了刺激需求而进行的各种活动,它旨在激发消费者购买和促进经销商的效率,诸如陈列、展出与展览表演和许多非常规的、非经常性的销售尝试。这些活动可以诱发消费者和中间商迅速、大量地购买,从而促进企业产品销售的迅速增长。

认识营业推广

除菲利普·科特勒的定义外,还有几种关于营业推广的定义。

定义一:营业推广是一种适宜短期推销的促销方法,是企业为鼓励购买、销售商品和劳务而采取的除广告、公关和人员推销之外的所有企业营销活动的总称。

定义二:人员推广、广告和宣传以外的用以增进消费者购买和交易效益的促销活动,诸如陈列、展览会、展示会等不规则的、非周期性发生的销售努力(美国销售学会定义)。

定义三:企业用来刺激早期需求或强烈的市场反应而采取的各种短期性促销方式的总称。

企业的营业推广对象包含消费者、中间商、销售人员。

2. 营业推广的特点

营业推广的方式虽多种多样,但有几个明显特点。

(1)见效迅速。可根据顾客心理和市场营销环境等因素,采取针对性很强的营业推广方法,向消费者提供特殊的购买机会,具有强烈的吸引力和诱惑力,能够唤起顾客的广泛关注,立即促成购买行为,在较大范围内收到立竿见影的功效。

营业推广的优缺点

(2)有一定的局限性和副作用。有些方式暴露出卖者急于出售的意图,容易造成顾客的逆反心理。如果使用太多,或使用不当,顾客会怀疑此产品的品质及产品的品牌,或产品的价格是否合理,给人以"推销的是水货"的错误感觉。

(3)直观的表现形式。许多营业推广工具具有吸引注意力的性质,可以打破顾客购买某一特殊产品的惰性。它们告诉顾客这是永不再来的一次机会,这种吸引力,尤其是对于那些精打细算的人是一种很强的吸引力,但这类人对任何一种品牌的产品都不会永远购买,是品牌转换者,而不是品牌忠实者。

(4)活动和政策的短期性。营业推广活动的开展只在一个特定的时期内进行,活动不可能长期开展。活动期间采取的优惠促销政策也只能在活动期内有效,活动结束后营销政策就要恢复到正常水平。如果营业推广经常化、长期化,就失去了销售促进的意义。

(5)目标明确且容易衡量。营业推广活动的开展都有一个十分明确的营销目标。促销方案是否有效,关键就看活动结束后促销目标的实现程度。

(6)与沟通群体的互动性可以形成良好的商业氛围和商业关系。营业推广往往需要消费者或中间商积极参与,只有把他们的积极性调动起来,刺激其需求,促进其实现消费,才能达到企业的目的。因此,营业推广方案强调与沟通群体的互动性,形成良好的商业氛围和商业关系。

2.1.2 营业推广策划要求

营业推广策划的要求主要有以下几点。

(1) 营业推广通常是作短期考虑,为立即反应而设计,常常有限定的时间和空间。

(2) 营业推广策划注重的是行动,要求消费者或经销商亲自参与。

(3) 营业推广策划工具具有多样性。

(4) 营业推广策划在一特定时间提供给购买者一种激励,以诱使其购买某一特定产品。此激励通常或为金钱,或为商品,或为一项附加的服务,这成为购买者购买行为的直接诱因。

(5) 营业推广策划见效快,销售效果立竿见影,对销售增加实质的价值。

总之,营业推广策划的最大特征在于,它主要是战术性的营销工具,而非战略性的营销工具,它提供的是短期刺激,会导致消费者直接的购买行为。

营业推广策划操作要领

任务2.2 营业推广策划方案结构及流程

训练营

根据提供的案例,总结和描述营业推广策划方案的撰写结构及流程要求。

故事汇

君乐宝涨芝士啦促销方案

一、市场背景

(1) 市场前景非常乐观,奶制品市场近几年将会有较大的市场总容量增长,酸奶的增长速度大大高于整体市场的增长速度,由此可见君乐宝涨芝士啦的潜在市场比较大。君乐宝涨芝士啦如图2-1所示。

(2) 在中国市场,尤其在广州市场,市场调研的结果显示:君乐宝涨芝士啦的主要消费群是20~30岁的人群,其中女性占53%,而更重要的消费群将会是年龄为23~25岁的女性。

(3) 23~25岁的女性是21世纪中最具活力的、最活跃的"新贵族",她们将比上一代更加自信,更加注重生活的质量,同时更注意身心健康和展示自身的无穷魅力。展现自我,拥有独有的魅力是其首要消费意愿之一。

(4) 君乐宝涨芝士啦SWOT分析如表2-3所示。

图 2-1 君乐宝涨芝士啦

表 2-3　君乐宝涨芝士啦 SWOT 分析

STRENGTH：	WEAKNESS：
• 涨芝士啦可借助君乐宝的强大品牌优势 • 君乐宝已经成功地为涨芝士啦建设了完善的分销网络，以及通路良好的客户关系 • 君乐宝为涨芝士啦传播了"渴望无限""年轻的一代""活力一族"等品牌主张和品牌个性	• 涨芝士啦目前的销售局面尚未打开 • 涨芝士啦在广州的消费群中知名度不高 • 涨芝士啦虽借助君乐宝的品牌优势，但未进行及时的品牌宣传和告知活动
OPPTUNITY：	THREAT：
• 在广州，芝士酸奶市场尚未形成强势品牌，宿敌蒙牛、伊利的芝士酸奶尚未占领足够的市场份额 • 很大一部分原酸奶的消费群愿意转换品牌，尝试新品味 • 在芝士酸奶的目标通路上没有高品位乳品的进入 • 芝士味酸奶将是"活力族"的梦幻酸奶	• 蒙牛、伊利等其他品牌的芝士味酸奶将会陆续进入市场 • "活力族"很容易形成品牌依赖，失去先机将失去市场 • 其他品牌的产品如果多次入市未能打开市场，该品牌将失去生命力

（5）总结：涨芝士啦目前具备的优势和机会是君乐宝建立起来的，自身的品牌建设和销量提升工作均没有开展强有力的活动来支持。

（6）措施：通过售点的具有吸引力的大力度促销，以及涨芝士啦的 USP 传播，提升售点的即时性销量和永久性销量。

通过特殊通路与分销通路的整合传播来扩大君乐宝涨芝士啦的知名度。

二、促销目标

（1）丰满产品品项，使君乐宝涨芝士啦在售场的货架、堆头的陈列更加生动化。

（2）扩大君乐宝涨芝士啦在广州市场的知名度。

（3）提升君乐宝涨芝士啦的售点、卖场的现实销量。

三、促销定位

（1）时间、地点、对象：1月到3月；卖场、运动场所、娱乐场所；年轻人、爱好运动的人群。

（2）商品 USP：北纬 38°优质奶源、慢发酵技术、丹麦芝士。

（3）品牌信息：让活跃的你更自信、更有魅力。

四、促销主题

君乐宝涨芝士啦酸奶与芝士完美结合，新生代魅力大拥抱（拥有新宠爱，魅力自然来）。

五、促销活动方案

（1）不同地点的活动内容方式如下。

① 卖场："转、转、转、转出你的梦幻"。购君乐宝涨芝士啦一袋，即可凭购物小票参加"幸运大转盘"抽奖活动，百分之百中奖，最低奖项为贴士册一本。

② 运动（娱乐）场所：贴士、集点连环奖。从幸运大转盘中获得贴士册，从海报、宣传单页中集君乐宝涨芝士啦的四句广告宣传语即可换取运动（娱乐）场所提供的九折优惠，消费达 98 元又可赠君乐宝涨芝士啦 6 袋。

（2）奖项设置主要有以下三种。

① 幸运大转盘奖项设置（共 20 小格）。

——运动背包一个（共 2 格）。

——"海南或昆明"游抽奖券(共3格)。

……

② 集点奖项设置。贴士册中具有在运动场所、娱乐场所(指定地点)的优惠券(coupon,在贴士小册子内印制)。可以以券上规定的折扣享受运动或娱乐,使用过后优惠即止;如继续运动或娱乐达98元金额,又可兑换君乐宝涨芝士啦6袋和贴士册一本,反复连环使用。各场所以POP活动告知方式进行告知,同时在小贴士册中有详细的活动内容告知。

③ 幸运数字奖设置。如果在打保龄球娱乐中打出96分、98分、108分、156分等幸运数字,奖君乐宝涨芝士啦一袋+贴士册一本;如果打出168分、196分、198分、256分,则奖君乐宝涨芝士啦一袋+贴士册一本+免费一局。

(3) 活动场所。卖场:15家;运动场所:贴士参与活动单位;娱乐场所:贴士参与活动单位。

(4) 时间进度如表2-4所示。

表2-4 促销活动时间进度

时间	工作内容	落实责任人	备注
1月8—10日	确定促销方案、签订合同	林普公司、君乐宝公司	合同书
……	……	……	……
2月17日—3月18日	促销正常进行	促销小组运行、林普公司客户部指导	君乐宝品牌部监督
3月20—23日	核销、评估、结算	促销小组、君乐宝品牌部、林普公司客户部	奖品凭小票核销

(5) 促销预算如表2-5所示。

表2-5 促销预算

序号	项目内容	单价/元	数量	金额/元	备注
1	明星立像设计、喷绘(1.5m×0.8m)	120	40	4800	
2	明星立像架制作(1.5m×0.8m)	150	40	6000	
……	……	……	……	……	……
19	(新闻参与费、组织费)	—	—	(5000)	
20	赠品及其他物料的运费	50	40	2000	

合计(小写):¥155700元/(大写):壹拾伍万伍仟柒百元整

六、促销传播方式

(1) 传播策略

① 以售点、卖场等活动场所的海报、宣传单页等地面方式进行告知,不采用报纸、电视、电台等空中媒体告知。

② 海报采用印刷品,设计和宣传文案由林普公司提供,明星立像以君乐宝公司提供的广告宣传画为蓝本,由林普公司加文案和宣传主题并制作。

③ 宣传单页、小贴士册由林普公司设计并制作。

(2) 卖场宣传告知

① 卖场门外：

——充气拱廊，上书"芝士酸奶就喝涨芝士啦"或"十斤鲜奶提炼一斤芝士"（共 15 个）；

……

——幸运大转盘及领奖促销台，促销小姐 2 位（共需 15 个幸运大转盘、15 个促销台和 30 名熟练的促销小姐）。

② 卖场内：

——货架或堆位、场内 POP 告知（君乐宝公司提供）；

——场内宣传单页派发。

(3) 运动（娱乐）场所活动告知

① 此场合旨在扩大君乐宝涨芝士啦的品牌知名度和产品 USP 的认同，而非实现销量的提升，但同时却要为联合场所带来实际的销售而制定，因此君乐宝方面主要以画报、明星立像、活动告知 POP、空白 POP、宣传单页，以及小贴士等为主要张贴对象。

② 以君乐宝涨芝士啦的口味尝试为产品宣传的重点，突出"好喝到想哭"。

③ 所有的宣传单页、明星画报、活动告知的 POP、空白 POP 以及贴士册中均告以营养与美味兼具的健康乳品宣传。

④ 君乐宝公司必须在所有参与的运动场所和娱乐场所配以足够的涨芝士啦赠饮。

七、促销效果展望

(1) 针对促销目标的第一条：丰满君乐宝的产品品项，使君乐宝在卖场的产品陈列更加生动化。促销活动期间和活动结束以后无疑将会有效达到此目标。

(2) 卖场和运动、娱乐场所的广泛宣传促销，旨在使涨芝士啦的目标消费群得到广泛的告知，将涨芝士啦的产品 USP 和品牌概念通过此次促销活动在目标消费群中建立深刻的印象。

(3) 在卖场提升涨芝士啦的销量方面：由于此类促销具有滞后效应，同时涨芝士啦在广州市场上属于非知名品牌，因此销量的增长应从活动之后几个月的销量增长度和促销当月的实际销量两个方面综合评价。

(4) 按投入产出的比例计算当月应产出的销量（新品入市时的促销比例应在 15%～20%），所以当月的销量产出应在 90 万元左右，再考虑滞后效应的因素，当月应实现销量在 70 万元左右，涨芝士啦在之后的宣传告知中应不间断地进行品牌维护工作，则以后每月应有 20% 左右的销量增长。由此计算，促销当月的每一个卖场日销量在 600 袋左右，如在旺季此次促销达到效果将会超过此目标量，2 月和 3 月则可能勉强达到此目标。

(5) 除销量的直接增长外，品牌资产的累积将远远超出促销投入的意义，同时在阻击竞品、巩固现有市场方面奠定了基础。

资料来源：百度文库. http://wenku.baidu.com/view/7fb7f025ccbff121dd368317.html.

请回答

1. 案例中君乐宝涨芝士啦营业推广活动的目标是什么？
2. 案例中用到了哪些营业推广方式？

知识库

2.2.1 营业推广策划流程

营业推广策划是一项系统工程,需要对销售促进的每一个环节进行一系列的策划。具体分成以下五个步骤(如图 2-2 所示)。

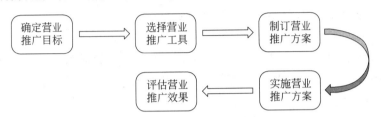

图 2-2 营业推广策划流程

1. 确定营业推广目标

策划的第一步是要充分把握委托者的意图,确定该时期的营业推广目标是什么,然后有针对性地设计活动来达到目标。根据企业营业推广对象的不同,营业推广的目标也不同。

(1) 针对消费者的营业推广目标

① 吸引消费者试用。新产品上市时经常采用免费试用等方式吸引消费者。例如,果汁饮料免费品尝,效果十分好。

② 争取其他品牌的使用者转向本品牌。例如,创维电视机曾经做过以旧换新营业推广活动。

③ 鼓励现有消费者持续购买。例如,电焊条生产厂家为鼓励已有客户持续购买而推出各种优惠活动。

(2) 针对中间商的营业推广目标

① 增加销售渠道。企业为扩大销售渠道,吸引更多的经销商进货,可以针对中间商开展买赠等营业推广活动。

② 排除竞争。包括建立中间商的品牌忠诚度,排除竞争对手。

③ 增加存货。通常销售旺季来临之前企业为增加中间商存货,会开展营业推广活动诱导其大量购买,提高存货量,这样做一方面是为了转移企业库存,另一方面也能在一定程度上起到排除竞争对手的作用。

(3) 针对推销员的营业推广目标

① 鼓励推销员销售新产品。

② 刺激推销员开发新市场。

③ 刺激推销员淡季销售产品。

2. 选择营业推广工具

在选择营业推广工具时要考虑以下因素。

(1) 营业推广目标

特定的营业推广目标往往对营业推广工具的选择有着较为明确的条件制约和要求,从而规定着营业推广工具选择的可能范围。

（2）产品特性

考虑产品处于生命周期的哪个阶段，不同的阶段表现出不同的市场特点，对应不同的营销策略。此外还应考虑产品种类。

（3）营业推广对象（消费者、经销商、零售商）

不同的对象有不同的偏好，消费者往往比较感性，而经销商、零售商的购买行为却很理性。因此针对不同的推广对象要选择合适的营业推广工具。

（4）竞争对手的情况

企业在选择营业推广工具时，最好参考竞争对手以往开展促销活动时采用的营业推广工具，分析对手为什么选择这种工具，有什么优势及不足。

（5）营业推广预算

在选择工具前要"量入为出"，根据本次营业推广活动的预算确定选择哪种工具。

3. 制订营业推广方案

营业推广方案包含的内容主要有以下几点。

（1）营业推广形式

即采用何种营业推广形式。

（2）营业推广范围

营业推广范围分为两项内容：产品范围和市场范围。

① 产品范围。不管是制造商还是经销商，出于各方面因素的考虑都不会经营单一的产品，因此设计营业推广方案之前应考虑以下因素：本次营业推广活动是针对整个产品系列还是仅对某一项产品；针对市场上正在销售的产品营业推广，还是针对特别设计包装的产品营业推广。

② 市场范围。一次营业推广活动可以针对全国甚至全世界所有的市场同时开展；也可以只针对某些地区开展；或在很多市场同步推出，在方案中应当明确。

（3）确定折扣率

要对以往的营业推广实践进行分析和总结，力求引起最大的销售反应，并结合新的环境条件确定适合的刺激程度。

（4）选择营业推广对象

选择营业推广对象即确定推广对象是消费者、中间商还是推销员。

（5）营业推广媒介的选择

决定如何将本次营业推广活动的信息传递给目标对象。

（6）营业推广时间的选择

营业推广时间的选择包括何时营业推广，何时宣布，持续时间及频率等。

企业举办营业推广活动一般会选择以下时机：传统节假日，如端午节；重大社会活动，如申奥成功；企业周年庆典；引进外国文化的节日，如情人节、母亲节；竞争对手开展营业推广活动时；其他企业认为需要开展营业推广活动的时机。

（7）促销预算的分配

方案要根据企业营业推广的目标和范围等，确定一个适当的促销规模，制定出企业的促销经费预算,并将促销经费和资源分配到各种促销工具形成预算安排。

(8) 确定营业推广的限制

进行营业推广,需限制参加推广活动的对象,即营业推广对象必须具备什么资格才能参加营业推广活动。

除了以上内容之外,为保证营业推广活动的顺利开展,还必须制定其他的一些条款。如针对消费者的营业推广,要确定奖品的具体兑换时间、优惠券的有效期限、游戏规则等;对中间商的营业推广应明确中间商付款的期限、购买的数额等。

4. 实施营业推广方案

由于营业推广活动不仅需要耗费企业可观的费用,而且是一项公开的社会活动。因此企业实施营业推广方案之前必须先对营业推广方案进行检验,审查通过后可小规模地选择几个卖场进行试点,通过实验改进方案中的不足。

在方案正式实施阶段,企业相关负责人一定要做好控制工作,保证营业推广活动严格按照具体操作计划实施;同时及时收集营业推广过程的信息,制定应对措施。

5. 评估营业推广效果

因为企业要保证营业推广活动按计划、高效率地进行,保证营业推广工作的成效,所以需要对每一次营业推广活动进行评估,从而总结经验,寻找不足之处,为改进营业推广工作提供依据,也为企业今后的营业推广工作提供宝贵的经验。

2.2.2 营业推广策划方案结构设计

一份完善的营业推广策划方案大致包括表2-6所列12个部分。

表2-6 营业推广策划方案结构

策划方案组成部分	具 体 说 明	举 例
活动目的	对市场现状及活动目的进行阐述。市场现状如何?开展这次活动的目的是什么?是处理库存,是提升销量,是打击竞争对手,是新品上市,还是提升品牌认知度及美誉度?只有目的明确,才能使活动有的放矢	• 打开东北地板市场,提高地板的销量 • 帮助消费者形成购买习惯,建立品牌忠诚 • 提高中间商的存货储备
活动对象	活动针对的是目标市场的每一个人还是某一特定群体?活动控制在多大范围?哪些人是促销的主要目标?哪些人是促销的次要目标?这些选择的正确与否会直接影响到促销的最终效果	• 参与本次活动的各合作单位的全部顾客 • 周围小区急需装修的房主
活动主题	选择什么样的促销主题,要考虑到活动的目标、竞争条件和环境及促销的费用预算和分配。主要是解决两个问题:①确定活动主题;②包装活动主题。在确定了主题之后要尽可能艺术化地"扯虎皮做大旗",淡化促销的商业目的,使活动更接近于消费者,更能打动消费者	• "逛店有宝"联动出击 • 无锡首届维C健康小姐大赛 • 圣象地板,建造你的新世界 • 每日C的健康生活

续表

策划方案组成部分	具 体 说 明	举　例
活动方式	有以下两个问题要重点考虑。 ① 确定伙伴：是厂家单独行动，还是和经销商联手，或是与其他厂家联合促销？和政府或媒体合作，有助于借势和造势；和经销商或其他厂家联合可整合资源，降低费用及风险 ② 确定刺激程度：要使促销取得成功，必须使活动具有刺激性，能刺激目标对象参与。刺激程度越高，促进销售的反应越大。但这种刺激也存在边际效应。因此必须根据促销实践进行分析和总结，并结合客观市场环境确定适当的刺激程度和相应的费用投入	• 凡在元旦之日购买圣象地板的客户将得到九折优惠和精美的礼物 • 凡在各大超市参加此活动并一次性购买老周月饼满108元，就可凭超市小票参加超市抽奖活动，每张小票只能抽取一次，多抽无效。奖品设置如下：一等奖10名，奖月饼购物券100元；二等奖50名，奖月饼购物券50元；三等奖100名，奖月饼购物券20元。另参与者均可获得老周系列食品一份
活动时间和地点	在时间上尽量让消费者有空闲参与，在地点上也要让消费者方便，而且要事前与城管、工商等部门沟通好。不仅发动促销战役的时机和地点很重要，持续多长时间效果会最好也要深入分析。持续时间过短会导致在这一时间内无法实现重复购买，很多应获得的利益不能实现；持续时间过长，又会引起费用过高而且市场形不成热度，并降低产品在顾客心目中的身价	• 2012年10月30日起至11月28日止 • 元旦（1月1日和1月2日）两天 • 参加本次活动的各合作单位卖场内 • 无锡崇安寺广场
广告配合方式	一个成功的促销活动，需要全方位的广告配合。选择什么样的广告创意及表现手法？选择什么样的媒介炒作？这些都意味着不同的受众抵达率和费用投入	• 户外媒体：步行街入口处灯箱一块，主要进行活动内容告示 • 各合作单位：店内POP吊牌悬挂，海报张贴，灯箱展示 • 在《江南晚报》上刊登"无锡首届维C健康小姐大赛"的消息，以及参赛条件、比赛方式和奖品
活动的前期准备	① 人员安排，要"人人有事做，事事有人管"，既无空白点，也无交叉点。谁负责与政府、媒体的沟通？谁负责文案写作？谁负责现场管理？谁负责礼品发放？谁负责顾客投诉？各个环节都要考虑清楚，否则就会临阵出麻烦，顾此失彼 ② 物资准备，要事无巨细，大到车辆，小到螺丝钉，都要罗列出来，然后按单清点，确保万无一失，否则必然导致现场的忙乱 ③ 试验方案，由于活动方案是在经验的基础上确定，因此有必要进行试验来判断促销工具的选择是否正确，刺激程度是否合适，现有的途径是否理想。试验方式可以是询问消费者，填写调查表或在特定的区域试行方案等	• 与小区的物业管理部门和社区内的居委会协商开展相关活动事宜 • 确定能够吸引消费者注意力的场地布置方案 • 租用一套音响及灯光设备 • 请一位专业主持人和一些演员，穿一些卡通服装吸引消费者 • 准备地板的知识问答题和一些要进行地板实验的工具 • 印发一定数量的传单和优惠券，主要是宣传本次活动的地点、时间，并介绍圣象地板 • 制作并悬挂条幅"庆元旦，圣象地板大酬宾"

续表

策划方案组成部分	具 体 说 明	举　　例
活动的中期操作	中期操作主要是活动纪律和现场控制。同时,在实施方案过程中,应及时对促销范围、强度、额度和重点进行调整,保持对促销方案的控制	• 抽奖事项安排:由公司策划部负责抽奖设备的安排(包括桌椅、抽奖箱和奖券等) • 销售高峰期,控制人流量,避免出现混乱无序的局面
活动的后期操作	后期延续主要是媒体宣传的问题,对这次活动将采取何种方式在哪些媒体进行后续宣传	• 在《江南晚报》健康生活专栏中以专家名义发表一些科普性文章,引导人们进一步认识维生素C • 分别针对大学生市场、白领阶层及各种团体市场拟出专门的公关宣传方案
费用预算	对促销活动的费用投入和产出应做出预算。必须对可能出现的意外事件做必要的人力、物力、财力方面的准备	• 广告费用:海报、巨幅广告、吊旗、灯笼等费用约为8000元 • 奖品及赠品费用:约为4000元 • 人员工资等其他费用约为8000元 • 机动费用:1000元 • 合计:约为21000元
意外防范	每次活动都有可能出现一些意外。比如政府部门的干预、消费者的投诉,甚至天气突变导致户外的促销活动无法继续进行等。必须对各个可能出现的意外事件做必要的人力、物力、财力方面的准备	• 如遇下雨(小到中雨),在舞台和观众席上搭建雨棚,并派发雨伞,活动照常进行;如下大雨,活动延期 • 在小区进行,可能给小区的住户带来不便,事先要预计小区的交通问题,可用一些指路标志来指示道路 • 优惠券的发放有可能会出现哄抢的情况,所以必须安排维持次序的工作人员
效果预估	预测这次活动会达到的效果,以利于活动结束后与实际情况进行比较,从刺激程度、促销时机、促销媒介等各方面总结成功点和失败点	• 入店人数:预计增加10000人次 • 入店消费人数:预计300人次,正常套系消费100对,平均消费价为3000元,合计300000元;免费套系为200人次,后期消费为200元/人次,合计40000元。营业额共计340000元/月 • 产生轰动效应,短期聚集人气,结合两次大型"欢乐嘉年华"外展活动,促使本月营业额创造新高

 超链接

营业推广的操作误区

营业推广在实战中的运用一定要避免以下几个操作误区。

误区一:创意好就等于成功了一半。诸多广告人、营销人都在策划运用中求异、求新。但新颖、独特不是营业推广的最终目的,创意好的策划若得不到市场的承认,单有艺术性缺乏实用性,最终只能是"秀一把",营业推广的最终目的是产生短期经济效益。不能让消费者产生购买欲望的策划方案,创意再好,也注定失败。

误区二:不爱用旧方式,爱玩新花样。一些营销策划人员在策划时绞尽脑汁,不愿用旧方式、旧招数,似乎用旧招有失身份,唯有出新招、变换花样才能显示出策划水平。

但从实际效果来看,只有符合消费者购物心理与习惯的方案才是最有效的,无所谓新与旧,传统与流行。是旧招好还是新招好,最终由市场中的消费者做出判断。

误区三:宁大勿小、宁缺毋滥。许多营销策划人员都存在这样的误区,认为拿了客户的策划费,就应该活动项目多一点、搞得大一点。关于营业推广规模的大小,本身是有其辩证性的,没有标准可循。例如,有些看似规模大、影响力大的营业推广活动,并不便于消费者直接参与,反而降低了自身效果,还不如一些小型活动能达到立竿见影的效果。

值得注意的是,营业推广是一把双刃剑,运用得好可能是破敌抢市场,运用得不好有可能造成挥刀自残的后果。营业推广策划的最大特征在于,它主要是战术性的营销工具,而非战略性的营销工具,它提供的是短期刺激,会导致消费者直接的购买行为。

任务2.3 营业推广策划方式选择与设计

○ 训练营

熟悉营业推广方式,选择设计营业推广形式:结合不同销售对象,选择或创新设计一种营业推广活动形式,分组交流。

○ 知识库

2.3.1 针对消费者的营业推广工具及使用要点

1. 常见的传统营业推广工具

(1) 赠品促销

赠品促销是指顾客购买商品时,以另外有价物质或服务等方式直接提高商品价值的促销活动,其目的是通过直接的利益刺激达到短期内的销售增加。赠品能直接给顾客实惠:一是物质实惠,一定面值的货币能换取更多的同质商品,消费者自然乐意;二是精神实惠,也就是顾客买后的心理反应,产生愉快的购后感受。这种实惠加深了顾客对该商品的印象,有利于加强商品的竞争力,灵活运用于促销活动中能够产生良好的效果。

赠品

赠品的选择原则有以下六点。

① 易于了解。赠品是什么,值多少钱,须让顾客一看便知。
② 具有购买吸引力。
③ 尽可能挑选有品牌的赠品。
④ 要选择与产品有关联的赠品。
⑤ 紧密结合营业推广主题。
⑥ 赠品要力求突出,最好不要挑零售店正在销售的商品作为赠品。如果所选的赠品相当平凡,最好在赠品上印上公司品牌,商标或标志图案,以突出赠品的独特性。

值得注意的是,赠品活动不可过度滥用。如果经常举办附赠品的营业推广活动,会误导消费者认为该产品只会送东西,而忽略产品本身的特性及优点。

(2) 免费样品派发

免费样品派发是将产品直接送到消费者手中的一种促销方式,主要是指针对潜在消费者。当一种新的产品或新开发、改良的产品推向市场时,为了鼓励消费者试用,提高产品的知名度和美誉度,可以采取这种方法。许多企业通过采用这种促销方式使其产品迅速被消费者接受,市场覆盖率迅速提高。其实施要点有以下几点。

免费样品派发

① 适用产品有限制。主要适用以下产品。

a. 大众化的日用品,最好是每个人都可能用到它,且使用频率高的。

b. 产品成本应较低或可制成小容量的试用包装。此外,使用期限短的产品不适合使用此营业推广方式。

c. 派发品要有独立品牌,并有一定的知名度。

② 设置监察制度,监督派送效果。

③ 根据企业营销策略确定具体的派送区域。

④ 在产品旺销季节派发。

⑤ 一个月内派发覆盖目标区域80%左右的家庭数,便较为理想。

⑥ 在新产品上市广告前3~5周,同时零售终端铺货率达到50%时,才可执行免费派送。

⑦ 要防止漏派、重派、偷窃、偷卖派送品的现象。

⑧ 派送品的规格大小以让消费者能体验出商品利益的分量就可以了。包装应与原产品包装色彩统一,便于消费者去指定零售点购买。

⑨ 注意派送人员的形象及语言美,统一标识,并培训产品知识。

(3) 优惠券

优惠券又叫折价券,一般分为两种形式:一种是针对消费者的折价券;另一种是针对经销商的折价券。在此仅讲讲针对消费者的折价券,其实施要点有以下几点。

优惠券

① 折价券的设计。通常按照纸币的大小形状来印制。折价券的信息传达应清晰,以引人注目。内容应是用简单的文字将使用方法、限制范围、有效期限、备注一一说明。如果能加上一段极具销售感染力的文案诉求,以鼓励消费者使用,效果更佳。

② 选择兑换率高的递送方式。报纸虽然是目前最常使用的递送工具,但包装内或包装上折价券的兑换率却是报纸的6~10倍。

③ 充分考虑折价券的到达率。消费者对商品的需要度、品牌认知度、品牌忠诚度、品牌的经销能力,折价券的折价条件、使用地区范围,竞争品牌的活动内容,营业推广广告的设计与表现等均影响兑换率的问题,需制定相应的措施保证折价券的到达率较高。

④ 折价券的面值。通过大多数研究获悉,零售价10%~30%的金额是理想的折价券面值,也能获得最好的兑换率。

⑤ 尽量避免误兑发生。为此应注意以下问题。

a. 限制每次购物仅使用一张折价券。回收后,上交公司统一销毁。

b. 折价券的价值不宜过高,以免不法分子伪造获利。

c. 单一品牌的折价券,其价值不应超过产品本身的价值。

d. 折价方法清晰易懂,务必让分销店易于处理和承兑。

e. 限制在某一特定商店或连锁店使用。

(4) 减价优惠

减价优惠是指企业直接将产品的零售价格调低一定的幅度。其实施要点有以下五点。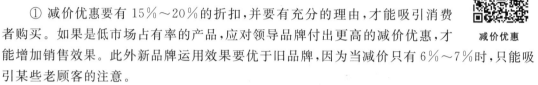

① 减价优惠要有15%～20%的折扣,并要有充分的理由,才能吸引消费者购买。如果是低市场占有率的产品,应对领导品牌付出更高的减价优惠,才能增加销售效果。此外新品牌运用效果要优于旧品牌,因为当减价只有6%～7%时,只能吸引某些老顾客的注意。

② 减价标示的设计。要把原价及减价后的现价同时标注,形成鲜明的对比。要注意标示牌的大小,讲求美观、清晰,但要不影响消费者对商品的观察。

③ 减价优惠不易过度频繁使用,否则有损品牌形象。

④ 消费者购物心理有时候是"买涨不买落",要把握时机利用消费者此种心理进行营业推广。

⑤ 特别注意现场的安全管理。

(5) 自助获赠

自助获赠是指顾客将购买某种商品的证明附上少量的金钱换取赠品的形式。其实施要点有以下五点。

① 需要媒体广告配合。

② 赠品价值。通常选择低价品。选择赠品时必须考虑:赠送是否适当?营业推广的支持是否充足?是否符合消费者所需?

最理想的兑换赠品付费,应是比赠品市面零售价低30%～50%,大部分的付费赠品以10～80元为主要范围。

③ 效果反应。一般兑换率不会超过此活动的总媒体广告发布率的1%。影响兑换率最主要的因素在于赠品的好坏、顾客阶层、商品的售价和营业推广优惠价值的认同,等等。

④ 出色的自助获赠营业推广活动,关键在于所提供的赠品只能从此次赠送中获得,无法从别处寻到。

⑤ 限制兑换地点。

(6) 抽奖优惠

抽奖优惠是指消费者提供了购买商品的某种证明之后,参与摸彩,根据摸彩的奖额退还其购买商品的全部或部分金额,或以其他商品作为奖品。

(7) 以旧换新

以旧换新是指消费者在购买新商品时,如果能把同类旧商品交给商店,就能折扣一定的价款,旧商品起着折价券的作用。其目的主要是消除旧商品形成的销售障碍,以免消费者因为舍不得丢弃尚可使用的旧商品,而不买新产品。其实施要点有以下几点。

① 如何对旧商品折价。一般考虑以下因素。

a. 新商品定价高,销售利润高,旧商品的折价幅度也可高些。
b. 如果同类竞争性商品也在搞营业推广活动,那么折价幅度可高些。
c. 名牌商品折价幅度可低一些,非名牌商品折价幅度可高一些。
② 对旧货确定不同的折价标准。
③ 必要的时候,向消费者公布回收来的旧货去向。
④ 回收来的旧货尽可能加以利用,以降低营业推广成本。
⑤ 选择营业推广时机。
⑥ 为方便消费者,可将此活动纳入社区推广活动中。

(8) 信用消费

信用消费也称为消费信用,它是一种从商业信用和银行信用中独立出来的信用形式。消费者凭借自己的信用先取得产品的使用权,然后通过信用消费取得产品的所有权。

信用消费主要有分期付款、消费贷款、按揭贷款、租赁消费四种。

① 分期付款。分期付款是一种中长期信用消费。但是分期付款作为一种无抵押信用消费,厂家或商家承担了较高的风险。

② 消费贷款。这是分期付款的特殊形式。分期付款的实质是企业垫付,这对厂家是不公平的,也是高风险的。而通过消费信贷购买产品既为消费者提供了方便,也为生产企业降低了风险,是好的促销方式。一般在实施的时候,银行都要求担保和资产抵押等。

③ 按揭贷款。这是消费贷款的特殊形式。无论是分期付款还是消费贷款,都存在所说的"担保瓶颈"。无人担保也无物抵押者将难以实现信用消费。因此按揭贷款的"买啥押啥"就有相当的合理性和吸引力。

④ 租赁消费。这是通过租赁促进销售的一种常用策略。一般中小企业不能一次性投资购买,只能向一些专业的租赁公司租用。

(9) 免费试用

免费试用是通过让消费者免费试用体验产品的性能,促进消费者购买的一种手段。例如,汽车行业销售中常用的试乘试驾就取得了较好的效果。所谓试乘试驾,是指通过用户的尝试驾驶和乘坐体验,加强他们对汽车的了解,培养他们对汽车的情感,从而激发其购买动机的促销策略。据研究,消费者在试乘试驾后,决定购买的可能性是在展室内参观后决定购买的5倍。

免费试用

2. 互动及游戏类营业推广工具

互动及游戏类营业推广活动主要是商家在促销活动现场邀请现场观众或者事先组织参与者报名,让消费者亲自参与到商家的推广活动中,并给予参与者适当的奖励,达到产品知名度推广或者提高现场销量的目的。这类活动可以促进销售,但也有一些不尽如人意的地方。其优点是:活动趣味性强,消费者参与性高;促销活动现场气氛热烈,能有效提高销售现场的人气,进而提高活动效果;能直接与消费者进行现场沟通,促进成交率提升。其缺点是:如果活动场面比较大,会造成企业人、财、物的较大投入,如果达不到预期效果就会给企业造成损失。还有一个比较明显的缺点是,在组织消费者参与互动活动时,由于竞技、气氛、现场、道具甚至天气等原因,可能会给参与者带来人身安全或者财务风险等。因此企业若组织此类促销活动应考

游戏互动类
营业推广工具

虑周全,选择好合适的时间、地点,掌控好促销全过程。

这类活动一般有以下三种情况。

(1) DIY 制作体验类互动活动

"DIY"是"Do it yourself"的英文缩写,可以翻译为"自己动手做"。兴起于近几年,逐渐流行。简单来说,DIY 就是自己动手,没有性别、年龄的限制,每个人都可以自己做,利用 DIY 做出来的物品自有一份自在与舒适。最初,DIY 用语主要是针对住屋整修、庭园维护,人们不想花太多费用找寻专业人士施工,而是利用自行购买或租用工具,在闲暇时自行整修房屋的行为。渐渐地,DIY 的概念也被扩及所有自己可以动手做的事情上,慢慢地演变成一种以休闲、发挥个人创意或培养爱好为主要目的的生活方式,而商家也充分利用人们的这一爱好,把这项活动引入商品推广与销售活动中,以此吸引人们来了解所售商品的生产制作过程,或者以此吸引不同年龄段的消费者参与商家的各种活动,提高现场气氛,增加人气,挖掘潜在客户。比如,玩具销售商组织的玩具拼装 DIY 亲子活动、珠宝店里的珠宝 DIY、售楼处 DIY 暖场活动等,都能达到比较好的效果。

(2) 趣味性竞赛、竞技互动活动

趣味性竞赛、竞技互动活动寓售于乐,将趣味性、竞技性的活动嫁接到商家的销售活动中,通过提供一定的奖励或优惠,提高消费者参与性,增加消费者参与的娱乐性,从而达到提升现场销售气氛和销售效果、挖掘潜在消费者的目的。比如,早教机构组织的幼儿爬行比赛,火锅店里的喝啤酒比赛等,都起到了很好的促销作用。这些活动要求组织者掌控好现场,对空间布置要求高,对组织人员专业性要求高,所以组织上有一定难度,且花费较大。若组织不当,效果可能会适得其反,要慎重选择。

(3) 综合性的互动活动

综合性的互动活动集知识性、趣味性、娱乐性于一体,容易吸引消费者参与,起到比较好的宣传、促销效果。比如知识竞赛活动,企业可以奖励参加本企业有关产品信息的知识竞赛获胜者,这样既能挖掘潜在消费者,又能宣传企业及产品。而在企业的一些大型庆典活动或产品发布活动中,可以请相关单位进行专业的娱乐表演,比如服装秀、明星现场签名活动、书画表演及朗读等,可以增加庆典气氛,对提高知名度有很好的帮助。

互动及游戏类营业推广工具是企业当下经常采用的促销手段,随着新媒体等新技术的发展,这类活动不仅在线下进行,线上也经常被企业采用,而且花样翻新,比如支付宝新年集五福活动、摇红包活动等。企业应与时俱进,采取有效手段进行商品推广。

网络创新营业推广工具

2.3.2 针对中间商的营业推广工具及使用要点

1. 价格折扣主要形式

(1) 现金折扣是为了提高公司资金周转率,对现期付款的客户给予的优惠。

(2) 数量折扣主要分为累计性数量折扣和一次性数量折扣。通常是 2%～7%。

(3) 季节折扣是均衡产品淡旺季利益的方式,最大 40%,通常只有百分之几。

(4) 销售折扣补贴分为衰退期产品补贴和完成任务折扣两种,通常为 2%～5%。

(5) 功能折扣是根据通路中的不同功能,给予不同的折扣。

（6）协作力度折扣分为陈列展示折扣、按指定价格出售折扣和开展营业推广活动支持配合折扣。

2. 销售竞赛

销售竞赛是指采用现金、实物或旅游奖励等形式刺激批零商扩大进货量,加快商品到达消费者手中的速度的方法。此方法也可用于对公司业务人员的激励。

3. 派员协助

派员协助是为了协助商家拓展市场,加强经营管理水平,由厂家派出业务人员到商家处协助工作,业务人员在协助工作期间一般由厂家负担费用,阶段性协助工作结束后,即回到厂家。

4. 订货会

订货会是一种面向商家的推广形式。一般来说,订货会由企业自办或行业联办,通过发函或广告,邀请那些用量大的直接用户或销量大的商家到会,向他们发布信息,介绍产品,与他们联络感情,建立关系,并通过洽谈达到争取订单、推广产品的目的。

5. 合作广告

合作广告是指通过合作或协助的方式,与经销商合作广告,向经销商提供详细的产品技术宣传资料,帮助经销商培训销售人员、建立管理制度,以及协助经销商进行店面装潢设计等。

任务2.4 营业推广策划专项训练

训练营

撰写营业推广策划方案:通过本项目的学习与训练,按下面给出的资料背景撰写营销推广策划方案。

钟爱一生婚纱摄影营销策划

一、背景资料

钟爱一生婚纱摄影(以下简称钟爱一生)是汉中一个具有中高档摄影档次、水平,瞄准中低端消费人群的大型婚纱摄影、设计影楼。影楼地理位置较好,位于汉台区北街口的东大街口。

汉中目前有婚纱影楼十多家,竞争比较激烈。由于每个影楼的投资不同,市场细分不够,没有形成差异化特色,即使是有特色,由于传播的方式、通路的局限性,以及消费群体的特殊性,导致最终端的消费者始终对婚纱摄影认知不够,大家都在同一水平重复竞争,每个影楼的经营业绩都不尽如人意。

由于在茫茫人海中很难分出准顾客,婚纱摄影无法主动出击寻找顾客,只能是死守在店里,坐等顾客上门。这就要求婚纱摄影必须做好自身的品牌塑造和传播,并采用差异化的运营策略,以获得局部突破、局部领先,进而带动和激活全盘。

每年的五一、十一、元旦、春节是结婚的高潮期。十一即将来临,元旦与春节已经不远了。如果选定农村婚龄新人,那么最好要努力抓住元旦、春节的关键商机。

本次策划的目的就是通过市场分析,为钟爱一生寻找目标顾客;通过策划一些富于人性化、情趣化的婚纱摄影活动,招徕顾客;通过发挥价格利器,战胜竞争者,赚取人气。所有的策划活动都围绕实用、节俭、有效、直达目标的总原则进行,因为钟爱一生不会让顾客多花一分冤枉钱。

1. 钟爱一生的顾客到底在哪里

由于婚嫁人群的层面很小、很窄,婚纱摄影如果利用报纸、电视打广告、找顾客,90%的广告费将打水漂。要做营业推广,就必须找到这些顾客,进行精准营销,这将会节省巨大的广告费。

通过进一步分析、研究,发现准备婚嫁的人群,在以下地方可以找到。

(1) 结婚之前的恋爱期,这些人一般频繁出没于时尚的酒吧、迪厅、KTV、网吧、公园、景区、服饰店等休闲、娱乐场所。

(2) 恋爱后期,金银珠宝店是这类人群必去的地方。

(3) 所在地的政府的婚姻登记机关,因为所有人都必须选择到这里办理登记结婚。

2. 钟爱一生婚纱摄影的市场策略

根据汉中婚纱摄影的现状和钟爱一生的具体情况,建议钟爱一生把自己定位为汉中市场中档次的影楼,顾客群体瞄准城乡婚龄青年,本着实用、够用的原则,为这些顾客群体设计出高、中、低档次搭配合理实用的摄影套餐。所以市场策略首先就是把"实用、够用"作为差异化特征之一。由于这些群体多在外地打工、生活,了解婚纱摄影信息的渠道极其有限,很多人拍婚纱照的决策依据首先是同龄人的口碑指导,其次是逛街对比选择。所以做好每一对顾客的接待、拍好每一套婚纱摄影,让顾客满意,再带来新的顾客,这种连锁效应显得极其重要。由于农村顾客比较关注价格,所以价格促销推广将是克敌制胜的又一利器。钟爱一生婚纱摄影希望通过设定巧妙的"价格游戏矩阵",以实惠让利于顾客群体,获得全面进攻制胜的机会。

二、任务要求

假如你是该公司的企划专员,根据已有资料针对目前现状,你将如何为钟爱一生策划一份营业推广活动方案。

三、策划提示

(1) 该公司所处环境调研与分析。

(2) 该公司市场营销策略分析与把握。

(3) 营业推广工具选择是否恰当有效。

(4) 策划文本的规范程度。

 章节测试题

一、不定项选择题

1. "刺激消费者或中间商迅速或大量购买某一特定产品的促销手段,包括了各种短期的促销工具。"这个说法是指( )促销策略。
    A. 营业推广　　　B. 销售促进　　　C. 刺激购买　　　D. 有奖销售
  2. 营业推广策略最明显的特点是( )。
    A. 见效迅速　　　B. 直观的表现形式　C. 活动和政策的短期性
    D. 目标明确且容易衡量　　　　　E. 有一定的局限性和副作用
  3. 营业推广策划要求重点考虑的问题有( )。
    A. 如何限定时间和空间　　　　B. 怎样让消费者或经销商亲自参与
    C. 营业推广策划工具如何更多样性　D. 怎样有立竿见影的销售效果
  4. 营业推广策划在一特定时间提供给购买者一种激励,以诱使其购买某一特定产品。通常此激励为( )或为( ),这成为购买者购买行为的直接诱因。
    A. 金钱　　　　　B. 商品　　　　　C. 一项附加的服务　D. 奖品
  5. 在选择营业推广工具时要考虑的因素有( )。
    A. 营业推广目标　B. 产品特性　　　C. 营业推广对象　　D. 竞争对手的情况
  6. 营业推广策划流程的五个步骤是( )和评估营业推广效果。
    A. 确定营业推广目标　　　　　B. 选择营业推广工具
    C. 制订营业推广方案　　　　　D. 实施营业推广方案

二、讨论题

  1. 各类商家的各类营业推广活动无奇不有,请举例说明这些活动有什么利弊,你还有其他更好的建议吗?
  2. 对阿里巴巴的"双11活动"及后续的"双12活动",你有什么看法?
  3. 营业推广活动中优惠券是常见的促销手段,优惠券面值设计金额有哪些要考虑的问题,多大面值比较合适?
  4. 目前,移动互联网媒体发达,商家利用移动终端进行商业推广也形式多样,举出一些常见的移动终端的促销方式,并加以评价。

项目 3

节日活动策划

他山之石

《孙子兵法》曰:"凡战者,以正合,以奇胜。"商家节日促销的大战同样适合这个道理。据统计,在一年不到1/3的节日时间里,商家创造了1/2的营业额。双休日的营业额一般是平时的1~3倍,而在春节、五一、中秋、十一、元旦等重大节日更是生意红火。因此,很多商家甚至把节日称为"忙碌、快乐的蜜月期""岁岁年年节相似 年年岁岁招不同"。同样的节日,不同的心情,怎样才能在相同的节日里营造不同的节日气氛?节日活动策划教你策划一个与众不同的节日。

目标与要求

(1) 了解我国的节日及特点。
(2) 熟悉节日活动策划的常见形式。
(3) 理解节日策划方案写作流程及注意事项。
(4) 熟悉节日商品选择和方案设计。
(5) 能按要求撰写节日活动策划方案并展示汇报。

商家节日促销活动认知

工作任务

撰写节日活动策划方案并展示汇报。

任务书

(1) 认识我国的节日特点与商家经营活动的关系。
(2) 认识商场、卖场等节日活动形式。
(3) 描述节日策划方案结构及流程。
(4) 撰写专题节日策划方案。

项目实施与考核

【实施步骤】

(1) 将班级每5位或6位同学分成一组,每组确定1人负责。
(2) 学生按任务书要求,在教师指导下完成任务要求的内容。
(3) 各小组将任务完成成果以PPT形式在班级进行展示、交流、讨论,教师总结点评。

【项目考核】

（1）项目考核以小组为单位。
（2）项目考核同时包含小组协作、态度、汇报表达等内容。
（3）以任务书中最后一个综合任务作为项目考核内容。
（4）项目考核形式如表3-1所示。

表3-1　项目3考核评价

评价指标	评价标准	分值	评估成绩/分	所占比例/%
评价方式及内容	① 策划主题准确	5		65
	② 策划活动目的表述准确	10		
	③ 对象、场所、时间明确	5		
	④ 内容具有创新性和可行性	15		
	⑤ 策划方案结构合理、内容完整	10		
	⑥ 活动控制措施可行	10		
	⑦ 费用预算具体、合理	5		
	⑧ 效果评估	5		
汇报交流	PPT制作版面专业性强、结构层次分明	10		30
	汇报思路清晰、语言表达流畅	10		
	回答问题思路清晰、内容准确	10		
学习过程	如出勤、参与态度等	5		5
小组综合得分				

任务3.1　节日活动策划基础认知

○ 训练营

认识我国节日特点与商家经营活动的关系：查阅资料与信息，汇总我国节日名称、时间及其特点，编制我国节日一览表（见表3-2），分组交流节日与商家经营活动的关系。

表3-2　我国节日一览表

节日名称	节日时间	节日特点（重视程度、假期长短、节日用品等）	商家经营活动与节日关系

○ 知识库

根据国务院《全国年节及纪念日放假办法》规定，我国法定节日包括以下三类。

第一类：全体公民放假的节日，包括：新年，放假1天（1月1日）；春节，放假3天（农历除夕、正月初一、初二）；清明节，放假1天（农历清明当日）；劳动节，放假1天（5月1日）；端午节，放假1天（农历端午当日）；中秋节，放假1天（农历中秋当日）；国庆节，放假3天（10月1—3日）。

节日类型

第二类：部分公民放假的节日及纪念日，包括：妇女节（3月8日，妇女放假半天）、青年节（5月4日，14周岁以上的青年放假半天）、儿童节（6月1日，14周岁以下的少年儿童放假1天）；中国人民解放军建军纪念日（8月1日，现役军人放假半天）。为了便于开展纪念活动，有关公民可以放假半天。

第三类：少数民族习惯的节日，具体节日由各少数民族聚居地区的地方人民政府按照各地民族习惯规定放假日期。

除上述三类节日以外，还有企业或社会其他组织根据当时企业需要或重大事件而人为创造的一些节日，如美食节、啤酒节、读书日等一些节日，也包括企业组织的年度庆典节日等。

1. 春节

百节年为首，春节是中国民间最隆重、最富有特色的传统节日，也是最热闹的一个古老节日。一般指除夕和初一，初一是一年的第一天，又叫阴历年，俗称"过年"。但在民间，传统意义上的春节是指从腊月初八的腊祭或腊月

传统节日介绍

二十三或二十四的祭灶，一直到正月十五，其中以除夕和正月初一为高潮。春节在不同时代有不同名称。在先秦时叫"上日""元日""改岁""献岁"等；到了两汉时期，又被叫为"三朝""岁旦""正旦""正日"；魏晋南北朝时期称为"元辰""元日""元首""岁朝"等；到了唐、宋、元、明时期，则称为"元旦""元""岁日""新正""新元"等；而清代，一直叫"元旦"或"元日"。

我国很多少数民族，如满、蒙、瑶、壮、白、高山、赫哲、哈尼、达斡尔、侗、黎等也有过春节的习俗，只是过节的形式更有自己的民族特色，更韵味无穷。这些活动均以祭祀神佛、祭奠祖先、除旧布新、迎喜接福、祈求丰年为主要内容，活动丰富多彩，带有浓郁的民族特色。

我国的春节有四个主要特色。

（1）尚红。户外有高挂的红灯笼，映衬青松白雪，十分高雅、喜庆，传说灯笼杆为民间传说中的姜太公所立，有"太公在此，诸神退位"之说。门首及窗棂有大红春联和斗大"福"字。红乃诸色中最为喜庆之色，红可避邪，代表兴旺发达，故有"红红火火"之谓。

（2）崇新。春节习俗中家家都要着新衣、戴新帽、穿新鞋，至少人人要买一双新袜子。要购置新碗筷，希望添丁进口。农家住房再旧，也要裱糊里外三新，宛若洞房。人与人交谈，往往要互道新一年的规划与打算。

（3）团圆。张也的一首《万事如意》可以说明在中国这个有着优良传统的国度，除夕是重要日子。正因为乡情、亲情、友情在中国人心中占有重要位置，才有春日天南地北的人流涌动，才有铁路部门的所谓迎接"春运"高潮。

（4）喜庆。葡萄美酒夜光杯是喜庆，合家欢聚庆丰年是喜庆，粘窗花、贴春联、放爆竹尤称喜庆。虽有古训，旧的不去，新的不来，但一经碰坏碟子、碗之类，却也以为犯忌。而发福升财祝吉祥之语，则融于衣食住行每个细节中。

春节是我国一年中最主要的节日之一，这个时候小孩从大人那儿得到一笔压岁钱。春

节期间,大家都会穿新衣、戴新帽,为过一个平安、富庶的新年采购各种年货,是一年中购买力最强的时候。

2. 元宵节

每年农历的正月十五是中国的传统节日——元宵节。正月是农历的元月,古人称夜为"宵",所以称正月十五为"元宵节"。正月十五日是一年中第一个月圆之夜,也是一元复始、大地回春的夜晚,人们对此加以庆祝,也是庆贺新春的延续。元宵节又称为上元节。按中国民间的传统,在这个皓月高悬的夜晚,人们要点起彩灯万盏,以示庆贺。出门赏月、燃灯放焰、喜猜灯谜、共吃元宵,阖家团聚、同庆佳节。

按照旧俗,从除夕夜守岁开始,一直到正月十五元宵节,新年才正式结束。因此,借元宵节"月满人团圆"的彩头,许多商家又别出心裁地推出各种促销活动,再次掀起新年伊始的销售高潮。

3. 劳动节

劳动节源于美国芝加哥城的工人大罢工。1886年5月1日,芝加哥超过21.6万名工人为争取实行八小时工作制而举行大罢工,经过艰苦的流血斗争,终于获得了胜利。为纪念这次伟大的工人运动,1889年7月第二国际宣布将每年的5月1日定为国际劳动节。这一决定立即得到世界各国工人的积极响应。1890年5月1日,欧美各国的工人阶级率先走向街头,举行盛大的示威游行与集会,争取合法权益。从此,每逢这一天世界各国的劳动人民都要集会、游行,以示庆祝。中国人民庆祝劳动节的活动可追溯至1918年。在这一年,一些革命的知识分子在上海、苏州、杭州、汉口等地向群众散发介绍"劳动单"的传单。1920年5月1日,北京、上海、广州、九江、唐山等各工业城市的工人群众浩浩荡荡地走向街市,举行了声势浩大的游行、集会,这就是中国历史上的第一个五一劳动节。新中国成立后,中央人民政府政务院于1949年12月将5月1日定为法定的劳动节,全国放假1天。劳动节这一天,举国欢庆,人们换上节日的盛装,兴高采烈地聚集在公园、剧院、广场,参加各种庆祝集会或文体娱乐活动,并对有突出贡献的劳动者进行表彰。

4. 端午节

农历五月初五,俗称端午节。端是"开端""初"的意思。农历以地支纪月,正月建寅,二月为卯,顺次至五月为午,因此称五月为午月,"五"与"午"通,"五"又为阳数,故端午又名端五、重五、端阳、中天、重午、午日。此外一些地方又将端午节称为五月节、艾节、夏节。从史籍上看,"端午"二字最早见于晋人周处《风土记》:"仲夏端午,烹鹜角黍。"端午节是我国汉族人民的传统节日。这一天必不可少的活动逐渐演变为:吃粽子,赛龙舟,挂菖蒲、艾叶,薰苍术、白芷,喝雄黄酒。据说,吃粽子和赛龙舟是为了纪念屈原,所以新中国成立后曾把端午节定名为"诗人节",以纪念屈原。至于挂菖蒲、艾叶,薰苍术、白芷,喝雄黄酒,据说是为了压邪。

在传统节日中,端午节是渊源最早的一个节日,在我国南方更被人们所重视,甚至将其视为团圆、喜庆的大日子。

5. 中秋节

中秋节是我国的传统佳节,与春节、端午、清明并称为中国汉族的四大传统节日。据史籍记载,古代帝王有春天祭日、秋天祭月的礼制,节期为农历即阴历八月十五,时日恰逢三秋之半,故名"中秋节";又因这个节日在秋季八月,故又称"秋节""八月节""八月会";又有祈求团圆的信仰和相关节俗活动,故又称"团圆节""女儿节"。因中秋节的主要活动都是围绕"月"进行的,所以又俗称"月节""月夕""追月节""玩月节""拜月节";在唐朝,中秋节还被称为"端正月"。关于中秋节的起源,大致有三种:起源于古代对月的崇拜;月下歌舞觅良偶的习俗;古代秋天丰收后对土地神的祷告与谢意。中秋节从2008年起为国家法定节日。国家非常重视非物质文化遗产的保护,2006年5月20日,该节日经国务院批准列入第一批国家级非物质文化遗产名录。

6. 国庆节

1949年10月1日下午3时,北京30万人在天安门广场隆重举行典礼,庆祝中华人民共和国中央人民政府成立。毛泽东主席庄严宣告中华人民共和国中央人民政府成立,并亲自升起了第一面五星红旗。这是中国历史上一个最重要的时刻。

在中国人民政治协商会议第一届全国委员会第一次会议上,鲁迅夫人许广平发言说:"马叙伦委员请假不能来,他托我来说,中华人民共和国的成立,应有国庆日,所以希望本会决定把10月1日定为国庆日。"毛泽东说:"我们应作一提议,向政府建议,由政府决定。"1949年12月2日,中央人民政府通过《关于中华人民共和国国庆日的决议》,规定每年10月1日为国庆日,并以这一天作为宣告中华人民共和国成立的日子。从此,每年的10月1日就成为全国各族人民隆重欢庆的节日。

 超链接

中国情人节——七夕节

在中国古代传说中,每年农历七月初七的夜晚是天上的牛郎织女相会的时日,因此,这个日子被定名为七夕节;人间的姑娘们借此机会想向织女学些女红技巧,于是这个节日又被称为乞巧节或女儿节。

七夕乞巧,源于汉代。东晋的《西京杂记》有"汉彩女常以七月七日穿七孔针于开襟楼,人俱习之"的记载,这是中国最早的关于乞巧的记载。《开元天宝遗事》也记录了唐太宗与妃子每逢七夕在清宫夜宴、宫女们各自乞巧的习俗。宋元时代,京城中甚至还开设乞巧市,专卖乞巧物品。《醉翁谈录》记载:"七夕,潘楼前买卖乞巧物。自七月一日,车马嗔咽,至七夕前三日,车马不通行,相次壅遏,不复得出,至夜方散。"由此可以想见当时人们对七夕节的重视程度。

近些年,国内许多企业也已开始在七夕节时大做文章,推广企业和产品。

综上所述,我国所谓的重大节日一般是指五一劳动节、十一国庆节以及春节三个大节。对于工商企业而言,节日促销时机的选择意味着企业要顺应顾客的需求,顺应市场环境变化而制定相应的促销活动,由于公众在这些重大节日期间均有着充裕的购物、出行时间,在这期间他们的潜在需求得到释放,自然更愿意消费,而这些节日期间的促销活动往往比平常的促销活动更受人欢迎,销售贡献自然也更高。随着竞争的加剧,各零售企业的活动已基本上脱离原有的三大节的促销,而开始步入"有节做节,无节造节"的时代。实际上所谓的"重大节日",未必就是"重大假日",而往往只要是"重大节日",即可得到节日同样销售效果甚至更好的销售效果,从多年重大节日促销活动的策划及操作来看,可以用"六个紧盯"归结重大节日的促销时机的甄选,"紧盯节日(如五一、国庆)、紧盯社会热点(如世界杯、奥运会)、紧盯重点品牌(如重点品牌的年度大促)、紧盯市场变化(如换季、新品上市)、紧盯竞争对手(如新店开张、周年庆)、紧盯社会突发事件(如资助地震等灾区)"。

人造节日促销

节日促销的好处

去下面的网站看看吧!一定会有更多的收获。

1. 中国节日网:http://www.jrdiy.com
2. 快乐节日网:http://jieri.51.net

任务3.2 节日活动策划方式选择原则

○ 训练营

认识商场、卖场等节日活动形式:阅读"两岸咖啡西餐厅石门店新年活动策划方案"并联系日常生活中所观察到的商家节日期间的活动情况,总结典型节日的商家活动形式,填写典型节日活动分析表(见表3-3),分组交流。

表3-3 典型节日活动分析

节日名称	门店类型	商家活动形式	活动时间	活动特点	评价

○ 故事汇

两岸咖啡西餐厅石门店新年活动策划方案

两岸咖啡西餐厅石门店于2018年10月成立,作为全国著名品牌连锁经营店,两岸咖啡西餐厅融合了现代商务多功能,具有中国特色的西餐品牌文化时尚,打造全国商务休闲沟通网络。根据目前现状,两岸咖啡西餐厅石门店因开业前期市场宣传执行欠佳,造成餐厅客流量较少,社会影响力和品牌美誉度无法体现出来。临近冬季,正是餐饮市场火爆的时间段,两岸咖啡西餐厅应尽快做多种活动宣传,以吸引客源,在春节前稳步经营,达到快速盈利的目的。金喜文化传播有限公司经过充分的市场调研,以独到的创意、多年的酒店成功操作经验,在临近新年之际为两岸咖啡西餐厅策划了"两岸咖啡 新年活动",此次活动延伸宣传范围,加大宣传力度,进行有目的的实施策略,为扩大两岸咖啡西餐厅石门店的社会知名度、品牌美誉度、消费认知度打下坚实基础。

一、活动目的

完善统一咖啡西餐经营项目,通过新年这一特殊的日子,把握西餐行业消费旺季,提高两岸咖啡西餐厅知名度和人气指数,结合省会西餐市场发展现状,采用严谨的营销策略执行操作,以"免费品尝咖啡"为引线,以"元旦"为主题贯穿整个活动,制订出适合两岸咖啡西餐厅占领省会市场的具有可行性的实施方案,使两岸咖啡西餐厅在2018年岁末成功运作,开创省会西餐行业新篇章!

二、活动时间

2018年12月15日到2019年1月15日。

三、活动主题

成功沟通,始于两岸。

四、活动地点

两岸咖啡西餐厅地处建设北大街与光华路交接口,紧邻棉一立交桥北,与邻近的中浩商务中心、东海国际大厦、老百姓大药房、米氏家具城、华普超市、北国超市等大型公共设施共同构成省会北部的商业旺圈。交通位置优越、便利,区域辐射半径内无同行竞争对手,因此,两岸咖啡西餐厅有着得天独厚的环境优势,在此基础上,企业尽可放心利用周边有利环境、设施进行大规模、有目的的宣传。

随着东南商业经济的快速发展,人们把目光聚集在固定区域,造成一定区域内商业饱和,整体虽呈繁华之势,但因竞争趋势明显激烈,企业却未得到真正的利益。而北部承载着传输经济流通的重要责任,造成城乡、外省与本土资源的优势互补,信息的相互交流,填补了北部市场"冷淡"的空白。所以,两岸咖啡西餐厅新年活动的实施方案具有一定的可操作性、可执行性,能够促进两岸咖啡西餐厅走新时代多功能型西餐发展道路,引导餐饮业健康和谐发展,能充分带动北部商业的发展进程,打造北部餐饮市场新型标杆。

五、组织形式

主办单位:两岸咖啡西餐厅石门店

承办单位:金喜文化传播有限公司

六、活动内容

1. 真情两岸——免费品尝咖啡活动方案

时间:2018年12月15日至2019年1月15日(或自行选择人流高峰期时间)

地点:两岸咖啡西餐厅门前广场

负责人:(略)

活动内容:2018年12月15日至2019年1月15日,由主办单位在两岸咖啡西餐厅门前广场摆一个操作台(图略),操作台旁易拉宝上文字突出两岸咖啡西餐厅企业形象、主题、标语。广场上人头攒动,许多消费者争相在操作台品尝醇香浓郁的两岸咖啡,派四名礼仪小姐(统一服装,身披绶带,正面文字内容:新年快乐,反面文字内容:成功沟通,始于两岸)负责,有两人为消费者现场烹制咖啡,向消费者讲述两岸咖啡西餐厅的文化历史,另两人向消费者派发宣传单页。单页内容主要是告知消费者新年期间,两岸咖啡西餐厅菜品优惠措施和精美礼品赠送细则,敬请消费者光临。

活动寓意:通过免费品尝咖啡,体现两岸咖啡西餐厅近距离走进消费者中的宗旨,以极具亲和力的表现手法,提升品牌的诚信度及社会效应,大量的形象展示为活动的顺利实施起到了很好的推动作用。

建议:由承办单位为主办单位提供形象展台的设计方案(含制作)、宣传单页的设计制作,主办单位派礼仪小姐做促销活动。(待定)

2. 两岸咖啡西餐厅新年亲善大使赠送礼物活动

时间:2019年1月1—3日

地点:两岸咖啡西餐厅二楼餐厅

负责人:(略)

活动内容:雪花悄无声息地飘落,当夜色铺满天空,新年歌声唱起,我们再一次在欢歌笑语的节日相遇。为培养文化人气指数,我们特邀五位新年亲善大使为在两岸咖啡西餐厅消费的宾客赠送节日礼物。同时,在节日礼物上标有两岸咖啡西餐厅的主题标语或祝福语。例如,"成功沟通 始于两岸""两岸咖啡祝各界宾朋新年快乐"!

活动寓意:品牌与消费者零距离接触,能够留下过目不忘的印象,起到推动两岸咖啡西餐厅品牌广告效应。

3. 两岸咖啡西餐厅中外嘉宾新年大联欢活动方案

时间:2019年1月1日20:00

地点:两岸咖啡西餐厅二楼

负责人:(略)

邀请嘉宾:省会部分外教老师及留学生

活动内容:1月1日晚,在两岸咖啡举行中外嘉宾新年大联欢活动。届时,部分外教老师在二楼餐厅欢聚一堂,共同庆祝节日。整个酒店的新年气氛,使他们有新春吉祥的感觉,给他们营造家的氛围,在享受欢乐祝福的同时,外教老师及留学生品尝中国的美食,聆听悠扬的钢琴曲,感受节日的欢乐。同时他们也感受中国文化带来的愉悦享受,感受超值服务的优越性。餐厅所有人员都必须佩戴绶带,文字内容同上。

活动寓意:通过外教嘉宾的参与引发两岸咖啡西餐厅新年活动的高潮,吸引新闻媒体的广泛关注,整个活动气氛热烈、高雅,倡导时尚消费理念,两岸咖啡西餐厅西餐文化得到了最大的渲染,使本次活动为两岸咖啡西餐厅前期宣传打下坚实的基础,突出两岸咖啡西餐厅深厚的文化底蕴。

七、宣传物料准备

负责人:(略)

1. 台历

制作策略:在两岸咖啡西餐中选出12道经典菜品,分别设计在每个月的月历页中,并做相应打折活动,并将台历在新年前全部派发完毕。消费者可持菜品彩图到两岸咖啡消费,享受部分优惠政策,如免费点钢琴曲,菜品打折消费。(台历样品略)

2. DM宣传单页

制作策略:将两岸咖啡西餐厅新年活动优惠措施体现出来,如赠送咖啡纪念礼品、免费品尝部分菜品,通过夹报的形式和现场品尝咖啡免费发放的形式派发,让消费者感受到两岸咖啡西餐厅菜品的经典。

3. 钢琴曲点单

制作策略：荟萃中外著名钢琴名曲，设计要求是简约、时尚，同时说明消费者就餐时可聆听优美的钢琴曲，并根据自己的兴趣点自己喜爱的音乐，钢琴师即可弹奏出悦耳动听的音乐。

4. 咖啡品尝操作台

制作策略：重点突出企业形象、企业文化、企业理念，能更大范围地吸引消费者眼球，识别性强，受众率广泛，加上两岸咖啡西餐厅简明的经典物语，得到消费者对两岸咖啡西餐厅的极大认可。

5. 易拉宝

制作策略：主要内容是两岸咖啡西餐厅经典咖啡起源简介、企业理念。摆放于二楼就餐厅显眼位置，关注度高，增添活动气氛。

6. 吊旗

主要内容是活动主题标语——"成功沟通 始于两岸"。悬挂于二楼餐厅楼顶部，广告信息量密集，受众面广泛，受众记忆时间较长，是室内举办大型活动的最佳选择。（图片样品略）

7. 大型菜品展牌

制作策略：采用不锈钢金属制作，具有稳定性强、随意更换广告内容、保存时间长的特点。主要内容是企业理念、企业招牌菜品名称和价位。摆放于二楼餐厅楼梯旁边，便于消费者到达后自行挑选菜品。

8. 新年通票

（略）

请回答：两岸咖啡西餐厅是如何将节日与经营活动联系起来的？小组讨论节日活动内容与工作流程。

知识库

节日活动的形式要求　　如何聚集人气　　节日文化氛围　　营造节日氛围　　节日活动创意　　商场节日环境

3.2.1 节日活动策划原则

年年岁岁节相似，岁岁年年招不同。在"假日经济"这个舞台上，各厂家、商家时时刻刻考虑促销方法。高招之妙让人叹为观止，而一些"怪"招也常常让人扼腕叹息。总之商业企业在进行节日活动策划时应遵循"5W1H"原则。

1. WHY：为什么促销

（1）出师有名，有的放矢。"商场如战场"，节日的商场更是战火弥漫，弹无虚发。要想做好节日促销策划,首先要明确为什么而做节日促销,确定合理的、对消费者和市场负责的目的,不能漫无目的地为促销而促销,不能把节日促销当成救命草和万金油,也不能急功近利,一口想吃个胖子,更不能杀鸡取卵愚弄消费者。

(2) 一石三鸟,高瞻远瞩。节日促销不能只为提升销量而促销,还要建立在品牌的市场规划基础上,着眼于品牌美誉度的提高,着眼于整个市场份额的提高和市场的良性循环发展。节日促销,要将短期目标与长期规划结合起来,要保持前后一致性,不虎头蛇尾或打一炮就跑,不能头痛医头,脚痛医脚。如比力奇电热水器每年春季进行的上门安检活动、史密斯电热水器推出的镀金发热管活动,都通过树立良好的服务形象和产品形象带动销量的提高及份额的提升。诸如此类促销活动的开展,也正是品牌发展规划实施的一小步,不仅使销量稳步上升,而且通过美誉度的积累和市场的良性培育,使整个品牌都有了质的提升。

2. WHEN:何时规划促销

在节日促销中的 WHEN 是指促销的时间资源问题,即如何发现并充分利用这些资源,何时该做促销,如何抓住机会进行促销,正是需要解决的问题。

(1) 全年节日一盘棋。首先要把全年相关的节日与市场开发计划相结合,做一份包含五一、十一、元旦、春节等全年的促销计划,根据费用情况列出哪些节日是重点,哪些节日不是重点,对促销资源进行初步的规划,并确定全年的促销策略与战术,把这些作为全年节日促销的指导思想。有好的计划,促销效果就会事半功倍。

(2) 节前节后不能松。做好节日促销关键是做好节前的筹备,要为节日促销打好市场基础。比如网点的健全、终端形象的美化、促销员的培训、展柜与样机是否齐全、经销商的意见反馈、竞争对手的市场调查等,查漏补缺做好基本功。有些产品策划的促销活动开始时规模很大,销量上升,可是促销一停销量立刻下降。这种现象的原因之一就是缺少节日后的跟进。节日促销活动之后,要全面分析活动效果,改正存在的问题,使促销效果最大化,及时加强跟进措施,趁热打铁,使市场份额稳步提升。

3. WHERE:在哪里促销

(1) 重点市场,重点促销。节日促销在哪里进行呢?首先确定营销的重心是在哪个市场区域,是一级市场还是二级市场,还是其他的市场,不能遍地开花,眉毛胡子一把抓;根据竞争对手的市场情况,集中优势兵力攻占最有利的市场空当。通过培育重点区域市场带动次重点区域市场。

如何在规定的区域市场中选择并布置好的促销开展平台呢?第一要考虑目标消费群的便利;第二要考虑有利于促进销售;第三要考虑如何将轰动效果最大化。

(2) 编织节日促销大网。最基本的就是各分销网点的生动化布展,通过 POP、海报、宣传页、条幅、样机演示等内容,按照统一要求进行布展,尽可能统一主题和形式,塑造良好的节日气氛,同时也形成"巧妆迎节日、促销酬贵宾"的销售气氛。要通过对经销商和一线促销员的动员,使各项细节都得到落实。每个分销点正如网之一点,多个点共同行动起来就织成一个庞大的节日促销大网。

(3) 巧妆主战场。要投入 80% 的精力对有代表性的大卖场做细做精,这些卖场一方面能提升形象和促进销量,同时能对整个市场起到由点带面的辐射作用。对于一些大型或中型的节日促销活动,活动主场地可以选择在有代表性的大卖场,有时也可选在人流量较大的公共场所,如城市广场、文化宫;有些以社区服务为主题的促销活动,则可以直接选择在有代表性的社区开展。

4. WHAT:促销什么

每逢节日,各厂商便如江湖演义一样花招纷呈,有"自作多情"派,动不动就"倾情酬宾、全心奉献"等;有"狂吹猛喊"派,发疯地喊着"自杀价","整机包用 15 年","买一送若干"等。那么,如何策划促销主题与形式呢?

(1)攻心为上。即根据商品特性和购买者心理,合理选择诉求点。例如,家电本身就不是冲动性购买的产品,而是理性购买的耐用品,必须充分研究目标消费群的特征,如收入状况、消费心理等内容,促销活动的内容要让消费者感觉到是合情合理的、容易接受的,而且会引起共鸣等,不能过俗过滥,让人反感,要做到求新、求实。因此,樱花油烟机的促销活动突出主题——"油网永久免费送到家",促销效果明显。

(2)因时制宜,即从市场的发展情况出发。处于不同的市场阶段,促销活动的内容明显不同。如在导入期侧重于产品推广;在成长期形象推广则特别重要。根据竞争对手的市场表现和自身的市场定位(是市场挑战者还是市场追随者等)而采取不同的促销主题。如被称为"价格屠夫"的格兰仕常通过低价促销来压制竞争对手。

(3)节日特色。从节日本身的特点出发。不同的节日具有不同的消费特征,同时也需要不同的促销主题和形式,如消费者权益日侧重于服务与质量的促销;五一劳动节期间结婚的比较多,婚庆产品可称为促销的主角;元旦与春节则是礼品促销策划的契机。

(4)量体裁衣,即从产品特色和销售的需要出发。如买一送一活动、特价活动及抽奖游戏及一些服务方面的活动等。

5. WHO:谁来进行促销

火车的运行离不了多个轮子的运转,作为庞大系统工程的节日促销同样也需要来自各方面的参与和支持。只有充分调动各方面的积极因素,节日促销才能得到有效的开展。

(1)"脑""手"并用效率高,即市场部与销售部的配合。市场部是营销的"脑",没有市场部进行深入的市场调研和分析,很难形成富有实效的活动方案;销售部是"手",有了较好的方案,而没有执行到位,同样也发挥不了更好的促销效果。"三分策划,七分执行","脑""手"紧密协作,节日促销才会更有实际意义。

(2)"强龙"与"地头蛇"的共赢,即厂商的协作。厂家在统一部署节日促销活动时,还要充分考虑各分销网络的问题。一方面因为有很多促销活动需要各分销商的大力配合才能完成;另一方面各分销商在相应的区域市场占有非常有利的促销资源。一些大型的促销活动由厂家直接操作,有些促销活动则可以交由代理商灵活操作,厂家只提供方案指导、促销用品等。俗话说"强龙难斗地头蛇",但如果强龙和地头蛇联合起来,肯定会事半功倍。

(3)士气高则战必胜,即加强一线销售人员的动员。柜台促销员是执行节日促销活动的最终环节,要调动促销员的积极性,把详细的活动内容讲解给促销员。只有这样,促销员才能以更高的热情开展促销活动和推销产品,才能把促销活动准确无误地执行到位。

6. HOW:如何进行促销

在节日促销活动各项准备工作到位之后,应研究如何将促销信息发布出去,如何吸引更多的消费者关注和参与促销活动。单一的手段效果往往不明显,需要围绕这些目标策划立体的活动推广战术。

(1)强力轰炸的高空战。要根据费用预算情况,适量策划和发布媒体促销广告,从而使促销信息有更广的受众范围。媒体选择要恰当,从而减少资源浪费,如厨卫类小家电产品,其消费群多集中在城镇,宜选择报纸或有线电台。报纸广告力求软文与硬广告相结合,这样传播效果会更佳。

(2)见缝插针的游击战。如印制宣传单页或海报,在一些居民点或商场门口发放或张贴;赞助商家的DM传单,利用商场的活动加强品牌的传播效果;或者到社区进行上门咨询活动或服务活动;在一些人流量较大的公共场所进行节前促销宣传等。

(3)精耕细作的阵地战。在终端进行主题布展与生动化陈列。围绕促销活动主题,根据终端的条件在其门口、商场内、展区内等进行装饰和美化,通过POP、海报、宣传页、条幅、样机演示等促销活动,全面展示产品,塑造良好的节日气氛,还可以通过各种促销资源实现终端促销拦截,使节日促销信息传播到位。

(4)声势浩大的强攻战。主要是指在大卖场门口或大型公共场所进行的抽奖活动、新闻发布活动及文艺演出活动。如果说前面的促销准备是刮风、打雷和闪电,那么这场战役就是风雷闪电给人以悬念和震撼之后的倾盆大雨。通过这些大型现场活动,将节日促销活动引向高潮。

3.2.2 节日促销商品选择和节日促销设计

1. 节日促销商品选择

(1)元旦主要促销商品

元旦是一年的开始,因此,此时的促销活动必须紧紧围绕一个"新"字,在促销主题的选择中,也要以"辞旧迎新""新年纪念"等为主,提醒消费者此时的消费意义深远。

① 新年礼品。元旦来临,日历、历书、贺年片、年历画是商家必备的新年旺销商品,而精美、时尚的小饰品象征新年新气象的各种小礼品,也会作为元旦的畅销品受到消费者的青睐。

② 婚庆用品。现在越来越多的情侣都会选择元旦作为其喜结连理的黄金佳期,因此,婚庆用品、结婚礼品,如高档服装、烟酒等成为这一时段的宠儿。

③ 换季服装。虽然冬天尚未过去,但元旦的到来已经让人感觉到春的气息,因此,这一时期也是出清冬季服装的大好时机,很多消费者会借新年促销打折来为自己添置心仪的冬装。

④ 家用电器。新年伊始,无论年轻的伴侣还是年长的夫妇,都会为自己的新年添置一些有纪念意义的家用电器,比如换个大屏幕的彩电,买部新的手机等。

(2)春节主要促销商品

春节在中国人心目中的地位不言而喻。为除旧迎新,家庭生活用品、食品、服装、电器及清洁用品的需求量将大为提升,而过年拜年、送礼祝福更是带动了节日礼品的销售。因此,在春节前后,各个公司都会增加促销费用,期望有个丰收年。

① 春节礼品。春节期间,商家一般均会设立礼品城、礼品中心、年货一条街等专区,推

出如南北货、烟酒、糕饼、干果等礼盒。价位在500～1500元。

② 时令商品。糖果、糕饼、瓜子、春联、生肖饰品、红色内衣、团圆火锅等是春节的热销商品,商家还可推出超值福袋活动,并设立年度生肖动物主题展示区,以吸引更多的消费者。

③ 童装玩具。小朋友放寒假、过新年、领红包,因此此时是每年童装、玩具的销售旺季,若能配合推出卡通造型的人物动态表演,效果更佳。

④ 家庭日用品。年终大扫除,各式清洁用品需求量大增;辞旧迎新,旧的家具、电器用品会有很多被淘汰,因此这些商品的市场也会增大。

(3) 元宵节主要促销商品

元宵节以团圆、吃元宵、赏灯、猜灯谜的习俗世代相传,因此,食品和各种娱乐活动是这个节日的重头戏。

① 节日食品——元宵。元宵节的"老味"汤圆,如芝麻、花生、什锦三大传统口味,是汤圆市场的主要产品。商家还可以引进一些特殊馅料的元宵,如菜肉、果仁、豆沙、无糖、清真、米酒等,消费者大都抱着尝鲜的心理前来购买,销量也会不错。

② 节日精品——灯具。元宵赏灯是千年传统,如果借助这一赏灯习俗,以猜灯谜、送小礼品、做小游戏的形式举办各种新颖别致的灯具展销会或促销会,一定可以吸引很多顾客光顾。

(4) 五一劳动节主要促销商品

曾经被称为"黄金周"的五一劳动节,可谓是商家淘金的好时机,其促销活动一般在4月25日左右开始,可以一直持续到5月10日左右。现在国家调整了五一放假的法定时间,由原来的三天调整为一天,这一小"黄金周"的惯性消费思维和季节性原因,是商家重视的一个重要节日。

① 春季服装大出清。过了五一,夏装开始代替春装,因此,五一是出清春装的最好时机。

② 家电用品大优惠。随着夏天临近,很多忙碌的人都会趁五一假期为家里添置一些夏季必备品。因此,空调、冰箱可以作为新品上市,而彩电等也可以作为换季清仓商品走上五一的促销舞台。

③ 黄金珠宝饰品特卖展销会。"黄金周,金万两",黄金珠宝饰品当然也是此时的热销商品。更多的商家会在此时举办大型的黄金珠宝饰品特卖展销会,为五一休闲旅游的人们提供更多的选择机会。

④ 旅游及地方特产大促销。现在过五一,更多的人选择走出家门,到全国各地走走看看,这就为旅游业和旅游胜地提供了无限商机。

(5) 端午节主要促销商品

粽子和粽子配料是端午节的必备商品,有条件的卖场可制作大型龙舟陈列或粽子一条街,无条件的可做简单粽子堆头陈列。而包粽子所用的配料可挑出来,陈列于粽子堆头旁边以达到关联陈列的效果。

① 饮料、副食品、各种酒类。在以粽子为节日食品的端午节,饮料、副食品、各种酒类的销售量也会有所提高,因此卖场在宣传促销粽子的同时,也要以各种活动带动这些产品的销售,达到以点带面的效果。

② 日常百货及家居用品。端午节来卖场选购粽子和相关节日食品的顾客多为家庭主

妇,因此,她们在选购节日食品的同时,也会关注日常百货和家居用品。借助节日客流量增加的机会推出日常百货和家居用品的促销特卖活动,也将会有很大收获。

(6) 中秋节主要促销商品

① 中秋月饼。月饼永远是中秋市场的"不凋玫瑰"。在精心布置的月饼卖场,任何人都可以感受到浓郁的节日气氛。近几年,无糖月饼新开发了多种口味和包装款式,无糖火腿、肉松、豆沙等多种馅料的月饼一下成了抢手货。

② 中秋团圆宴。中秋节的传统就是与家人或朋友吃顿团圆宴。近几年,越来越多的人开始将这顿团圆宴由家庭的小聚餐改变为酒店、餐厅的大团圆。因此,餐厅酒店的中秋团圆宴是一道中秋必不可少的大餐。

③ 礼品套装。中秋是团圆的节日,也是走亲访友的佳期,因此,中秋送礼是商家与消费者共同关注的话题。中秋送礼,茶叶、糖果、香烟、名酒和保健品是人们的首选,如果把这些礼品搭配成精美而有意义的礼品套装,一定会非常火爆。

2. 节日促销设计

然而,大型节假日终究数量有限,商家们除了上述惯例的节假日进行促销活动,不过节时怎么办? 于是,嗅觉敏锐的商家便通过各种"噱头",凭空"自创"了许多节日,这些节日大多都是购物节,或者娱乐兼购物节。

例如,"超级福利日""双11""双12""黑色星期伍""团购会"等。利用这些人造节日,商家们搞起了一个又一个购物节、促销节。如果说前些年商品有淡季、旺季之分,那么随着人造节日的不断丰富,这种区分越来越不明显了,而且只要商家找对了时机、理由,任何商品都可以用作某某节日的促销商品,并能在人造节日里取得好的销售业绩。

试一试:请分析天猫"双11"、京东"6·18"等人造节日里,这些"节日"促销商品有节日意义吗? 所有的商品都可以成为这些节日的促销品吗? 分析人造节日促销的优缺点。

任务3.3 节日策划方案结构设计

○ 训练营

描述节日活动策划方案的结构及节日促销商品设计:阅读东方购物中心周年庆活动策划案例,分析交流节日策划方案的撰写结构、促销商品选择设计方案,并填写节日活动策划方案设计表,如表3-4所示。

表3-4 节日活动策划方案设计

节日名称	商店类型	促销商品设计	节日活动主题	活动时间	活动内容与形式

故事汇

东方购物中心周年庆活动策划方案

一、活动背景

东方购物中心通达店的此次一周年店庆活动,可作为向全市消费者集中展示东方购物中心的形象,提升美誉度,进而扩大市场份额的一次机会,进行大规模的公共关系活动。

目前,临沂市场上各大卖场竞争的焦点更多地集中在价格战上,所以,本次一周年店庆活动需要采购部门加大物美价廉商品投放的力度,进而让消费者领略东方购物中心的实力和良好的商业形象,巩固稳定的消费群体。

二、活动目的

庆祝东方购物中心开业一周年,树东方新形象,提高东方购物中心的社会知名度,并借机促销酬宾。利用这个契机做一个规模比较大的促销活动——店庆月,一方面东方购物中心周年店庆,提升东方购物中心的社会知名度,达到宣传、推广的目的;另一方面借机促销商品、回馈顾客。力求人气的聚集,使消费者对东方购物中心产生亲近感。因此,本次活动应以消费者为中心,充分围绕消费者做文章,尽最大可能与消费者有效沟通、交流,让消费者通过各种途径积极参与到活动中,以此增加东方购物中心的亲和力。

三、活动主题

欢乐一周年,快乐过暑假。

四、活动时间

6月27日至7月15日。

五、活动内容

(1)时间:7月5日。

欢天喜地庆周岁大型文艺演出。

(2)东方一周年,同结生日缘!

凡7月5日生日的顾客,凭身份证到服务台领取生日蛋糕一个(前20名顾客送完为止)。

(3)店庆期间,大"鲤"相送。在东方购物中心购物满59元可获赠鲤鱼一条(特价商品、团购和外租区商品除外,多张小票不累计,单张不分解)。

(4)炎炎夏日,清爽一刻。

活动时间:7月10—15日。购物满39元者送饮料一瓶(特价商品、团购和外租区商品除外,多张小票不累计,单张不分解)。数量有限,送完为止。

(5)店庆感恩,喜从天降!大奖等你拿回家。

活动期间购物满49元者可领刮刮卡一张(特价商品、团购和外租区商品除外,多张小票不累计,单张不分解)。奖项及奖品设置如表3-5所示。

表3-5 奖项及奖品设置

序号	等级	奖品名	中奖数量/名	备注
1	一等奖	29英寸彩电一台	1	
2	二等奖	微波炉一台	2	
3	三等奖	电风扇一台	4	
4	四等奖	水杯一个	100	
5	大众奖	毛巾一条	200	

(6) 7月5日当日光临东方购物中心的前500名顾客均有礼品(纸杯)相送。

(7) 绘画比赛。

活动时间：7月15日。

活动主题：我心中的东方购物中心。

活动目的：加深小朋友对东方购物中心的印象。

(8) 东方购物中心趣味体育大赛。

① 呼啦圈比赛：分设儿童组(15岁以下)和成人组，并分设一、二、三等奖及参与奖。

活动时间：7月8日。

② 吹气球比赛：分设儿童组(10岁以下)和成人组，并分设一、二、三等奖及参与奖。

活动时间：7月9日。

六、活动前期准备

1. 活动宣传

为使活动形成较大声势，活动应运用多种传播手段(报纸、广播、DM、POP等)整合传播。各兄弟店DM海报同贺，详见表3-6。

表3-6 宣传活动一览

发布时间	发布媒体	发布次数	备注
6月15日至7月2日	临沂日报	每周两次(报眼)	
6月25日至7月5日	临沂人民广播交通音乐台	每天两次	
6月25日至7月15日	POP	店内宣传	
5月25日至6月25日	DM	会员每人一册	

2. 各部门分工

(1) 采购部

相关采购人员加大力度和供应商沟通，保证商品的充足供应。各厂家必须做相应配合，以保证低价促销和提供大批量赠品。知名品牌厂商提供拱门和气球。在店庆期间，厂家负责广场文艺演出活动，不少于三次。

需准备以下赠品：

① 生日蛋糕(直径1米的7层大型蛋糕1个，小型蛋糕20个)；

② 鲤鱼300条；

③ 饮料500瓶；

④ 29英寸彩电1台；

⑤ 微波炉2台；

⑥ 电风扇4台；

⑦ 带东方字样水杯100个(含有东方购物中心标志纸杯)；

⑧ 毛巾200条。

(2) 企划部

企划部负责本档广场和卖场的主题装饰布置，DM海报跟进(要求主题鲜明醒目，季节性促销)，以及现金抵用券的制作设计。

（3）营运部门

营运部门负责卖场各部门和采购部相关业务人员沟通，建议提报特价商品，组织商品拍照；本档堆头的陈列的合理规划和DM商品的到货跟踪；客服部组织主持活动、赠品发放和登记，制订广播特价信息活动方案，以及准备背景音乐（要求具有喜庆气氛）。

（4）防损部

防损部负责广场的次序、活动期间人身和设备安全。

（5）工程部门

工程部门做好活动的电源和音响设备完善工作。

3．场地布置

店庆活动本身不能吸引消费者前来购物，吸引消费者的仍是其对东方购物中心的感受以及活动提供给消费者的各种"利益点"。因此，店庆日活动简洁即可，不必铺张浪费。

现场布置包括以下内容。

（1）在东方通达店辐射商圈内悬挂20条过街横幅。

（2）现场主题横幅、升空气球、彩色拱门、垂幅、宣传展板、墙体垂幅、POP、DM、周年庆吊旗和地贴。（拱门、气球由厂家赞助）

七、活动预算

活动的具体预算如表3-7所示。

表3-7 活动预算

项目	数量	单价/元	金额/元	备注
29英寸彩电	1	3000	3000	
微波炉	2	2200	4400	
电风扇	4	100	400	
水杯	100	2	200	
毛巾	200	1	200	
宣传费合计	—	—	30000	
DM、POP印刷费	10000	1	10000	
呼啦圈纸张费	10	10	100	
办公费	—	—	3000	纸张、文具、水电
其他	—	—	3000	蛋糕等
总计	—	—	54300	

注：由于保密协议限制，预算内容做相应改动。

八、预期成果

首要成果是本市居民对东方购物中心知晓率达到80%，其次是本档总业绩提升10%。

九、意外防范

1．成立突发事件应急小组

（名单略）

2．具体突发事件处理办法

（略）

知识库

表 3-8 是一份完整节日活动策划方案,在实际操作中可根据具体情况对各组成部分进行相应增加或删减。

节日活动策划方案撰写

表 3-8 节日活动策划方案结构

策划案各组成部分	具 体 说 明	举 例
活动背景介绍	这部分内容既是对策划内容的高度概括性表达,又是导读部分 具体包括以下内容: ① 本次策划涉及节日特点 ② 产品或企业现状简要描述 • 字数应控制在 500 字以内 • 在市场调查的基础上客观、真实地描述市场现状	① 利用五一劳动节对××系列产品丰富、延伸和创新 ② 借五一劳动节,××产品更渴望表达××之情,彰显品牌的价值 ③ 在五一劳动节来临之际,我公司为答谢广大消费者的厚爱,特举行系列促销活动
活动目的	本部分是根据市场现状等因素确定本次活动的目的 • 用简洁明了的语言将目的表述清楚 • 只有目的明确,才能使活动有的放矢	① 利用节日消费高峰,提高销量 ② 借势推广产品,促进认知 ③ 回馈广大消费者,建立忠诚度 ④ 加强与终端合作
活动主题	活动主题主要以活动主体结合促销时机为策划主题 • 主题要单一 • 淡化促销的商业目的,使活动更接近于消费者,更能打动消费者 • 这一部分是活动方案的核心部分,应该力求创新,使活动具有震撼力和排他性	① 触摸五一、体验"××"——××情系百姓 ② 新年推出《彻夜狂欢啃大餐》 ③ 六一儿童节推出《玩具总动员》
活动对象	确定本次活动的对象,这一选择的正确与否将直接影响促销的最终效果 • 要明确活动控制在多大的范围 • 确定哪些人是促销的主要目标 • 确定哪些人是促销的次要目标	以济南、青岛、北京、合肥四个城市的广大市民及销售终端为活动对象。(其他城市只要条件允许都可开展,特别是一些重点的商超终端要充分利用此次活动,在终端形成一定的影响,使终端对产品充满信心,打好入场的基础)
活动时间和地点	在时间上尽量让消费者有空闲参与,在地点上也要让消费者方便参与,同时对活动持续多长时间效果会最好也要深入分析 节日活动开始前应与城管、工商等部门沟通好,时间长短把握好	活动时间:2019 年 4 月 20 日到 2019 年 5 月 20 日 活动地点:已铺货的商超终端
活动的前期准备	① 活动宣传 • 海报宣传为主 • 横幅、电视、广播等多样形式配合 宣传媒介的选择要与活动对象良好地对接 ② 人员分工。人员安排要"人人有事做,事事有人管",无空白点,也无交叉点 ③ 物资准备。物资准备要事无巨细,大到车辆,小到螺丝钉,都要罗列出来,然后按单清点,确保万无一失	① 活动宣传 • 店内 DM 支持,同时在 DM 上告知活动内容 • 终端的布置设计 • 在店门口海报或 KT 板展示 • 店内堆头上摆放活动宣传单页 • 在活动开始前三天,进行目标人群的活动宣传单派发 ② 人员分工(略) ③ 宣传物料 • 活动宣传单页 • 活动海报

续表

策划案各组成部分	具 体 说 明	举 例
活动方式及内容	这一部分主要阐述活动开展的具体方式及内容 ① 确定伙伴 • 厂家单独行动 • 和经销商联手 • 与其他厂家联合 • 和政府或媒体合作 ② 围绕主题,开展各项活动 • 活动方式的选择要有助于借势和造势 • 活动方式应费用低、效果好,从而降低风险	活动形式:抽奖 活动内容 "触摸五一 赢幸运摸奖活动",每人最多五次 奖项设计:一等奖×× 　　　　　　二等奖×× 　　　　　　…… 补充说明
费用预算	对促销活动的费用投入和产出应做出预算。要求是预算要精确、详细具体	费用预算(略)
意外防范	必须对各个可能出现的意外事件做必要的人力、物力、财力方面的准备	① 成立突发事件应急小组 ② 突发事件处理办法
效果预估	预测活动会达到的效果,以利于活动结束后与实际情况进行比较,从刺激程度、促销时机、促销媒介等方面总结成功和失败之处,以便今后工作改进	① 活动前后销量增加测算 ② 品牌知晓度 ③ 评价方法运用得当

> 请把两岸咖啡西餐厅的新年策划活动用上述结构提炼出来。

金钥匙

节日策划操作要领

要点一:明确促销的目标

节日促销的首要任务是明确促销的目标。促销目标不同,促销方式也不尽相同。

目标一:扩大营业额,增加来客量

店铺利用各种名义的节日做促销,最直接的目的就是短期内迅速提高销售量,扩大营业额并提高毛利。营业额来自来客量与每位顾客的消费额,店铺可以借助节日的促销活动,稳定既有顾客并吸引新顾客,以提高来客量。

目标二:提升企业形象

店铺也常常借助一些特殊的节日促销活动提升企业在消费者心目中的形象,提高其知名度。比如,店铺常常借助"妇女节""儿童节"或者"教师节"等有特定消费人群的节日,开展一系列的公益促销活动。

目标三:促进商品的周转

商品是店铺的命脉,良好的商品周转会带来良性循环。为促进商品周转,店铺也会借助一些换季节日如清明节或五一、十一黄金周,开展相应的促销活动来推动商品的周转。

(1) 新商品上市的试用

"不怕货比货,就怕不识货。"新商品的推出,必须有消费者试用,才能树立商品在消费者心目中的地位,快速地进入市场。所以,除广告外,可以利用假日促销的名义鼓励消费者试用。

(2) 加速滞销品的销售

滞销品会让消费者对商品本身产生疑虑,长期下去可能对店铺产生不良影响。因此借助节日的优惠促销,可以加速滞销品的周转。

(3) 库存的清货

很多店铺都面临存货积压的状况,这时可以通过假日促销降低库存,及时清理店内存货,加速资金运转。比如,"三八节三八折,购物为您添'彩头'"的促销案例就是一个非常经典的库存清货促销。

目标四:对抗竞争对手

随着店铺数目的不断增加,店铺的销售竞争也日趋激烈,越来越多的经营者都开始关注和把握能够利用的节日,借助各种节日促销争取顾客。可以说,激烈的市场竞争在某种程度上演变成了促销手段的竞争。

要点二:出位创意,烘托节日氛围

节日是动感的日子、欢乐的日子,促销活动应捕捉人们的节日消费心理,寓动于乐,寓乐于销,制造热点,最终实现节日营销。针对不同节日,塑造不同活动主题,把顾客更多地吸引到自己的柜台前,营造现场气氛,实现节日销售目的。如端午节,在卖场把超市的堆头设计成龙舟的形状,龙舟上既可摆放××真空粽子,又可摆放宣传端午的物料,在现场营造一种浓厚的端午节气氛。而赠送香包、开展端午文化大赛的民俗表演更增强了节日热闹氛围,激发了众多消费者主动参与活动的意识。

节日活动气氛包括两部分,一部分是现场氛围,包括气氛海报、POP张贴、装饰物品的布置、恰到好处的播音与音乐,这些将会在很大程度上刺激顾客的购买欲望;另一部分就是员工心情,这就需要组织者调动员工的积极心态。

要点三:文化营销,传达品牌内涵

文化营销是指嫁接节日的文化氛围,开展针对性的文化营销。充分挖掘和利用节日的文化内涵,并与自身经营理念和企业文化结合起来,不仅可以吸引众多的消费者,在给予消费者艺术享受的同时,也能带来良好的市场效益,树立良好的企业形象。比如元宵节时,在卖场开展"汤圆代表我的心"。这种智力闯关活动,不仅增加了××牌汤圆的文化外延,还通过活动传达出元宵节的团圆与温馨,丰富了节日内涵。其他文化活动如灯谜擂台赛、地方民俗文化展示等已成为商家吸引消费者"眼球"屡试不爽的妙招。

要点四:互动营销,增强品牌亲和力

生活水平的提高使消费者的需求开始由大众消费逐渐向个性消费转变,定制营销和个性服务成为新的需求热点,商家如能把握好这一趋势,做活节日市场就不是难事。比如,在端午节期间的"来料加工,教你包粽子"活动就颇受消费者青睐,通过女工展示包粽子绝活等进行互动,现场的销售很火爆。而卖场更是节日营销的主角。深圳沃尔玛生鲜部曾开辟先例,让顾客自己设计礼篮或提供不同型号的礼篮,由顾客挑选礼品,不限数量、品种、金额,既可迎合不同的消费需求,又可充分掌握价格尺度。此法一经推出便受到消费者的欢迎,不仅大大增加了生鲜部的利润,也带动了其他部门的销售。

要点五：差异促销，激发售卖潜力

节日促销主角就是价格战。能否打好价格战是一门很深的学问，许多商家僵化地认为节日就是降价多销，其实这种做法陷入了促销的误区，结果往往是赔钱赚吆喝。作为节日营销的惯用方法，诸如"全场特价""买几送几"的煽情广告已司空见惯、千篇一律，对消费者的影响效果不大。因此，如果真的要特价也要处理得当，讲究点创意和艺术。

要点六：突出节日促销主题

节日促销活动要想给消费者耳目一新的感觉，就必须有个好的节日促销主题。节日促销主题设计有几个基本要求：一要有冲击力，让消费者看后记忆深刻；二要有吸引力，让消费者产生兴趣，例如很多厂家用悬念主题吸引消费者的探究心理；三要主题词简短易记。比如，酒店在春节期间要做好年夜饭生意，就要以"合家欢""全家福"为促销主题，有针对性地开展服务项目。

要点七：产品卖点节日化

如何根据不同节日情况、节日消费心理行为、节日市场的现实需求和每种产品的特色，研发推广适合节日期间消费者休闲、应酬、交际的新产品，这是顺利打开节日市场通路，迅速抢占节日市场的根本所在。产品节日化的实现，要注重产品的休闲化、主题化、营养化这三个基点，所有节日营销活动都要围绕产品的"三化"展开。创新包装，产品"三分养，七分装"，包装要"酷、炫"，别具一格。

要点八：促销推广早发布

如果有真正的实惠，就要让潜在消费者早知道，这就要靠促销推广，根据商品用户群体的不同，促销推广可以选择传统媒体，如报纸、电视，或是重点做网络推广。目前，网络推广、自媒体、移动媒体推广的关注度直线上升，不但用户人群剧增，而且网络上可直接产生销售，而报纸和电视都是间接产生销售。促销方案制订好之后，可以酝酿推广方案，推广至少要在促销前一周开始，推广力度强的可以提前两周开始预热。

要点九：做好促销活动流程管理

做好人员货物的分工管理。促销策划做好之后，要把用到的宣传资料、人员、商品都准备好，尤其是活动商品，因为促销确实实惠，销售量可能会远远超出平时，公司应当及时备货，不要把这个来之不易的销售机会拱手让给竞争对手。

促销后期仍需推广。一般而言，促销推广要在节日来临前提前进行预热和宣传。实际促销过程中也是提升促销业绩的好时机。此外，促销后期的推广是企业品牌提升的一个大好机会，并且可以为下一次促销活动埋下伏笔，让没有选择我们的客户后悔没有买到最有性价比的产品。这样有利于客户密切关注我们的产品及营销活动。

全年节日一盘棋。节日营销活动可以做成连续性活动，让每个节日串联起来，而不是独立，这样对留住客户很有意义。节日营销是"非常时期"的营销活动，有别于常规性的营销，要仔细分析节日营销特点，统筹安排全年节日活动。零售企业更是要做全年节日活动规划，才能真正把握节日营销效果。

👀 看一看：表3-9是一个节日营销策划年度计划，请以此表为例，为爱迪尔珠宝校园形象店制订一个年度节日活动计划表。

表 3-9 节日促销策划年度计划

节日名称	促销时间	促销主题	促销方式	促销商品	促销对象	费用预算	效果预估	备注
元旦								
春节								
元宵节								
三八妇女节								
清明节								
五一劳动节								
母亲节								
六一儿童节								
端午节								
父亲节								
七夕节								
中秋节								
教师节								
国庆节								
重阳节								
门店周年庆								
其他								

任务 3.4 节日策划专项训练

训练营

为红豆居家旗舰店撰写节日策划方案：根据给定的背景资料，运用节日策划学习基础，撰写红豆居家旗舰店的节日策划方案。

一、背景资料

由红豆集团打造的 HODOHOME·红豆居家连锁商业模式以创新的连锁模式，一站式销售，亲民的平价策略在居家行业引起了高度关注，业内将这匹"黑马"视为红豆品牌成功延伸、拓展的一个关键战略。

20×9 年 5 月 23 日，由江苏省纺织工业协会、江苏省针织行业协会主办的"居家服饰发展趋势高层论坛"，也对红豆首创的这一全新商业模式进行了深入探讨、剖析。专家、学者们认为，红豆首创的这一新的商业模式，不仅填补了市场空白，还因国人生活水平的日益提高而有巨大的发展前景。

论坛上，专家们对红豆居家连锁商业模式的快速成长给予了充分肯定。他们表示，连锁商业模式近几年在中国的发展可以用"井喷"来形容。零售、家电产品的连锁发展非常快速，也比较成熟。在服装,特别是居家服装方面,其模式还有比较大的发展空间,红豆以"居家产品"为主题的商业连锁模式在业界属于首创,其强调的"一站式服务""平价""人性化服务"等特点,使红豆居家产品迅速走红市场,市场表现不俗。

据了解,连锁商业模式已成为当今社会最具活力的商业模式之一。它创造了一个又一个商业奇迹,比如美国的沃尔玛、中国的苏宁。其不仅可使企业业绩大增,而且能通过连锁商业模式的优势切切实实地给消费者带来实惠。红豆集团正是瞄准人们对家庭居住服饰的日益重视,在"加速转型升级"的战略方针指导下,果断提出"居家产品及居家商业模式"的概念,为广大消费者提供系列化的居家产品。

红豆居家负责人表示,有信心把红豆居家这个模式打造成服饰界的"苏宁"。据介绍,红豆居家产品系列以"HODOHOME"为商标,以"打造中国主流生活方式"——"休闲、自然、乐活"为推广主题,以"提供居家生活服饰一站式购物场所及服务"为品牌核心价值理念,倡导"平实、平和、平价、平民"的消费理念。所谓居家产品,是将产品以门里门外为界线一分为二,门里的就是居家产品,包含内衣、内裤、文胸、袜子、毛巾、家纺系列、居家服饰等产品,红豆通过温馨的仿真居家生活环境布置,使居家产品有机地融合在一个店铺中,充分体现家居生活的舒适、轻松和愉快。

另外,根据现代社会生活节奏加快这一特点,红豆居家特别强调"一站式购物"。只要在红豆居家的一个店铺中,消费者就可以选到满足居家生活所有服饰类用品和大部分生活用品,而且强调价格绝对是物超所值的平价,而不是高高在上,让普通老百姓也能享受到居家生活的高品质。近五十人的设计团队,保证了红豆居家的产品丰富多样和款式的快速翻新。

据了解,自从20×8年9月6日,红豆居家江阴步行街专卖店开业,短短8个多月的时间,已开店110家,创造了平均2天多就开一家专卖店的奇迹,而单店的月营业额和日营业额也不断刷新。

红豆方面负责人向记者透露,目前,HODOHOME·红豆居家主要以江苏省为重点开发区域,迅速向周边省份发展,外省主要开发山东、河南、浙江、安徽。江苏以在苏南发达乡镇和苏北二、三线县城开发一些面积较大、影响力较大的店铺为重点进行推广,然后由"农村包围城市"。20×9年红豆重点开发各大型超市连锁店与加盟商,计划开店200家,年销售额突破1亿元。未来3年,红豆居家将在全国开设600家门店。而从第三年开始,红豆居家将从产品经营转向商业运行,逐渐引进其他品牌的女性产品(如化妆品等),使HODOHOME·红豆居家真正成为中国"家门内"服饰业终端中的"苏宁"。5月23日,红豆居家南京湖南路夫子庙店隆重开业。该店的开业意味着红豆居家又一个概念旗舰店的诞生,为红豆居家创造了一个新的里程碑。该店门店总面积达800平方米,分上下两层,一楼主要是内衣、居家服、文胸、短裤、童装系列,二楼主要是小家纺系列。整个店堂以米色为主调,依据居家生活环境布置,把购物、娱乐、休息融为一体,给人一种家的温馨感。

二、任务要求

(1)根据给出的企业门店背景资料进行分析,在此基础上为该企业门店撰写一份节日策划方案。

(2)按照节日策划方案的基本格式、结构,要求结构完整、格式正确。

(3)内容合理、创新意识强。

(4)策划方案可行性强。

（5）在规定时间内上交策划方案电子和纸质文档。
（6）用PPT进行策划方案汇报。
（7）汇报后就存在的问题进行整改。

三、任务准备

（1）节日可任意选择。
（2）策划前期各项资料的收集整理。
（3）该策划方案具体内容的分析与把握，如自身产品、竞争者、创意、预算等的分析是否准确与透彻。
（4）策划思路的整理。

章节测试题

一、不定项选择题

1. 在以下节日中，符合我国法定假日在3天以上的节日是（　　）。
   A. 春节　　　B. 端午节　　　C. 国庆节　　　D. 中秋节　　　E. 儿童节
2. 符合中国传统节日"中秋节"节日氛围的庆祝方式是（　　）。
   A. 吃元宵　　B. 吃粽子　　　C. 猜灯谜　　　D. 吃月饼　　　E. 划龙舟
3. 以下节日中被称为"中国情人节"的是（　　）。
   A. 中秋节　　B. 端午节　　　C. 清明节　　　D. 七夕节　　　E. 春节
4. 在六一儿童节之际，某百货商场恰当的节日活动项目是（　　）。
   A. 涂鸦大赛　　　　　　B. 家庭亲子活动　　　　　　C. 摄影展
   D. 模特T台秀　　　　　E. 咖啡品鉴会
5. 某百货商场女性服装选择（　　）节日进行主题活动推广。
   A. 端午节　　　　　　　B. 三八国际妇女节　　　　　C. 六一儿童节
   D. 中秋节　　　　　　　E. 圣诞节

二、讨论题

1. 为欢度国庆，开展节日促销活动策划。如何利用国庆节气氛布置门店环境，营造国庆节日氛围？
2. 设计一个中秋节日门店庆祝主题，列举节日庆祝的工具和道具，以达到既能吸引顾客参与，又能迎合中秋节日气氛的效果。

项目 4

产品广告策划

他山之石

有人说,能够提升产品销售力的广告是好广告;也有人说,能提升品牌形象的广告才是好广告;更有人说,能够使人自发传播的广告就是好广告,等等。是的,我们不能排斥这些说法,因为这些说法都是广告大师、无数广告人、无数广告受众者提炼出来的精华之说。

总的来说,能够打动消费者的广告就是最有价值的广告!广告培育人的消费力,它在人们的面前,为人们自己和他的家庭树起更好的家庭、衣着和食物的目标。它鞭策个人努力和扩大生产。

——温斯敦·丘吉尔爵士

目标与要求

(1) 了解广告策划的基本概念。
(2) 了解产品广告策划的业务流程。
(3) 熟悉常见广告方式及其特点。
(4) 熟悉产品广告策划书的基本格式和内容。
(5) 能按要求诊断产品广告活动策划方案。

工作任务

按要求诊断产品广告活动策划方案。
(1) 描述产品广告策划流程。
(2) 认识产品广告策划书结构。
(3) 运用所学知识修改产品广告策划方案。

项目实施与考核

【实施步骤】
(1) 将班级每5位或6位同学分成一组,每组确定1人负责。
(2) 学生按任务书要求,在教师指导下完成任务要求的内容。
(3) 各小组将任务完成成果以PPT形式在班级进行展示、交流、讨论,教师总结点评。

【项目考核】
(1) 项目考核以小组为单位。
(2) 项目考核同时包含小组协作、态度、汇报表达等内容。

(3) 以任务书中最后一个综合任务作为项目考核内容。

(4) 项目考核形式如表 4-1 所示。

表 4-1 项目 4 考核评价

评价指标	评 价 标 准	分值	评估成绩/分	所占比例/%
评价方式及内容	① 策划主题明确	5		65
	② 策划活动目的表述准确	10		
	③ 对象、场所、时间明确	5		
	④ 内容具有创新性和可行性	15		
	⑤ 策划方案结构合理、内容完整	10		
	⑥ 活动控制措施可行	10		
	⑦ 费用预算具体、合理	5		
	⑧ 效果评估	5		
汇报交流	PPT 制作版面专业性强、结构层次分明	10		30
	汇报思路清晰、语言表达流畅	10		
	回答问题思路清晰、内容准确	10		
学习过程	如出勤、参与态度等	5		5
小组综合得分				

任务 4.1 产品广告策划基础认知

○ 训练营

描述产品广告策划流程：通过课外查阅资料与信息,收集各类产品广告策划资料,进而讨论分析,总结提炼产品广告策划的策划流程。

○ 故事汇

阿净嫂系列产品广告策划案例纪实

1997 年 7 月,深圳某策划公司策划的一则招聘广告"招聘让老虎飞起来的人",引起了深圳一家精细化工厂领导的注意。该精细化工厂经多方考察,最后决定与这家策划公司合作。实事求是地说,这家公司的产品——冰箱杀菌除臭剂、衣服防霉剂、卫生间除臭剂等,策划公司的策划人员平时较少接触。因此,尽管对调研资料看得非常仔细,但是总有许多问题看不明白。这些年来,该策划公司同调研公司打过不少交道,他们发现调研公司有一些共同的问题就是缺少营销知识,因此从他们的报告中很难看出一些营销策略；另一个问题是报告内容繁杂,通常让人看得糊里糊涂,结论缺乏创新性分析,趋于一般化,令人不知所云。该精细化工厂的这份报告同样存在此类毛病,所以,策划公司决定再进行一些调研,把一些没有搞清的问题再作深入的研究。

一、重新摸底

首先,策划公司调查市场上同类产品的状况,发现以下三个问题。

(1) 这类产品没有强势品牌,销量都很低,效果差;

(2) 大部分人对此类产品不是很在意,品牌个性不明显;

(3) 同类产品很少做广告与促销,包装粗糙,漫不经心。

策划公司得出的结论是:目前此类产品不是走势不旺,也并非是产品不符合市场需求,更不是没有市场潜力,关键问题是商家没有着力引导人们去认识一种新的清洁革命,若能打响一个个性鲜明的品牌,一定可以冲击人们传统的消费习惯与观念。

其次,策划公司召开了消费者座谈会畅谈这家公司的产品,又发现以下三个问题。

(1) 该公司原产品名"冰箱宝""衣饰宝""洁室宝"太一般,没什么新意;

(2) 消费者担心的是效果、安全性、方便性三点;

(3) 消费者对这类产品存在许多认识的误区。

二、确定营销策略

针对存在的问题,策划公司确定了以下营销策略。

(1) 首先要塑造一个个性鲜明、具有亲和感和现代感的产品品牌形象,无论在标志、颜色、造型及包装设计上都要统一形象、统一风格,易于识别和记忆。

(2) 在市场推广策略上,多做消费新观念的引导,树立新的概念,制造氛围,努力创造需求。

(3) 在产品效果上大胆承诺,着重宣传产品的高效、安全、方便,提高购买信心。

(4) 抓住主要竞争对手,找准弱点,予以打击;同时不断改进自身产品,放大优点。

(5) 多在终端网点上做文章,多给予消费者利益,提高指名购买率和品牌忠诚度。

(6) 三个品种一起推出,但必须选择一个主打品牌做推广,以主打品种带动其余品种的销售,这个品种必须最能代表产品特色(最后与客户共同商量,定下以冰箱除臭剂作为主打品种)。

(7) 寻找中心事件,充分发挥整合营销的威力。

三、重新命名与全面策划

策划公司觉得该公司的产品命名"××宝",没有任何个性,不能给人留下深刻的印象,必须重新命名。于是"头脑风暴"会议开始,想出二百多个有创意的名字。第一轮选出六个名字,最后有两个名字受到了一致好评,一个是"爱家",一个是"阿净嫂"。客户决定用两个名字去注册。经过反复比较,认为用"阿净嫂"比较好,一是阿净嫂源自著名京剧《沙家浜》中的阿庆嫂,27~40岁的家庭主妇应该都熟悉她——聪明、利落、能干;二是阿净嫂个性鲜明、易记、易联想,符合产品的定位;三是阿净嫂作为家庭健康文化的代言人非常具有亲和力,也非常合适。

命名好了,采纳的设计是参考许多明星扮演的家庭主妇的形象,主要是为了增强熟悉感,设计了一个既符合现代人的审美意识,又具有传统观念的"阿净嫂"形象——她发梢扎一块手绢,头上系一条蓝丝带,给人干练、利落的感觉。阿净嫂形象一出,大家一片叫好声。这一形象后来在包装上、宣传品上都进行了展示,配上一句广告语:"阿净嫂——家庭健康一把手"。确实非常醒目,给人耳目一新的感觉。

品牌名定了下来,紧接着确定营销组合。经过双方人员的反复考虑,确定了以下组合。

1. 产品及包装
(1) 多种规格:大、中、小;
(2) 各种款式:苹果为主,水果系列;
(3) 多种颜色:绿、红、黄;
(4) 适用不同容量冰箱;
(5) 单只为塑盒包装,上贴标签,背置说明书纸板。
2. 价格分析
(1) 标准包装17元/只;
(2) 小包装(2~3个月)12元/只;
(3) 大包装(12个月)24元/只。
3. 渠道建设
(1) 以超市、百货为主渠道;
(2) 小型超市、便利店为辅助渠道;
(3) 建立地区性经销商;
(4) 特殊渠道,如酒楼等;
(5) 批发市场。
4. 服务体系建立
(1) 经销商送货上门,帮助终端建立、安装、布置货架;
(2) 现场演示,讲解使用方法,说明产品功能;
(3) 设立客户服务部,设咨询热线,专门受理投诉;
(4) 家庭健康专线;
(5) 阿净嫂会员系统;
(6) 家庭巡访调研活动。
5. 终端管理
(1) 终端宣传品量与品种齐全;
(2) 货品摆放与标准货架;
(3) 营业员推介;
(4) 促销与跟销;
(5) 宣传品投递与散发;
(6) 阿净嫂导购;
(7) 阿净嫂人头像;
(8) 阿净嫂不干胶。
6. 品牌形象建立
家庭主妇的形象,新生活文化的代表——阿净嫂温柔、贤惠、精明、干净,富有同情心、爱心,有较高的文化程度和修养,追求高品位生活,重视家庭幸福,是中国女性的理想形象化身。
7. 消费群体与细分
(1) 有稳定的职业和收入,追求高品位生活;
(2) 20~55岁的已婚和未婚人群;

（3）追求健康、幽雅、清洁的生活空间,有较高文化程度,有一定鉴赏、识别能力;

（4）冰箱除臭剂适于所有拥有冰箱的家庭,主要以家庭主妇为主。

8. 目标市场策略

（1）完全覆盖;

（2）选择特定细分市场。

在制订营销组合方案时,价格问题成为大家争论的焦点,因为同类产品价格均在10元以内,在零售价该不该突破10元这个问题上,大家有分歧。低价派认为,价格突破10元会不好卖;高价派认为应该高质高价。我们认为:一是此类产品价格并不是敏感因素;二是此类产品主要没有创造产品的附加值,因而没有价格支持;三是若定在低价值上,经销商利润空间偏低,不会积极推广;四是若定在低价上,则与同类产品混在一起,显示不出个性。事后证明,这一定价策略也是正确的。

四、万众瞩目的招聘健康大嫂活动

1997年后,下岗人员再就业问题成为新闻热点,深圳再就业问题尽管不是很严重,但也有4万人之多,成为政府头疼的一个问题。所以,我们决定要借用这个势,策划阿净嫂上市活动。

（1）首先准备借深圳市女子就业市场开业之际,推出大型招聘下岗女工的活动。

（2）紧跟着倡导阿净嫂就业模式,推出"阿净嫂家政服务"。

（3）同时在各大商场由下岗女工扮成的阿净嫂全面促销产品(我们为阿净嫂设计一套非常抢眼的促销服)。

（4）接着不断向媒介通报阿净嫂的各种故事。

（5）配合的公关、促销、产品广告要一轮接一轮。

全面策划准备工作已完备,在客户的配合下,我们与女子就业市场达成协议。1997年9月,一切准备妥当,向深圳各大传媒发出邀请函,请它们参加这场别开生面的招聘现场会。

确定了招聘日子之后,第一则广告在《深圳晚报》《深圳特区报》同时出现。

阿净嫂诚聘健康大嫂

您也曾热火朝天地工作过,您也曾和姐妹们同甘共苦过,您也曾辉煌与光荣过,但由于种种原因,您下岗了。您一定渴望重燃创业的激情,重新走上岗位,发挥您的才干!

招聘条件:下岗女性,初中以上文化。健康、敬业,有商场促销经验更佳。一经录用,待遇从优。

深圳永鲜精细化工有限公司以"创建家庭健康文化,提升家庭生活品质"为经营理念,值此公司新产品——阿净嫂冰箱灭菌除臭剂、阿净嫂衣物防蛀防霉剂、阿净嫂卫生间除臭杀菌剂全面上市之际,特招聘下岗女工推广这三项高新科技产品。

我们把这一重任寄予您——勤劳、能干的大嫂,相信您一定能让"阿净嫂——家庭健康一把手"这一品牌遍及深圳的每一个家庭。

- 阿净嫂冰箱灭菌除臭剂——彻底杀灭冰箱细菌,除臭保鲜24小时见效。
- 阿净嫂衣物防蛀防霉剂——杀灭蛀虫及霉菌,让您的衣物干净如新。
- 阿净嫂卫生间除臭杀菌剂——让卫生间的空气更洁净、清新。

广告一出,电话咨询者络绎不绝,不少经销商也看到了,要求谈进货事宜。

女子就业市场开张这天,彩旗飘扬,一直延伸到大街上,令行人止步。因为是开张第一天,劳动局领导也应邀出席,更增添现场的气氛。上千名女工在就业市场参加应聘,热闹非凡。所有到场的新闻记者也非常兴奋,一直在采访、拍摄。

第二天,各大报就在显著位置登出了新闻与特评。《劳动时报》在头版以"女子就业市场好热闹,下岗女工竞聘阿净嫂"为题作报道,《深圳特区报》《深圳商报》《深圳晚报》均发表了不少文章,当晚的深圳电视台、广播电台也发了新闻。

深圳电视台的这条新闻又被广东电视台选中播出,紧接着又被中央电视台转发。

新闻效应连锁而来,《羊城晚报》又在头版刊发了《深圳新鲜事——嫁给冰箱宝,争当阿净嫂》,各报纸又跟着予以转载。

从此,阿净嫂成为深圳新闻界跟踪采访的一个话题。从阿净嫂培训上岗、阿净嫂进商场、阿净嫂再下岗、再招聘,评选先进阿净嫂以及一系列阿净嫂在促销中发生的阿净嫂的故事成了报纸、电视的新闻热点话题,特别是《深圳商报》的大篇幅报道《阿净嫂故事》影响最大,引起深圳人的广泛关注。

与此同时,在报纸上配合投放关于冰箱除臭灭菌与健康的科普文章陆续登出。例如,《浅谈冰箱病》《全新的家庭健康文化》等,配合的广告《阿净嫂向深圳人报喜》也登出来了,一时间,给人满城争说阿净嫂的感觉。商场的促销也如火如荼地展开,促销的阿净嫂到哪里,哪里的生意就火爆,最多的一个商场一天卖出数百个,阿净嫂冰箱灭菌除臭剂销售额全面上扬。

请回答:阿净嫂的这则广告策划案你看到了哪些点?结合案例描述产品广告策划的流程。

知识库

4.1.1 产品广告策划的概念

所谓产品广告策划,就是根据广告主的营销策略,按照一定的程序对广告运作进行前瞻性规划的一种活动。它以科学、客观的市场调查为基础,以富于创造性和效益性的定位策略、诉求策略、表现策略、媒介策略为核心内容,以具有可操作性的广告策划文本为直接结果,以广告运作的效果调查为终结,以追求广告运作进程的合理化和广告效果的最大化为目的。

认识产品广告策划

4.1.2 产品广告策划的作用

广告策划的作用主要表现在两个方面,即服从和服务于营销策划;指导和决定着广告运作。

1. 广告策划是企业营销策划的组成部分并服从和服务于企业营销策划

(1) 广告策划起始于企业营销策划

没有营销策划,便不可能有广告策划。在营销策划中,企业首先要分析外部环境,如政治、经济、文化、科技、法律、资源状况、市场结构等。这些内容,可称为不可控因素。企业对于不可控因素是无法改变的,只能积极适应它。企业要适应外部的不可控因素,必须通过对可控因素的调整才能够实现。这些可控因素主要包括产品(product)、价格(price)、渠道(place)、促销(promotion)四个方面。营销策划主要就是对这四个方面的策划。这就是所谓的"4PS"营销策略组合(见图4-1)。"4PS"组合的出现,是营销理论的一次革命,它第一次使营销理论系统化、科学化,从而推进了企业的市场营销行为,使市场营销进入了一个新的发展阶段。

显然,广告属于促销的内容,当然应该从属于"4PS"组合。从这个意义上说,广告策划是营销策划的衍生物,广告策划必须以营销策划为起点,那种脱离营销策划而做的广告策划是无源之水,无本之木。

(2)广告目标必须服从于营销目标

广告目标必须服从于营销目标,与营销策划的总体目标相适应。企业通过广告提高市场份额的途径有二:其一是通过广告提高产品或企业的知名度,实现消费者的"指牌购

图 4-1 "4PS"营销策略组合

买";其二是使消费者转变消费偏好,转而使用本品牌。显然,广告是实现企业营销目标的手段,营销目标制约着广告目标。广告目标一旦脱离了营销目标,其结果将不堪设想,更不要说广告目标与营销目标相悖了。

(3)广告目标是直接为营销目标服务的

广告目标并非仅局限于广告本身,而是直接为营销目标服务的。在广告策划中一旦出现了广告目标与营销目标不适应的情况,则应主动地调整广告目标,自觉地为营销目标服务。

这种服务不是抽象的,而是具体实在的。这种服务表现在:一是要准确地反映企业营销策划的总体构思与战略意图;二是要为完善企业营销策划提供广告思路、传播思路,创造性地为企业的营销策划服务。

具体可以从"4PS"组合考虑这种服务。

① 广告策划要体现整体营销策划的意图。具体包括目标市场、产品定位、市场需求特点、不同市场的差异等。

② 广告策划要体现产品策划的意图。具体包括产品个性差异,产品策略的特点,广告策略,产品与广告媒介、广告方式、广告时机的关系情况等。

③ 广告策划要体现价格策划的意图。具体包括产品的实际价格问题以及怎样体现商品价值的问题等。

④ 广告策划要体现渠道策划的意图。具体包括广告怎样为销售渠道开路,广告怎样根据物流特点采取相应的策略等。

2. 广告策划是广告运动的灵魂与核心,起着指导和决定性作用

广告策划之所以能够成为广告运作的灵魂与核心,主要是由于广告策划在具体的广告工程中表现出了指导和决定性作用。具体表现在以下四个方面。

(1)广告策划以广告调查为基础,但同时又指导着广告调查

广告调查包括很多内容,但主要是对消费者、市场、产品、竞争对手、媒介以及广告效果等方面情况的调查。广告调查通过为广告策划提供基础数据而为广告策划服务,是广告策

划工作的基础,但同时广告策划又指导着广告调查,防止资料数据收集的无序性和盲目性。

(2) 广告策划决定并指导着广告计划

广告计划是广告策划的产物,广告策划的智力成果体现在广告计划中。由于广告策划的智力成果会转变为具体的措施和广告策略,因此在广告实践过程中,未经过策划的广告计划必然是盲目和狭窄的,而盲目和狭窄的广告计划往往会给企业带来消极作用和不良后果。

(3) 广告策划决定并指导着广告制作

广告作品作为广告策划的最终成品形式,它必须能够起到促销的作用,作为一种特殊的商品,它又要受到价值规律的制约。广告制作必须在广告策划所确定的基本原则和策略的指导下,体现出广告策划的意图和思路,服务于广告的总体效果,服从于广告目标的要求才能够获得成功。否则,广告作品就难以实现其效果。

(4) 广告策划决定并指导着广告效果测定的标准

广告效果测定的标准是在广告目标确定之后才制定的,而非在此之前。如果没有广告策划的具体原则和要求,对广告效果的测定也就无所谓"标准"了。而一旦缺乏广告效果,测定标准广告活动则只能成为一种形式而已。

4.1.3 "三段式"广告策划程序

20世纪90年代中期,社会上出现了一种新的广告策划程序,称为"三段式"广告策划程序。该程序吸收了以往模式的优点,更接近现代意义上的广告策划的含义,如图4-2所示。

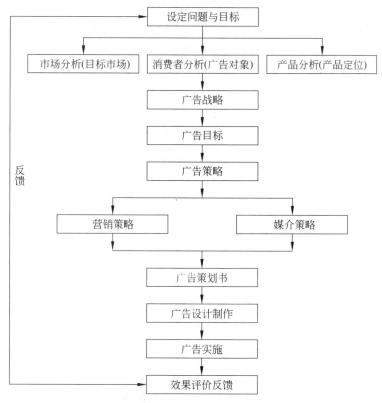

图4-2 "三段式"广告策划程序

此程序最大的问题在于广告策略与营销策略的关系界定不明。一般来说,只有根据营销策略才能制定广告策略,而不是相反。广告策略是为了营销策略而发展广告思路,广告策略要服从和服务于营销策略。如果按照此程序,则有可能导致在实践中出现问题,从而引发广告策划失误。

4.1.4　广告策划的工作流程

在多数广告公司中,广告策划一般按照下面的工作流程来进行。

(1) 成立广告策划小组。成员包括业务主管、策划人员、广告文案撰稿人、广告设计人员、市场调查人员、媒体联络人员、公共关系人员等。

(2) 制定工作表,以保证广告策划的各个步骤能够在规定的时间内完成。

(3) 向有关部门下达任务,包括向市场调查部门下达市场调查和资料收集的任务,向媒介部门下达提供最新媒介资料的任务,等等。

(4) 策划小组进行分析性研讨,这一阶段的工作包括广告策划的市场分析阶段的全部内容。

(5) 策划小组进行战略决策性研讨,这一阶段的工作包括广告策划的战略规划阶段的全部内容。

(6) 广告策划小组进行战术性研讨,以确定具体的广告实施计划。

(7) 编写广告策划书,包括将广告策划的内容以广告策划文本的形式表达出来,并且对策划结果进行检核、对策划书文本进行修改等。

(8) 将广告策划书提交客户审核,同时对重点问题进行必要的解释和说明,听取客户的意见,与客户就广告策划的内容和结果达成一致。

(9) 将广告计划交付实施,包括组织广告作品的设计、制作和发布,并且对广告运作的效果进行必要的预测和监控。

(10) 广告策划的总结。在广告运作(活动)按照广告策划的策划实施完毕后,对广告策划的工作进行总结并撰写用于存档的总结报告。

广告策划在对其运作过程的每一部分做出分析和评估,并制订出相应的实施计划后,最后要形成一个纲领式的总结文件,通常称为广告策划书。广告策划书是要提供给广告主加以审核、认可的广告运作的策略性指导文件,所以它是策略性与应用性的统一。

请把阿净嫂系列产品广告策划流程提炼出来。

任务4.2　产品广告策划方案内容及结构

● 训练营

认识产品广告策划方案内容及结构:阅读王老吉凉茶广告推广案例,并结合产品广告策划流程,总结提炼产品广告策划方案的基本写作格式、写作要点与注意事项。

故事汇

王老吉凉茶广告推广

第一部分　王老吉背景分析

（一）广州王老吉药业股份有限公司概述

广州王老吉药业股份有限公司始创于1828年，历经一百多年的发展，现已成为我国中成药生产企业50强之一，曾荣获"中华老字号""全国先进集体""广东省医药行业质量效益型先进企业"。

王老吉药业拥有先进的厂房设备，管理规范，获得国家药检局颁发的GMP证书。主要产品有王老吉系列、保济丸、保济口服液、小儿七星茶、清热暗疮片、克感利咽口服液、痰咳净、藿胆丸等，其中王老吉清凉茶、王老吉广东凉茶颗粒、保济丸、痰咳净等都被评为"广东省、广州市名牌产品"和"中国中药名牌产品"……

名列"中华老字号品牌价值百强榜"第5名，品牌价值高达22.44亿元。如今，凉茶饮料业务发展迅猛，成为企业重要的盈利增长点。

（二）王老吉产品概述

王老吉凉茶发明于清道光年间（1828年），被公认是凉茶始祖，有"凉茶王"之称。

王老吉凉茶是众多老字号凉茶中最为著名的。王老吉的成分包括岗梅、淡竹叶、五指柑；配以山芝麻、布渣叶、金沙藤、金樱根、木蝴蝶；再加广金钱草、火炭母、夏枯草。配料是水、白砂糖、仙草、蛋花、布渣叶、菊花、金银花、夏枯草、甘草。具有消暑解困、除湿清热等功效，专治湿热积滞、口干尿赤、喉痛发烧、四时感冒。独特的配方和包装，让王老吉凉茶跟随着华人的足迹遍及世界各地。

此外，凭借精准的品牌定位、品牌广告语及品牌传播等方面的综合优势，王老吉不仅成就了自己的品牌和企业，也做大了整个凉茶市场这块蛋糕。据资料显示，2010年王老吉凉茶饮料的销量在150亿元左右，大约占整个包装凉茶市场份额的70%。只要王老吉凉茶加紧营销策略的调整，加快品牌创新的步伐，相信它会越走越远，越走越好。

第二部分　市场调研

（一）王老吉企业调查分析

经济资源收入的变化会引起消费者需求重心的改变。随着人们收入的增加，人们会将需求重心向健康、舒适方向侧重，对于产品的质量要求也越来越高。据市场调查显示，由于消费者的健康意识日益增强，碳酸饮料不再占有统治地位，功能性饮料成为市场的新宠，其中"凉茶"市场更以每年30%左右的速度增长。红罐王老吉市场零售价为3.5元/罐，单从价格上看不能与其他饮料区分开，并没能占有优势，但结合其品牌定位，可当饮料喝之余还能"防上火"，各种场合下都方便饮用，价格也并非高不可攀，能吸引大批消费者。

但问题是：①公司处于王老吉产品的定位尴尬中，是将王老吉当"凉茶"卖，还是当"另一饮料"卖。一方面，在其根据地广东，消费者将王老吉视为去火的凉茶，销量大大受限；另一方面，在王老吉的另一主要销售地浙南，消费者将王老吉与康师傅茶、旺仔牛奶等饮料相提并论。②王老吉要走出广东、浙南困难重重。原因在于在两广以外，人们并没有凉茶的概念，而且内地消费者"降火"的需求已经被填补，大多是吃牛黄解毒片之类的药物。③企业宣传概念模糊。加多宝公司不愿以"凉茶"推广，限制其销量，但作为"饮料"推广又没有找到合适的突破口,因此,在广告宣传上显得模棱两可。

通过调查发现,消费者对王老吉并无"治疗"要求,而是作为一个功能饮料购买,购买王老吉的真实动机是"预防上火";同时发现王老吉的直接竞争对手并未占据"预防上火"的饮料定位。进一步的研究显示,中国几千年的中药概念"清热解毒"在全国广为普及,"上火""去火"的概念也深入人心,这就使王老吉突破了地域的局限。最终王老吉的价值定位浮出水面,即"预防上火的饮料",随后的工作就是将王老吉的价值主张传递给消费者,从一开始王老吉的电视媒体就主要锁定覆盖全国的中央电视台,并结合原有销售区域(广东、浙南)的强势地方媒体,在 2003 年短短几个月内,一举投入 4000 多万元,销量迅速提升。同年 11 月,企业乘胜追击,再斥巨资购买了中央电视台 2004 年黄金广告时段。从此,王老吉迅速红遍了大江南北。2003 年,王老吉的销售量激增,年销售额增长近 400%,从 1 亿多元猛增至 6 亿元,2004 年则一举突破了 10 亿元。

(二)消费者调查分析

1. 消费者资源

(1) 经济资源。见上文第二部分(一)第一段。

(2) 时间资源。消费者一般在家中、逛街、外出就餐、旅游、烧烤等场合饮用罐装王老吉,这能达到解渴并预防上火的效果,而且罐装比盒装更易于保存,因而消费者会大量选购,使用方便,节省时间。

(3) 知识资源。①产品或品牌知名度分析:中华老字号、2008 年中国食品产业成长领袖品牌、最畅销民族饮料品牌、消费者满意度第一。②产品或品牌形象分析:在广东、浙南一带,王老吉的品牌可谓家喻户晓,说起凉茶就想到王老吉,说起王老吉就想到凉茶。这一联想充分说明了王老吉这个老品牌在人们心目中的地位和信誉度,对红罐王老吉的销售起关键性作用。此外,产品有淡淡的中药味,为其"预防上火"的功效打下品质保证。

2. 消费者的知识

2003 年,加多宝仅在广告上就投入了 1 亿多元,在强大的广告拉动下,伴随"怕上火,喝王老吉"这句耳熟能详的广告语,红罐王老吉冲出广东,迅速打开国内市场,几乎全国各大超市都有出售。

3. 消费者购买动机

(1) 消费者购买王老吉的动机。消费者对王老吉的需要属于生理需要(出于解渴的需要),同时王老吉具有防上火的功效,可以解决消费者的保健需要。

① 需要和动机的联系:消费者想预防上火是需要,王老吉能防上火的广告宣传是诱因。需要产生了促使消费者由于怕上火而购买王老吉的动机,从而导致消费者朝特定目标行动。

② 消费者购买红罐王老吉的具体动机:求实动机——预防上火;求便动机——喝饮料就能防上火;心理动机——支持民族品牌;模仿或从众动机——受名人广告影响。

(2) 消费者的动机及应对策略。

① 消费者的动机是隐形动机(即消费者没有意识到自己将会上火)。应对策略:通过引导让消费者的隐形动机变为显性动机;加大宣传,引导消费者购买红罐王老吉。

② 基于多重动机的市场营销策略。在确立品牌定位后,加多宝进一步明确了营销推广的方向,主要以创意广告来推广品牌。其过程大概如下。

在广告宣传中,红罐王老吉都以轻松、欢快、健康的形象出现,避免出现对症下药式的负面诉求;为更好地唤起消费者的需求,电视广告选用了消费者认为日常生活中最易上火的五个场景:吃火锅、通宵看球、吃油炸薯条、烧烤和夏日阳光浴,画面中人们在开心享受上述活动的同时,纷纷畅饮红罐王老吉。结合时尚、动感十足的广告歌反复吟唱"不用害怕什么,尽情享受生活,怕上火,喝王老吉",促使消费者在吃火锅、烧烤时,自然联想到红罐王老吉,从而促成购买。

在地面推广上,除了强调传统渠道的POP广告外,还配合餐饮新渠道的开拓,为餐饮渠道设计布置了大量终端物料,如设计制作了电子显示屏、灯笼等餐饮场所乐于接受的实用物品,免费赠送。在传播内容选择上,充分考虑终端广告应直接刺激消费者的购买欲望,将产品包装作为主要视觉元素,集中宣传一个信息:"怕上火,喝王老吉"。餐饮场所的现场提示,最有效地配合了电视广告。正是这种针对性的推广,消费者对红罐王老吉"是什么""有什么用",有了更强、更直观的认知。

王老吉的市场营销成功赢得千万消费者的关注和信赖。总结以上过程,广告对推广品牌传播到位,主要原因有两点:①广告表达准确;②投放量足够,确保品牌定位被消费者认知。

(三)产品调查分析

1. 产品的生命周期

根据经验数据,产品普及率小于5%时为投入期;普及率在5%~50%时为成长期;普及率50%~90%时为成熟期;普及率在90%以上时为衰退期。

早在2008年,王老吉就凭借凉茶市场90%以上份额,成为国内罐装饮料市场销售额第一名。有业内人士称,作为加多宝集团最大盈利来源的王老吉已经进入高度成熟期,价格体系透明,各渠道成员已经不太赚钱。

2. 王老吉的口感

原来的王老吉口感甘中微苦,经过反复的口感测试后,罐装王老吉选择的是偏甜的配方,现在的王老吉口感更接近饮料的味道,满足了全国各地不同消费者的口感要求,在口感上得到了大众的喜爱。事实上,除了部分把王老吉当成时尚饮料的消费者认为王老吉的口感不够好,大多数消费者都觉得王老吉的口感很好。

从营销角度分析,通过口感的改变取悦消费者是王老吉营销全国极其关键的一步棋,重新调配后的口感极大地扩大了王老吉的消费群体,使其市场潜量得到了巨大提升。没有这步棋,王老吉"预防上火"的效果再好,核心诉求再独特,广告投入再多,也不可能在全国卖得如此红火。

3. 王老吉的价格

王老吉310mL(罐装)市场报价:3.5元,王老吉250mL(盒装)市场报价:2元。

4. "防上火"功效

在消费者心中,王老吉"防上火"的功效是它的第一优势,因此不能改变王老吉"防上火"的诉求点。"怕上火,喝王老吉"的口号已经深入人心。而对于这次推广的目标消费群白领阶层,其独特价值在于,工作可以尽心尽力:熬夜,加班,无所顾忌;工作之余无忧无虑尽情享受生活:吃煎炸、香辣美食,通宵看足球。

5. 凉茶始祖

针对和其正"清火气"的威胁,借助国家法律规定"有70年以上的凉茶配方才能称为'凉茶',而被列为国家非物质文化遗产",王老吉作为凉茶始祖,这便是王老吉与和其正最大的不同,王老吉的"防上火"更有说服力。淡淡的中药味,成功地作为"预防上火"的有力支撑;"王老吉"的品牌名、悠久的历史,成为预防上火"正宗"的有力支撑。

6. 广告词

广告词"怕上火,喝王老吉",简洁明了的定位,既彰显了红罐王老吉的产品特性,也有效地解决了王老吉原有的品牌错位。广告图片见图4-3。

图4-3 王老吉广告图片

(四)主要竞争者调查分析

1. 主要竞争对手和其正概况

"和其正"是福建达利园集团生产的一个凉茶的名称,是中国凉茶行业的一支劲旅,一匹"黑马",正与"王老吉"雄霸凉茶市场且并行天下,大有"带头大哥"之风。象征着凉茶文化,具有丰富的品牌内涵。现发展成铁罐和PET瓶装两种瓶型。

2. 产品对比

口感:二者口感相似,无明显差异。

包装:和其正的产品包装色调采取跟随王老吉的策略。王老吉采取利乐盒装和铁罐装两种,而和其正采取铁罐和PET瓶两种。和其正的PET瓶装更方便携带。

功能:王老吉诉求明确,凉茶降火的概念深入人心,是火锅、川菜、熬夜的最佳伴侣。而和其正除了"清火气"外,还提出"养元气"的概念,只是这一新功能使其蒙上了保健品的色彩,并不是很为消费者所信赖和接受。

3. 价格对比

按规格计算,和其正凉茶平均每瓶(罐)低于王老吉1元。

4. 渠道对比

王老吉品牌属于加多宝集团,作为凉茶行业的老大,渠道成熟而深入,包括商超、餐饮、杂货店和特通。网点密,铺货足,非常便于消费者购买。王老吉分销网络采用RMS系统,渠道成熟。和其正隶属于拥有好吃点、可比克、达利等多个休闲食品品牌的福建达利集团旗下,共享其遍布全国的市场网络,但在渠道的宽度和深度上远不及王老吉。

5. 促销对比

王老吉铁罐装定价3.5元/瓶,只有6连装和12连装才会参加特价促销。和其正定价低于王老吉,二者并无明显价格战。

王老吉在餐饮渠道,对免费品尝、卖点全方位宣传等的投资非常大,给渠道商家提供了大量实惠,市场渗透、广告宣传力度强,凉茶品类中无与争锋。而和其正在餐饮渠道上处于初步探索期。

王老吉在卖场永不囤货,给人以新鲜、畅销之感,但逢节假日促销期必搞陈列活动,操作准则为:比竞品显眼、量多、时间长。这给以商超为主要销售渠道的和其正很大压力。

(五)目标消费群体调查分析

1. 消费群体分析——学生

消费特点:18~30岁,购买能力弱、倾向口感和价格的选择、常上网,但不大看广告,认为"功能"是王老吉的第一优势。

综合评价:购买能力有限,对品牌和广告较宽容,倾向于有创意、新鲜的广告和活动,热爱网络等休闲方式。

捷径要点:网游、创意、折扣、感性诉求。

2. 消费群体分析——工薪阶层

消费特点:18~50岁,购买能力与需求分布不均,多1~2天购买一次,倾向于口味和价格的选择,对王老吉有一定印象。

综合评价:对产品的功能认可度高,注重实际利益,喜欢优惠和奖品,受传统媒介影响大,与网络的接触程度有限,对网络广告和线上活动认可度不高。

捷径要点:折扣、功效、好处。

3. 消费群体分析——白领、知识分子

消费特点:25~40岁,具有强购买力和购买需求,倾向于口味和包装。每天上网,不爱广告、参与兴趣不大,但是对王老吉形象的传播有一定的印象。

综合评价:购买能力和需求强,与网络接触较深,对品牌和广告苛刻,对产品的选择取向偏向于功效和品牌,电子产品在生活中占很大比重,互动渠道包括互联网和手机。

捷径要点:功效、品牌、创意、情理结合。

第三部分　王老吉广告创意

(一)设计微信游戏

越来越多的企业和商家将微信作为一个营销平台,微信游戏巧妙地利用人们的心理,在游戏上设置微信好友之间的游戏分数排名,使人们更有动力去参与这些游戏。

以"青春正能量,我的王老吉,青春总会联想到梦想"主题,设计微信游戏形式为"酷跑",途中"喝"王老吉加油,为梦想积分,游戏者在不知不觉中便对王老吉有了特殊的回忆;在各种节日中对当日参与游戏者进行幸运抽奖,赠送王老吉相关产品。

(二)张贴海报

在某一商业区或某一片区的公交站、地铁站张贴"青春正能量,梦想加油站"海报,在人们忙碌的一天中增添青春的回忆,达到宣传王老吉的目的。

(三)高校王老吉梦想故事征集活动

以青春梦想为话题,在高校进行大力宣传,号召大学生把自己的梦想故事写出来,在王老吉梦想故事征集的主题网站上注册并且上传。目的是让大学生把梦想青春和王老吉紧密联系,在高校大力宣传推广王老吉品牌,为后续活动进行铺垫。让大学生了解王老吉为梦想加油,为青春提供正能量,是此次活动的目的。

（四）电视广告构思

本次广告是以感情与青春时期的梦想为枢纽。所谓青春正能量,就是以青春时期的梦为主要话题,站在成功人士的角度回忆过往的甜蜜时期。大致情节如下。

一个事业有成的商务人士在一个阳光明媚的夏日的午后,看着落地窗外炽热的骄阳,手握秘书为他送来的王老吉凉茶,进入了他的冥想……

场景一是他回想起小时候每个夏天,妈妈都会为他熬制凉茶消暑;

场景二是他回想起高中时夏天每次打完篮球,女友都会为他送来一罐冰镇王老吉;

场景三是他回想起自己大学毕业时,大家一起吃火锅喝着王老吉。

他永远忘不了那些美好的时光,忘不了那个渴望成功的梦想,忘不了那特殊的味道,还有那些王老吉伴随着他走过的幸福而难以忘怀的日子……

广告目的:使品牌与消费者建立情感联系,增加对品牌的喜爱。塑造积极向上,热爱生活的正面品牌形象。

广告目标:在一年的时间内,通过活动的策划和大力推广,使占据市场份额提升10%,树立积极向上的青春正能量形象,提升好感度,让大家对它有一个新的形象认识。

平面广告:王老吉青春正能量平面广告,可以投放在公交站、地铁站、停车场,这也对宣传王老吉品牌有帮助。

第四部分　王老吉的广告媒体选择

王老吉大部分的广告还是应该用电视媒介来传播,广告播放主要在6—9月,投放在湖南卫视、浙江卫视、江苏卫视、天津卫视这些18～35岁的消费者经常观看的频道,轮番播出,特别是节假日和周末的下午17:00—23:00。

当然只靠电视广告传播是不够的,还要在广场及路边的LED、公交站牌上大量投放广告,这些地方人流量大,很多人看到广告会驻足观看,回想起那些"青葱岁月"。

王老吉公益广告除了在电视上投放外,也会通过微博、微信平台传播,这种活动会引来大量有爱心的年轻人转发、关注、参与。

第五部分　广告预算

略。

资料来源:http://www.woc88.com/p412123665.html。

知识库

在广告策划过程中,撰写广告策划书是策划的最后一项工作,但它的重要性比之此前的一系列工作毫不逊色,甚至更加重要。一个富有逻辑实证和严密策略性的策划报告,不仅集中了广告策划的价值所在,是广告策划人的心血努力所成,而且可以带给广告主信任和认同。如果一个策划在提交决策者之后,因其缺少足够的说服力和难以被客户认可,受到了否决或被搁置一旁,那么广告的实施也就无从谈起。

李奥·贝纳曾讲过一个广为人知的故事:当年顺风牌汽车推出时,正面临着与福特汽车及雪佛莱汽车两大巨人的竞争。当时曾有六个不同形式的策划方案被呈送给克莱斯勒公司决策层,其中一个就是著名的"三家都看看"(look of all three)。然而这个方案立刻被否定了。但是由于疏忽的原因,在广告方案递交给克莱斯勒老板批准时,这个方案仍夹在其中,而这个老板在几个方案中却偏偏看中了这一个,尽管高层一致反对,他仍旧力排众议。李奥·贝纳颇为感慨地说:"毫不夸张,这个广告使顺风牌汽车在一夜之间进入一个伟大的时代!"这是一个有点极端的案例,但是一个广告策划方案能否顺利获得批准,对广告运作太重要了,所以广告策划方案要做的事情不仅是提出建议,还要使建议极具说服力。这就涉及了广告策划书的写作方式和内容构成的问题。

4.2.1 广告策划书的基本内容

现对广告策划书的主要构成部分加以简要概括,其中对各要素的罗列基本上遵循广告策划决策的层次和顺序。

1. 摘要

摘要是广告策划方案的简明概括。摘要在内容上应以广告决策人员能快速阅读并了解广告策划的基本要点为首要目的。如果决策人员对广告方案的某一部分或者多个部分有不同看法时,高层次的决策人员可以具体翻阅这一部分并审阅其细节。因此,摘要的内容只涉及提议要点的最重要部分。比如,预算、广告基本策略、广告运作、周期、促销活动等。

2. 背景分析

背景分析是提出策略和计划的各种依据,它主要包含对公司自身及其产品历史、市场竞争与消费群体等多方面资料的综合研究和研究结论。

(1)公司及产品历史

通常对企业的历史介绍只是一种开场白,可以从简。但有关产品及品牌的历史,却往往需要比较详尽的分析。一定要简短回顾本产品或品牌以前所做的广告策划及其成败所在。比如,是什么原因导致了前一年的广告未达预期目标?如果能找到比较确切的原因则一定要简单地说明这个原因,并由此引申出现在应该怎么努力。

(2)产品评估

要现实地对产品或品牌状况给予评价,关键是要将一切可能影响到产品或品牌销售的产品要素加以分析比较,包括其所提供的利益、配销、价格等。这次评估要尽量简明具体,切勿猜测估计,在表述上也力求简短概要。

(3)消费者分析

消费者分析主要是对目标市场上消费对象与潜在消费对象的描述和概括。尤为重要的,是对本产品或品牌的消费购买状况和市场占有率情况的分析。要从中了解消费者或潜在消费者的基本生活状态,以及他们对本产品或品牌的态度倾向。

(4)竞争评估

这是制定广告策略中"知己知彼"战略要求的又一方面。要明确竞争对手在做什么,以及竞争者可能的发展方向,要从中找到竞争压力和威胁所在,同时也发现竞争对手的弱点。

3. 营销意图

评价营销意图的目的,首先是说明广告策划方案是在企业营销目标的指导下精心策划设计的,是以达成其销售和利润目标作为自己的最终要求;同时也要求公司在整个营销过程中兼顾广告特点,给予多方位的配合。

4. 广告的目标市场

在提出广告所针对的目标消费群体之后,不仅要从人口学上统计分析各种情况,更重要的是要现实地说明选择这一特定目标消费对象的理论依据和实践标准。它表明对目标市场的分析,不是直觉的评估,不是广告策划人员的个人爱好和随意行为,对增加策划书的说服力很有利。

5. 广告目标

广告目标即广告策划所欲达成的直接目的。尽量采用定量方式,或运用可测量的术语,详细说明以什么样的销售信息与目标市场沟通,并列明沟通所要完成的具体任务。因为广告通常并不能造成销售和营业的直接反应,所以广告目标不需要包括销售目的或其他营销方面的目标。广告目标必须是自己能独立完成的,并可以测量的效果反应,所以在设定目标时也要相应地设置一个时间周期。

6. 广告策略

广告策略在策划书中往往表现得富于创造性,是策划的核心所在。它包括定位策略、创意及表现策略等。事实上策略就是对广告机会的一种发展和对广告问题的一种解决。由于广告策略中会有对创意表现、媒体传播等方面的指导建议,所以它实际上已规定了广告创作的类型、风格及创作主旨,并且为具体广告的发布提出了决策性的媒体建议。

7. 促销配合

促销是现代广告运作一个必不可少的组成部分,几乎所有的规模化广告运动都含有各种形式的促销配合,所以在判定广告运作策略和策划方案时,要努力把促销计划统合在其中。由于促销活动本身是一个比较完整的计划,它有自己具体的目的、策略方案及实行计划,所以广告策划书中只是简略地加以介绍,主要是要把促销计划与广告计划配合规划。

8. 实施计划

实施计划是广告策划具体操作的方案。它规定了广告运作的时间、地点和内容,在这个基础上详细制订出媒介计划(媒介排期表),同时根据广告运作需要和广告主负担可能,提出适中的广告预算。

9. 结论与评估

结论与评估是对整个广告策划方案一个总体的审核,并且对广告方案提出效果预测和计划监控。广告策划书中,可根据具体情况设定是否需要有这一部分。

4.2.2 产品广告策划方案结构形式

一份完整的产品广告策划方案大致包括以下四部分。
第一部分:产品广告策划市场分析如表 4-2 所示。

产品广告调查

表 4-2　产品广告策划市场分析

组成部分	次序	主要内容	具 体 说 明
营销环境分析	1	市场营销环境中的宏观制约因素	① 企业目标市场所处区域的宏观经济形势。主要从总体的经济形势、总体的消费态势、产业的发展政策等方面分析 ② 市场的政治、法律背景 • 是否有有利或者不利的政治因素可能影响产品的市场 • 是否有有利或者不利的法律因素可能影响产品的销售和广告 ③ 市场的文化背景 • 企业的产品与目标市场的文化背景有无冲突之处 • 这一市场的消费者是否会因为产品不符合其文化而拒绝产品
	2	市场营销环境中的微观制约因素	主要分析企业的供应商与企业的关系、产品的营销中间商与企业的关系
	3	市场概况	① 市场的规模。主要阐述整个市场的销售额、市场可能容纳的最大销售额、消费者总量、消费者总的购买量,以及以上几个要素在过去一个时期中的变化、未来市场规模的趋势 ② 市场的构成。分析构成这一市场的主要产品的品牌、各品牌所占据的市场份额、市场上居于主要地位的品牌、与本品牌构成竞争的品牌是什么,未来市场构成的变化趋势如何 ③ 市场构成的特性。市场有无季节性,有无暂时性,有无其他突出的特点
	4	营销环境分析总结	① 机会与威胁 ② 优势与劣势 ③ 重点问题
消费者分析	1	消费者的总体消费态势	分析现有的消费时尚、各种消费者消费本类产品的特性等
	2	现有消费者分析	① 现有消费群体的构成:现有消费者的总量、现有消费者的年龄、现有消费者的职业、现有消费者的收入、现有消费者的受教育程度、现有消费者的分布 ② 现有消费者的消费行为:购买的动机、购买的时间、购买的频率、购买的数量、购买的地点等 ③ 现有消费者的态度:对产品的喜爱程度、对本品牌的偏好程度、对本品牌的认知程度、对本品牌的指名购买程度、使用后的满足程度、未满足的需求
	3	潜在消费者	① 潜在消费者的特性:总量、年龄、职业、收入、受教育程度 ② 潜在消费者现在购买行为:现在购买哪些品牌的产品,对这些产品的态度如何,有无新的购买计划,有无可能改变计划购买的品牌 ③ 潜在消费者被本品牌吸引的可能性:潜在消费者对本品牌的态度如何,潜在消费者需求的满足程度如何
	4	消费者分析的总结	主要分析现有消费者、潜在消费者、目标消费者的以下问题 • 机会与威胁 • 优势与劣势 • 重要问题

续表

组成部分	次序	主要内容	具 体 说 明
产品分析	1	产品特征分析	① 产品的性能。分析产品的性能有哪些,产品最突出的性能是什么,产品最适合消费者需求的性能是什么,产品的哪些性能还不能满足消费者的需求 ② 产品的质量。分析产品是否属于高质量的产品,消费者对产品质量的满足程度如何,产品的质量能否继续保持,产品的质量有无继续提高的可能 ③ 产品的价格。分析产品价格在同类产品中居于什么档次,产品的价格与产品质量的配合程度如何,消费者对产品价格的认识如何 ④ 产品的材质。分析产品的主要原料是什么,产品在材质上有无特别之处,消费者对产品材质的认识如何 ⑤ 生产工艺。应当分析产品使用什么样的工艺生产,在生产工艺上有无特别之处,消费者是否喜欢通过这种工艺生产的产品 ⑥ 产品的外观与包装 • 产品的外观和包装是否与产品的质量、价格和形象相称 • 产品在外观和包装上有没有缺欠 • 外观和包装在货架上的同类产品中是否醒目 • 外观和包装对消费者是否具有吸引力 • 消费者对产品外观和包装的评价如何
	2	产品生命周期分析	① 产品生命周期的主要标志 ② 产品处于什么样的生命周期 ③ 企业对产品生命周期的认知
	3	产品的品牌形象分析	① 企业赋予产品的形象 • 企业对产品形象有无考虑 • 企业为产品设计的形象如何 • 企业为产品设计的形象有无不合理之处 • 企业是否将产品形象向消费者传达 ② 消费者对产品形象的认知 • 消费者认为产品形象如何 • 消费者认知的形象与企业设定的形象是否符合 • 消费者对产品形象的预期如何 • 产品形象在消费者认知方面有无问题
	4	产品定位分析	① 产品的预期定位 • 企业对产品定位的设想如何 • 企业对产品的定位有无不合理之处 • 企业是否将产品定位向消费者传达 ② 消费者对产品定位的认知 • 消费者认为的产品定位如何 • 消费认知的定位与企业设定的定位是否符合 • 消费者对产品定位的预期如何 • 产品定位在消费者认知方面有无问题 ③ 产品定位的效果 • 产品的定位是否达到了预期的效果 • 产品定位在营销中是否有困难

续表

组成部分	次序	主要内容	具 体 说 明
产品分析	5	产品分析的总结	主要分析产品特性、产品的生命周期、产品的形象、产品定位四部分的以下问题 • 机会与威胁 • 优势与劣势 • 主要问题点
企业和竞争对手的竞争状况分析	1	企业在竞争中的地位	分析市场占有率、消费者认识、企业自身的资源和目标
企业和竞争对手的竞争状况分析	2	企业的竞争对手	竞争对手的基本情况、竞争对手的优势与劣势、竞争对手的策略
企业和竞争对手的竞争状况分析	3	企业与竞争对手的比较	• 机会与威胁 • 优势与劣势 • 主要问题点
企业与竞争对手的广告分析	1	企业和竞争对手以往的广告活动的概况	重点分析广告开展的时间、开展的目的、投入的费用、主要内容等
企业与竞争对手的广告分析	2	企业和竞争对手以往广告的目标市场策略	• 广告活动针对什么样的目标市场进行 • 目标市场的特性如何 • 有何合理之处 • 有何不合理之处
企业与竞争对手的广告分析	3	企业和竞争对手的产品定位策略	—
企业与竞争对手的广告分析	4	企业和竞争对手以往的广告诉求策略	• 诉求对象是谁 • 诉求重点如何 • 诉求方法如何
企业与竞争对手的广告分析	5	企业和竞争对手以往的广告表现策略	• 广告创意如何,有何优势,有何不足 • 广告主题如何,有何合理之处,有何不合理之处
企业与竞争对手的广告分析	6	企业和竞争对手以往的广告媒体策略	• 媒体组合如何,有何合理之处,有何不合理之处 • 广告发布的频率如何,有何优势,有何不足
企业与竞争对手的广告分析	7	广告效果	• 广告在消费者认知方面有何效果 • 广告在改变消费者态度方面有何效果 • 广告在消费者行为方面有何效果 • 广告在直接促销方面有何效果 • 广告在其他方面有何效果 • 广告投入的效益如何
企业与竞争对手的广告分析	8	总结	• 竞争对手在广告方面的优势 • 企业自身在广告方面的优势 • 企业以往广告中应该继续保持的内容 • 企业以往广告突出的劣势

第二部分:产品广告策划策略分析如表 4-3 所示。

表 4-3　广告策划策略分析

组成部分	次序	主 要 内 容	具 体 说 明
广告的目标	1	企业提出的目标	—
	2	根据市场情况可以达到的目标	—
	3	对广告目标的表述	—
目标市场策略	1	企业市场观点的分析与评价	① 企业所面对的市场 ② 企业市场观点的评价 • 机会与威胁 • 优势与劣势 • 主要问题点
	2	企业的目标市场策略	① 目标市场选择的依据 ② 目标市场选择策略
产品定位策略	1	对产品定位的表述	—
	2	定位的依据与优势	—
广告诉求策略	1	广告的诉求对象	① 诉求对象的表述 ② 诉求对象的特性与需求
	2	广告的诉求重点	① 对诉求对象需求的分析 ② 对所有广告信息的分析 ③ 广告诉求重点的表述
	3	诉求方法策略	① 诉求方法的表述 ② 诉求方法的依据
广告表现策略	1	广告主题策略	① 对广告主题的表述 ② 对广告主题的依据
	2	广告创意策略	① 广告创意的核心内容 ② 广告创意的说明
	3	广告表现的其他内容	① 广告表现的风格 ② 各种媒体的广告表现 ③ 广告表现的材质
广告媒体策略	1	对媒体策略的总体表述	—
	2	媒体的地域	—
	3	媒体的类型	—
	4	媒体的选择	① 媒体选择的依据 ② 选择的主要媒体 ③ 选用的媒体简介
	5	媒体组合策略	—
	6	广告发布时机策略	—
	7	广告发布频率策略	—

确定广告
主题

产品广告主
题确定方法

产品广告
创意与表现

撰写产品
广告文案

撰写产品
广告策划书

第三部分：产品广告策划广告计划如表 4-4 所示。

表 4-4　产品广告策划广告计划

组成部分	次序	主要内容
广告目标		—
广告时间	1	在各目标市场的开始时间
	2	广告活动的结束时间
	3	广告活动的持续时间
广告的目标市场		—
广告的诉求对象		—
广告的诉求重点		—
广告表现	1	广告的主题
	2	广告的创意
	3	各媒体的广告表现包括平面设计、文案、电视广告分镜头脚本
	4	各媒体广告的规格
	5	各媒体广告的制作要求
广告发布计划	1	广告发布的媒体
	2	各媒体的广告规格
	3	广告媒体发布排期表
广告费用预算	1	广告的策划创意费用
	2	广告设计费用
	3	广告制作费用
	4	广告媒体费用
	5	其他活动所需要的费用
	6	机动费用
	7	费用总额

第四部分：广告活动的效果预测和监控如表 4-5 所示。

表 4-5　广告活动的效果预测和监控

组成部分	次序	主要内容
广告效果的预测	1	广告主题测试
	2	广告创意测试
	3	广告文案测试
	4	广告作品测试
广告效果的监控	1	广告媒体发布的监控
	2	广告效果的测定

请把乐华彩电常规传播广告策划案例用上述结构提炼出来。

🔑 金钥匙

产品广告策划操作要点

要点一：目的性，广告活动有其特定的目的，广告策划为达到这种目的而进行。

要点二：整体性，广告策划是一个和谐统一的整体，因此广告策划的运作需要各个环节的紧密配合。

要点三：调适性，市场不是一成不变的，广告策略应该可以根据市场的变化及时调整。

要点四：有效性，广告活动总是追求预期的效果，广告策划运作要保证广告的实际效果。

要点五：可行性，广告策划以实施为最终目的，因此应该具有可操作性。这种可操作性由广告策划运作的科学、规范、合理来保证。

要点六：创新性，广告作品的创新性离不开有创造性的广告策略。

要点七：前瞻性，广告策划应该着眼于未来市场的未来变化，对前瞻性的把握取决于科学的市场分析和预测。

要点八：连续性，广告策划应该注重与以往广告的内在联系，以给受众留下统一的印象。

要点九：集中性，广告策划应该集中于最重要的目的，而不可目标太多，没有重点。贪大求全往往不能集中"火力"，最终造成"捡了芝麻，丢了西瓜"的结局。

任务 4.3　产品广告策划专项训练

训练营

阅读下面的广告案例，通过小组讨论与分析，撰写案例分析报告。

故事汇

听说现在出现了一种新广告叫"下饭广告"

作为腾讯视频的重磅自制节目，已连续播出两季的《拜托了冰箱》拓展出了自己的一片天地。数据显示：第一季视频总播放量超过 4.7 亿，第二季超过 6.8 亿，第三季更是后劲十足，前四期刚刚放出就揽获近 3 亿播放量，来了个开门红。

如此爆款，自然备受"金主爸爸们"的青睐。伊利甄稀在第二季成为独家冠名商，据 AdMaster 调查结果显示：伊利甄稀在第二季独家冠名后，品牌认知度显著提升，从播出前 24.4% 提升至 64.3%，提升幅度高达 263.5%。伊利甄稀在尝到甜头之后，迅速锁定了第三季的独家冠名，可见对该节目的认可程度有多高。美的冰箱自从第一季就慧眼独具，后来更是连续追投，目前已经是三连投。

除了双连冠的伊利甄稀，京东、美汁源果粒奶优、美的冰箱、方太厨电等广告主也大力支持，《拜托了冰箱》简直就是广告界的宠儿。那么，它究竟是用哪些"招数"套牢了客户呢？

传统植入的延续

这是一档从诞生起就将广告和内容融合得紧密的网综,被网友戏称为"一言不合就植入"。嘉宾撒贝宁在第二季中更是发出天问:"这节目本体是广告?"虽然只是一句戏谑,但却无意中说出了《拜托了冰箱》独有的广告风格——这是具有综艺精神的广告,通过把广告融入综艺节目的所有细节中,使广告即综艺。

量身定制的剧情植入

在第二季《拜托了冰箱》中发明了一些独有的广告形式——"拜冰式口播"、品牌作为互动道具植入、环节植入等,统称为"剧情植入",是一种把品牌信息或产品与节目剧情紧密结合的植入方式。

比如第二季为甄稀增加了固定环节"冰箱家族的甄稀时刻",冰箱家族会送给每位来到节目现场的嘉宾一杯甄稀冰淇淋,让家族成员和明星嘉宾一起度过一段精致的甄稀时光。同时,还有一期专为甄稀产品定制的主题节目,在厨艺比拼环节,两位大厨必须使用甄稀产品作为菜品原料进行主题式厨艺对决。

第三季中,节目组延续了这种做法,伊利甄稀再次成为厨师发挥的原料,为嘉宾王诗龄制作冰淇淋甜品(见图4-4)。

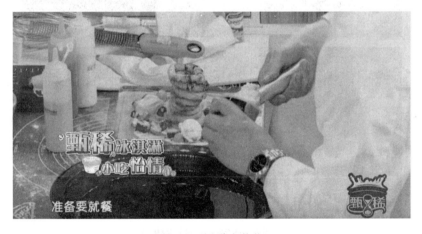

图4-4 甄稀冰淇淋

为品牌量身定制的剧情,回避了传统植入可能略显生硬的情境,将植入环节设置为节目剧情的一部分,同时关照到品牌与内容的契合度,使剧情并不突兀,而是顺应剧情发展的逻辑,让观众更容易接受,甚至在生活中模仿剧情来使用植入的品牌,嘉宾亲自示范使用过程,说服力加倍,传播效果更加明显。

无缝契合的场景植入

作为一档八卦美食节目,大家在"喷"得口干舌燥之余,当然要喝点什么,吃点什么。于是,我们看到嘉宾们随时会抄起一盒伊利甄稀或一瓶美汁源果粒奶优开喝,撒贝宁边吃甄稀冰淇淋边用方言爆笑口播更是成为第二季经典一幕。

第三季中,嘉宾们甚至主动跑去取甄稀冰淇淋,王嘉尔更是用甄稀冰淇淋来"讨好"安吉小朋友,不仅使产品获得了更多的动态展示机会,提高品牌曝光度;而且为观众示范了产品的情感性消费场景——与朋友们一起聊天聚会的时候,不妨来一盒伊利甄稀或一瓶果粒奶优。

除了情感性场景的植入,《拜托了冰箱》还有很多功能性场景的植入。在第一季中,美的作为节目特约赞助商,不论是节目现场冰箱的大特写,还是先进的智能监测系统,都给观众直接、深刻地传达了品牌与产品特色。在第三季中,《拜托了冰箱》继续发扬"花式植入"的精神。现场嘉宾每次打开冰箱前,都会有美的冰箱的品牌植入(见图4-5)。

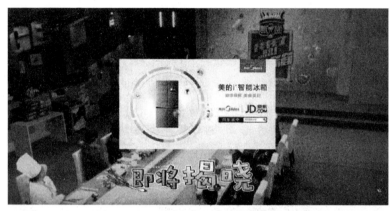

图 4-5 美的冰箱的品牌植入

而现场的蔬果则全部由方太水槽洗碗机清洗干净,做菜更是有方太智能油烟机(见图4-6)。美的和方太厨电作为厨电品牌,和《拜托了冰箱》的基因天然契合,厨电品牌与厨房场景实现了完美结合,在观看美食料理的过程中,自然而然地将美的和方太厨电品牌与厨房场景链接,场景植入让观众更有体验感,容易产生对品牌的认同感。

创意植入的升级

除了延续以往成功的植入手法,《拜托了冰箱》第三季在创意植入上更是有所创新。一系列令人眼花缭乱的植入纷纷走起,甚至很多植入方式先前闻所未闻,《拜托了冰箱》在植入营销上再次突破常规,不走寻常路却发掘了更广阔的营销空间。

图4-6 方太智能油烟机

搭建闭环的 O2O 植入

在第三季中,伊利甄稀开始全方位地与《拜托了冰箱》进行绑定营销。比如,在每个甄稀冰淇淋盒子上都印有《拜托了冰箱》的节目 LOGO,扫描二维码即可观看《拜托了冰箱》第三季(见图 4-7)。O2O 绑定营销产生了"1+1 大于 2"的传播效果,当人们看到《拜托了冰箱》就会想起伊利甄稀,看到伊利甄稀就会想起《拜托了冰箱》,在消费者头脑中形成有效关联,更有助于植入营销发挥作用,打通了线上线下的传播链条。

图4-7 《拜托了冰箱》节目 LOGO

更有趣的是,第三季的植入环节还加强了互动和曝光量,比如"京东助攻计划"环节的设计。大厨中的对决双方在现场用手机打开京东 APP,选择京东助攻物品,再由京东无人车送到现场。整个流程中不仅有厨师现场操作京东 APP 的展示,更植入了不少与品牌相关的线下场景元素,比如京东仓库以及发货流程等(见图 4-8),使植入不仅限于节目现场,通过 O2O 绑定营销,为品牌制造更多的曝光机会。

图 4-8 京东助攻计划

在京东的植入案例中,不仅打通了线上和线下的传播链条,还促成了线上传播到线下销售再反哺线上传播的闭环营销。因此,看起来并不复杂的"京东助攻计划",要实现起来并不容易。为了打通京东 APP 与节目现场的线上线下闭环,在每期节目上线时,京东都会同时上线《拜托了冰箱》专题,厨师所做菜品的原材料或辅料,都可以直接在京东 APP 下单购买,并由无人车实时送货到现场(见图 4-9)。

如何有效地进行流量转化是考验视频平台营销能力的重大挑战。广告毕竟只是传统电视时代的经典营销模式,那么,如何寻找广告以外的真正具有互联网特性的视频营销模式?

图 4-9 京东同时上线《拜托了冰箱》专题

腾讯视频曾经探索过"边看边买",试图将在线流量转化为在线销售,取得了不错的成绩。在《拜托了冰箱》第三季中,O2O闭环营销的出现,不仅打破了线上和线下的传播壁垒,还为流量转化提供了另一种可能的路径——多平台联动,使内容和电商紧密连接,从线上流量到线上下单购买,再到线下送货,直接促进销售,实现了视频的闭环营销。

延伸剧情的创意中插

在第三季第二集中,小编还发现,《拜托了冰箱》已经将创意中插广告引入网综领域。由冰箱家族集体出演的创意中插(见图4-10),加强了中插广告与节目内容的相关度,更能被观众接受。

图4-10 创意中插广告

一汽丰田威驰FS闻风而来,虽然没有来得及赞助第三季,但却以创意中插的方式出现在第三季第四集中,是自制综艺中第一个非赞助商创意中插,为更多没有来得及抢位的广告主示范了另一种合作方式(见图4-11)。

值得一提的是,一汽丰田威驰FS的创意中插广告,与节目内容进行了巧妙结合,在刚开始甚至让人无法分辨出是广告,直到剧情画风一变,人们才意识到着了"老司机"的道儿。当何炅提到一段"不可描述"的过往经历时,长桌边的厨师们突然被一阵狂风刮倒,原来是一汽丰田威驰FS疾驰而来,"不可描述"的经历,与"老司机"的广告台词巧妙呼应,制造了非常契合又戏剧性十足的效果。

直击二次元的后期植入

连续两季的《拜托了冰箱》不仅捧红了"何尔萌"组合与"冰箱家族",更是让节目后期组

图 4-11 一汽丰田 FS 创意中插广告

的"后期小哥"成为网红。通过在天涯发布《我是某档热门网综的字幕君,直播字幕狗的辛酸日常》,让"冰箱字幕君"迅速蹿红。

在第三季中,节目组将后期制作也升级到广告植入素材库中,字幕君再次发挥威力,不仅为节目设计了更多的后期效果,丰满了节目内容,同时也为金主爸爸们提供了更多元化的植入方式。

后期植入采用时下流行的"二次元"表现方式,不仅迎合了《拜托了冰箱》主要用户群的喜好,更为节目增添了"卡哇伊"的元素,让广告也变得"萌萌哒"。作为一档"下饭综艺",《拜托了冰箱》从第一季就不断尝试各种可能的植入方式,甚至让植入广告也成为节目的话题点,引发讨论和病毒传播。尽管客户众多,但节目组分别根据客户特性和需求,与节目内容进行或诉诸幽默,或诉诸功能性的软性植入,使广告出现得顺其自然,没有违和感,反而倍增亲和力,被昵称为"下饭广告"。"下饭广告"打破了传统植入"如果植入得很明显,就显得生硬引起反感;如果植入得太软性,大家就看不到"的窘境,让广告包上糖衣,成为节目内容必不可少的一部分,甚至成为节目亮点被反复提起和议论,引发社交二次传播。同时,"下饭广告"的出现,对于广告主来说,不仅可以借助节目融入粉丝心智领地,更可以借助 O2O 闭环营销实现从传播到销售的全链条打通,未来营销空间自然不可限量。

资料来源:搜狐科技,http://www.sohu.com/a/139795979_117194.

任务要求

(1) 分析策划案例要全面、详尽、透彻。

(2) 分析报告要规范、深入。

(3) 撰写案例分析报告。

(4) 用 PPT 进行报告汇报。

任务准备

将全班学生分组,每组控制在 5 人以内。从以下几个方面进行思考,找出问题所在。

(1) 查阅资料分析什么是植入式广告?

(2) 植入式广告选择的植入媒体有哪些?

(3) 现在流行的植入式广告有哪些特点?

(4) 分析案例中植入式广告的植入手段和效果。

章节测试题

一、不定项选择题

1. 广告必须有可识别的(　　)。

　　A. 广告主　　　B. 广告媒介　　C. 广告商品　　D. 广告组织

2. POP 广告是指(　　)广告。

　　A. 计划　　　　B. 售点　　　　C. 商品　　　　D. 公关

3. 由李歌与尤浩然小朋友参与演绎的哈药六厂《帮妈妈洗脚》篇广告,从宏观角度来看,其不仅具有经济功能,还具有(　　)功能。

　　A. 吸引　　　　B. 比较　　　　C. 社会　　　　D. 传播

4. 下列不属于广告心理研究的内容的是(　　)。

　　A. 广告诉求的心理依据　　　　B. 消费者的心理差异

　　C. 品牌资产　　　　　　　　　D. 广告文案的撰写

5. 以一定的地区为对象,有计划地收集有关人口、政治、经济、文化和风土人情等信息的活动称为(　　)。

　　A. 广告调查　　B. 广告主体调查　C. 广告媒介调查　D. 广告环境调查

6. 下列广告作品中属于比喻型广告创意的是(　　)。

A.

B.

C.

D.

7. 下列广告标题属于直接型的是（　　）。
   A. 维维豆奶，欢乐开怀（维维豆奶广告）
   B. 大西洋将缩短三分之一（某航空公司）
   C. 沟通无处不在（中国移动）
   D. 盒内自有花满谷（富士胶卷）
8. 广告主与广告受众沟通的焦点是（　　）。
   A. 广告媒介　　　B. 广告主题　　　C. 广告创意　　　D. 广告策划
9. 王老吉凉茶的广告主题是"清火气"，确定这一主题的方法是建立产品（　　）。
   A. 价值网　　　B. 价值链　　　C. 社会价值　　　D. 主观价值链
10. 基于客观真实的基础，对商品或劳务的特征加以合情合理地渲染，以达到突出商品或劳务本质与特征的目的的广告创意是（　　）。
    A. 比较型　　　B. 夸张型　　　C. 故事型　　　D. 幽默型

二、讨论题

1. 下面是风景海狮微型车平面广告，请分析并讨论该广告的主题是什么？确定该广告主题的方法是什么？该平面广告的创意类型是什么？

2. 著名营销策划大师叶茂中在中央电视台《人物新周刊》专访中说过这样一句话:"我在广告策划中80%是用脚来思考的,而20%是用脑思考。"请分析这句话所蕴含的哲理是什么。

3. 2008年除夕夜,一则著名毛纺品牌"恒源祥"的电视广告在全国多家电视台黄金时段播出,1分钟内广告背景音从"鼠鼠鼠"一直叫到"猪猪猪",把十二生肖叫了个遍,其单调创意和高密度播出,在两周之后就被停止播出。在此期间,有人说这是史上最愚蠢的广告创意,有人说,这是在挑战观众的忍耐力。结合案例从广告创意的角度说说你的看法。

项目 5

新品上市推广策划

他山之石

"上兵伐谋,其次伐交,其次伐兵,其下攻城。"我们的老祖宗几千年前就已经提出,每一次的战争都必须运筹与帷幄之中,方能决胜于千里之外。麦肯光华认为:当今商场也一样,为了保持企业的市场活力、扩大市场份额,很多企业试图通过持续不断地开发新产品推动企业销售增长,但大多数结果是出现了"产品结构乱,品种上量难,品牌提升慢"的现象,打乱了整体市场的销售布局。推出新产品的策略是对的,但没有哪一个新产品的上市能随随便便成功!

目标与要求

(1) 熟悉新品上市策划基本概念和内容。
(2) 了解新品上市活动常见形式。
(3) 熟悉新品上市策划的基本流程和注意事项。
(4) 熟悉新品上市策划方案的基本格式。
(5) 按要求撰写新品上市策划方案。

工作任务

撰写新品上市策划方案。

任务书

(1) 认识企业新品上市活动基本概念和内容。
(2) 描述新品上市活动策划方案结构及流程。
(3) 撰写某新品上市策划方案。

项目实施与考核

【实施步骤】
(1) 将班级每5位或6位同学分成一组,每组确定1人负责。
(2) 学生按任务书要求,在教师指导下完成任务要求的内容。
(3) 各小组将任务完成成果以PPT的形式在班级进行展示、交流、讨论,教师总结点评。

【项目考核】
(1) 项目考核以小组为单位。

(2) 项目考核同时包含小组协作、态度、汇报表达等内容。
(3) 以任务书中最后一个综合任务作为项目考核内容。
(4) 项目考核形式如表 5-1 所示。

表 5-1　项目 5 考核评价表

评价指标	评价标准	分值	评估成绩/分	所占比例/%
评价方式及内容	① 策划主题明确	5		65
	② 策划活动目的表述准确	10		
	③ 对象、场所、时间明确	5		
	④ 内容具有创新性和可行性	15		
	⑤ 策划方案结构合理、内容完整	10		
	⑥ 活动控制措施可行	10		
	⑦ 费用预算具体、合理	5		
	⑧ 效果评估	5		
汇报交流	PPT 制作版面专业性强、结构层次分明	10		30
	汇报思路清晰、语言表达流畅	10		
	回答问题思路清晰、内容准确	10		
学习过程	如出勤、参与态度等	5		5
小组综合得分				

任务 5.1　新品上市推广策划基础认知

训练营

认识企业新品上市活动基本概念和内容；查阅资料与信息，结合生活实际，了解和认识企业新品上市的推广方法和推广活动内容，编辑资料分组交流。

故事汇

康师傅瓶装清凉饮品系列(柠檬茶、酸梅汤)的上市策划方案

一、市场背景

纸包装 250 毫升(TP250)和听装 340 毫升(CAN340)已成过去式，塑料瓶装(PET 装)是未来最流行和趋势化的包装形式，但是康师傅这种包装的吹瓶技术不过关，面临竞品统一旺销导致断货的契机，康师傅决定强推新品，抢占市场。

康师傅清凉饮品系列(柠檬茶、酸梅汤)原有两种包装形式：TP250 和 CAN340。TP250 系列自 1996 年推出后，一直是康师傅饮品系列的当家花旦，广告语为"好滋味绝不放手"；但随着市场的发展，TP250 系列产品消费年龄不断下降，整体市场呈萎缩趋势。康师傅 TP250 系列虽仍是市场领导品牌，但产品本身已进入生命周期的衰退期，一方面不断有新产品上市,市场份额受切分;另一方面,又需投入大量的促销费用来维护固有的市场份额,对上市新品低价倾销策略予以反击。在竞争加剧、市场份额缩小、利润率下降的情况下,必然要考虑产品何去何从的问题。是继续在这个成熟的市场中,停留在过去的成绩上,只是适时地针对竞品的各种策略制定相应的对策,从而维持原有的市场份额和有限的利润空间?还是跳出过去成功的光环,通过新产品的研发去开拓新的市场领域?康师傅采用了"继承发展"的方式,还是将 TP250 系列作为 1999 年战术产品,仍然以柠檬茶、酸梅汤为主要销售产品,但是更换了一种新的包装形式来适应和开拓市场。在选择什么样的包装形式上,厂商也是颇费心思。选择什么样的包装形式既有利于消费者又能使商家获利呢?依照日本和中国台湾最新的研究资料,一方面塑料瓶装(即 PET 装)是最理想也是未来最流行和趋势化的包装形式,这种包装以大包装(490 毫升、500 毫升)、透明化(使消费者对瓶内饮料一目了然)、物美价廉、易于携带的特点吸引消费者,迅速占领当地市场;从另一方面来讲,商家采用 PET 瓶装来代替 TP 系列,通过厂商自行生产瓶装的方式,节省了从利乐公司或康美公司订购昂贵的 TP 纸的费用,在利润上也是一个突破。

1. SWOT 分析

具体如表 5-2 所示。

表 5-2 SWOT 分析

STRENGTH:	WEAKNESS:
• 柠檬茶、酸梅汤两新品可借助康师傅的强大品牌优势 • 康师傅已经成功地为柠檬茶、酸梅汤两新品建设了完善的分销网络,以及通路良好的客户关系 • 康师傅为柠檬茶、酸梅汤两新品传播了"清凉一夏只爱它"的品牌个性	• 虽是阳春三月,但依然寒风萧萧,饮料市场仍是淡季 • 对经销商而言,PET 包装是新面孔,未来走势非常不明朗 • 柠檬茶、酸梅汤两新品虽可借助康师傅的品牌优势,但未进行及时的品牌宣传和告知活动
OPPTUNITY:	THREAT:
• 在中国,茶饮料市场尚未形成强势品牌,宿敌统一的冰茉莉尚未占领足够的市场份额 • PET 包装将是一种新尝试,这种活力型包装适合当前年轻人的喜好 • 在目前的市场上这种新包装的新型茶饮料还没有出现 • 统一生产能力的不足,根本无法满足市场的需要,市场严重断货	• 宿敌统一于 1999 年 3 月率先推出其 PET 冰红茶、冰茉莉 • 其他品牌的茶饮料系列也将陆续进入市场 • 其他类别饮料的强势竞争

2. 总结

对新产品进行准确定位,并找准了利益点之后,康师傅便从 1999 年年初对现有生产线进行改装,其在技术方面已经没有什么问题。康师傅品牌的良好形象也深入人心,但自身的品牌建设和销量提升工作均没有开展强有力的活动来支持。

3. 措施

通过电视广告配合终端铺货,其他宣传方式配合跟进的措施宣传与销售。为了更广泛地铺货,对经销商采用"坎级促销"策略。大型商场和批发市场促销各有特点地进行柠檬茶、酸梅汤两新品的 USP 传播,提升售点的即时性销量和永久性销量。

通过特殊通路与分销通路的整合传播来扩大康师傅柠檬茶、酸梅汤两新品的知名度。

二、新品上市活动目标

（1）丰满康师傅饮料的产品品项，使康师傅饮料在售场的货架、堆头的陈列更加生动化。

（2）提高终端对产品的信心，增强与终端渠道的联系。

（3）让消费者了解康师傅柠檬茶、酸梅汤两新品，并扩大康师傅在中国市场的知名度。

（4）提升康师傅柠檬茶、酸梅汤两新品在售点、卖场的实际销量。

三、新品上市活动定位

1．时间

2009年4月1日至2009年9月30日

2．地点

（1）现场活动地点为各卖场。以北京、天津、郑州、石家庄、太原、青岛、济南为中心，涵盖其下辖区域并包含内蒙古部分地区，在所包括地区根据通路发展情况各选取3~5家合作卖场。

（2）在所包括地区（主要高校运动区域）进行新品海报张贴和买赠活动。

（3）天津某酒店商务会议室。

3．对象

（1）通路上现有经销商。

（2）终端消费者。

（3）所面向地区的广大在校大学生。

四、新品上市主题

1．活动主题

不爱柠檬只爱它。

2．各地场所活动小标题

（1）卖场——清凉一夏只爱它

通过享用清凉、好口味的康师傅柠檬茶、酸梅汤，使生活清新自然，同时伴有精美礼品。

（2）城市各主要人流集中处——轻松惬意 享受新味

通过享用清凉、好口味的康师傅柠檬茶、酸梅汤，工作生活更加轻松惬意，并能获得意外惊喜。

（3）经销商联谊会——拥有康师傅，拥有高利润

通过经销清凉、好口味的康师傅柠檬茶、酸梅汤，各经销商将建立完整的康师傅茶饮料品牌系列，并通过品牌强势竞争力获得更多回报。

五、活动内容

1．针对经销商的活动

（1）主导思想

由于康师傅瓶装清凉饮品系列（柠檬茶、酸梅汤）上市时间相对较晚，在营销资源有限的情况下，单纯依照厂商的力量将产品推向市场，其时效性不够显著，且风险性较大，因此决定实行由厂商让利，利用经销商的资金及库存将产品推向市场的方式进行促销活动。

（2）具体活动

① 活动前奏——经销商联谊会。此活动属于心理攻坚活动，名义是总结第一季度各经销商销售业绩，按销售业绩进行颁奖，实际上是通过联谊会进行新产品发布活动，鼓舞士气。

于是,在康师傅的精心布置下,在颁奖活动现场有新产品的堆箱造型、TVC广告连续播放、产品特性说明在大屏幕上不停滚动。在北京区销售协理极具鼓动性的演说词中,一幅幅蓝图在向经销商展示,各经销商的进货积极性也慢慢被调动起来,甚至有性急的经销商要在与会现场签单。

② 阶段性快速行销策略——坎级促销。饮品相对应于其他商品属毛利率较低的产品,加之其消费群是非忠诚消费群,所以流畅的销售渠道、相对稳定的市场价格对产品本身的销售非常有利,各厂商也以稳定市场价作为进行各项活动的前提。而坎级促销的活动前提就是将经销商分成三六九等,按其销售业绩给予其每箱不同的利润,这样,销货能力强、资金雄厚的客户为了获取高额的让利,必然利用进货价格差,自行定出一个自己认为合适的出货价格进行销售。这样一来,市场价格必然就乱了,而价格的不统一就会使零售商接货方产生一种怀疑的态度,对厂商的价格、销售策略存有疑问,而这种疑惑和观望的态度对厂商的市场推进活动极其不利。

但推出坎级促销从另一方面讲,却有无穷的潜能可以发挥,那就是利用经销商对利润追逐的企图心,借助于经销商庞大的销售网络,快速地将产品推广至末端消费者。无论是对厂商还是对经销商来讲,推出新品即意味着新的盈利点的出现,在产品生命周期中,是风险与利益并存的阶段,所以从经商的基本之道——追逐利润这点来讲,经销商在执行坎级促销时,为赚取最大利益,有可能会严格按照厂商规定的经销商出货政策(价格)推广,而只要有这个可能,那么康师傅就有可能通过坎级促销的这个切入点,充分利用统一布建好的市场和断货的契机,将康师傅瓶装清凉饮品系列(柠檬茶、酸梅汤)推向市场,5月底已差不多进入饮品销售的旺季,在市场先机已丧失的情况下,康师傅必须通过坎级促销,一举占领市场。

坎级第一阶段:2009年5月20日到6月30日,其坎级分别为300箱、500箱、1000箱,依坎级不同奖励为0.7元/箱、1元/箱及1.5元/箱,该阶段考虑到坎级自身必有的劣势,所以将坎级设定较低,但奖励幅度较大,主要是考虑到新品知名度的提升会走由城区向外埠扩散的形式,在上市初期应广泛照顾到小客户的利益,而小客户多分布在城区。

坎级第二阶段:2009年7月1日到7月31日,其坎级分别为1000箱、2000箱、3000箱,依坎级不同奖励为1元/箱、1.5元/箱及2元/箱;此阶段新品已在城区得到良好回应,并辐射到外埠,应提高坎级,照顾中户利益,但对小客户来说,却需要投入大部分精力,或者放弃其他品牌的销售专做康师傅才能顺利达到所想要的返利。在推出第二阶段时,因为市场需求的急剧扩大和PET装的热销,康师傅和统一都处于断货的状况,但因为康师傅华北区的生产线在天津,统一的生产线在昆山,相比较来讲,康师傅的生产能力比统一强很多,且运输线路也短,占据地利;但在厂商断货之时,某些经销商却有大量的囤货,经销商囤货和厂商断货共存的情况下,奇货可居又必然会影响到价盘的稳定,所以在推出该阶段促销政策的同时,推出一份各级经销商出货价格单,明确告诉经销商,如有违反价格政策,立即停止供货,这项措施稳定了市场的价盘,也消除了各级经销商对价盘不稳的担心。

坎级第三阶段——区域销售竞赛:2009年9月1日到9月30日,按各区域销售状况进行区域销售竞赛,设立入围资格及奖励金额,高额奖金的利诱极大调动了客户的积极性,使客户大量囤货,最大可能地占用客户的库存及资金;9月对饮品来说已是旺季的尾声,所以通过此活动,在淡季到来之际,利用客户的囤货来打淡季仗。销售竞赛的完满进行,为本次上市计划画上精彩的句号。

2. 针对各卖场

(1) 主导思想

尽可能提高铺货率,增加产品的曝光度。

(2) 具体活动

① 于2009年5月20日到6月30日针对零售店进行返箱皮折现金活动,每个PET500箱便可折返现金2元,此项举措为饮品常见之促销政策。推出第一周内,市场反应一般,但由于受经销商的宣传及市场接受度的不断提升,零售店对康师傅瓶装清凉饮品系列(柠檬茶、酸梅汤)的接受度直线上升,到6月中旬,康师傅瓶装系列在零售店铺货率达到70%。

② 于2009年7—9月推出"财神专案",即规定奖励的条件,达到奖励条件的每陈列2瓶/包指定产品即送PET500清凉饮品系列1瓶,此项促销政策一经推出即受到零售店的一致认同,"财神专案"连续执行3个月,康师傅铺货率得到极大提升。

"财神专案"的目的在于增加零售店内产品的陈列面、增加产品的曝光度和铺货率,因为对饮品这类随机购买类产品,消费者在口渴的情况下会去最近的零售点买水喝,至于买哪种产品全凭其在零售点所看到的有限的产品,即使他有打算购买的某种产品,如果零售点没有该产品,他会迅速地找出替代产品来完成购买行为,所以方便地使顾客购买到产品或者说提升零售点的铺货率对这种随机购买型产品至关重要。"财神专案"也正是在这种情况下出台的,是厂商有意识地引导零售店增加产品陈列排面,吸引眼球。

3. 批市摊床

(1) 主导思想

扩大声势,提升批市产品的铺货率及曝光度。

(2) 具体活动

批市造势活动。除北京外其他地区选择当地主要批市进行造势活动,主要是使用锣鼓队(舞龙队)配合横幅、DM单及现场"幸运转转转"活动带动声势;北京因其地理位置特殊性,在四大批市(太阳宫、小井、净土寺、潘家园)利用TVC广告播放代替锣鼓队。

批市有奖陈列,即每个批市摊床每陈列15箱PET500,陈列期为1个月,经检查、抽查合格,即奖励其PET500两箱。此项举措也是旨在提升产品在批市的铺货率,吸引有进货需求的人关注。

4. 针对终端消费者促销

通过消费者促销活动,提升产品的口味接受度及知名度,扩大消费群。

大型商场(K/A)割箱陈列。在各大型商场进行割箱陈列活动,增加产品曝光度。"清凉一夏只爱它"商场促销活动与其他促销活动相比,具有两个优势,其一为声势大,现场活动主题板为3米×4米,竖起后高为4.5米,图案以海浪、椰树、柠檬为主要组成部分,清凉感十足,在众多的促销活动中非常醒目;其二为以"康师傅饮品系列请你参加游戏"的方式来进行,现场用"探宝游戏""套圈游戏"吸引消费者参与现场活动,利用聚集的人气达到促销效果。

六、促销传播方式

1. 传播策略

(1) 以售点、卖场等活动场所的海报、宣传单页等地面方式进行,并采用电视、电台等空中媒体及辅助公交车载广告告知。

（2）海报采用印刷品，设计和宣传文案由公司策划部提供，明星立像以康师傅公司提供的广告宣传画为蓝本，由公司策划部加文案和宣传主题并制作。

（3）宣传单页、小"贴士"册由公司策划部设计并制作。

2．传播方式

（1）电视广告

电视广告从 2009 年 4 月推出"不爱柠檬只爱它"的主题广告，以省台加市台的投播方式，争取覆盖最大面积；投播第一阶段主要以新包装 TP 柠檬茶为主要沟通对象，5 月中旬以后广告片尾加上 PET 柠檬茶的特写镜头及相应的广告语，并持续投放至 8 月中旬。

因消费品尤其是饮品系列属随机性购买产品，且品牌忠诚度没有其他产品那么强，所以在推出电视广告之前，康师傅就利用强大的销售网络，组织助理业务代表组成小分队，通过集中铺货的方式提升零售店的铺货率，并使康师傅清凉饮品系列铺货率达 75% 以上。在此市场基础上推出电视广告，就会使看到广告的消费者很方便地买到广告诉求中的产品。而却是许多厂商在投入昂贵的广告费时常常忽略的细节。

（2）宣传品广告

从 2009 年 4 月康师傅推出柠檬茶、酸梅汤 4 开海报、吊旗、横幅，用于张贴、悬挂于各零售点及批市摊床，并在张贴时采用标准化的张贴位置，有很强的视觉冲击力，从而提升公司的品牌形象；此外为配合"清凉一夏只爱它"商场促销活动，另制作相关主题 DM、海报、吊牌、书签，增加促销效果。

（3）电台广告

为配合"清凉一夏只爱它"商场促销活动，在所辖区域各音乐台投放"清凉一夏只爱它"活动主题 RD 广播稿。

（4）公交广告

为弥补部分地区电视广告投放的不足，用公车广告来进行补强。

七、活动时间进度表

具体进度如表 5-3 所示。

表 5-3　活动时间进度

时间	工作内容	落实责任人	备注
4 月初	推出"不爱柠檬只爱它"的主题广告	公司策划部	与电视台签订播放合同
4 月初	推出柠檬茶、酸梅汤 4 开海报、吊旗、横幅	公司策划部及各地策划所	张贴、悬挂于各零售点及批市摊床
5 月中旬至 8 月中旬	片尾加上 PET 柠檬茶的特写镜头及相应之广告语，并持续投放	公司策划部	与电视台沟通新内容
5 月 20 日至 6 月 30 日	坎级第一阶段	各地策划所及营业所	与经销商沟通
5 月 20 日至 6 月 30 日	针对零售店进行返箱皮折现金活动	各地策划所及营业所	与经销商沟通
7 月 1—31 日	坎级第二阶段	各地策划所及营业所	与经销商沟通
7—9 月	推出"财神专案"	各地策划所及营业所	规定奖励的条件
9 月 1—30 日	各区域销售状况进行区域销售竞赛	各地策划所及营业所	设立入围资格及奖励金额

八、上市活动预算

略。

九、活动效果展望

无论在销售量、销售金额及毛利额上都创饮品系列上市以来本品历史最高纪录。

1. 销售额追踪

PET 清凉系列 2009 年 6 月销售金额为 378 万元、7 月为 762 万元、8 月为 890 万元、9 月为 697 万元,无论在销售量、销售金额及毛利额上都创饮品系列上市以来本品历史最高纪录。

2. 各项指标追踪

零售点铺货率在旺季时保持 70% 以上,淡季时也维持在 50% 左右;在市场份额上,康师傅与竞品统一的市场占比为 7∶3。

3. 市场状况追踪

有效实现了由 TP 包装向 PET 包装的成功转换,奠定了 PET 清凉系列市场的主导地位,塑造了品牌形象,为 2010 年销售奠定了良好的基础,也为茶系列即乌龙茶、绿茶的市场推广打下良好的基础。

请回答:康师傅瓶装清凉饮品系列(柠檬茶、酸梅汤)的上市工作是如何展开的?这些工作环节的重要性是什么?

● 知识库

5.1.1 新品上市活动策划基本概念

所谓新品,即没有在市场上流通过的商品,也就是消费者对之没有太多认识甚至没有任何了解的商品。新品包括三种:一是企业最新研发的,在工艺方面、核心功能等方面和以前产品基本没联系的新产品,有明显新品特征;二是一些老产品经过一定时间市场投放,产品在外形、包装等方面已经不能再引起消费者更多的购买兴趣,所以在老产品的基础对外包装等某方面进行革新的新品;三是该产品已经流通,但在某个市场没有流通过,是一种区域市场的新品。不管哪一种新品,它们都具有一个共同的特点就是所拟定投放市场的消费者对其较为陌生。所以企业为了能够使其新产品顺利投放市场,并在很短的时间内让消费者认识其产品,并成为最终客户,必然要采取各种有效方法进行新产品的市场开拓,其中一些针对性推广活动显得卓有成效。为了使这些活动开展得更加规范、合理并且具有效益,精心的新品上市活动策划就必不可少。

所谓新品上市活动策划,就是企业为了能够使消费者迅速认识并购买企业所推出的新产品而采取的某一活动,并针对这一活动所进行的一系列规划。

企业的新品上市活动对象主要包括消费者与中间商,本部分所有涉及内容主要是针对消费者开展新品上市的策划活动。

5.1.2 新品上市活动策划运作过程

众多失败的和成功的案例让我们深刻地认识到,新品的上市,不仅仅是策划方案如何,更重要的是有没有良好的 PDCA 循环能力的系统,系统有没有准确的预测能力、强大的执行能力、快速的信息反馈能力、纠偏和纠错能力、预警能力以及补救能力,等等。

新品上市推广策划认知

1. 市场调研与分析

任何一项产品如果不能满足消费者的需求,如果没有有别于其他对手的特性,如果没有自己的实力支撑,如果没有叫得响的卖点、诉求点和利益点,很难在市场上一炮打响。而一项产品需要具有以上的特性,就必须进行前期的市场调研和分析。只有调研,才能够准确地把握消费者的需求,避开竞争对手的壁垒和建立自己的竞争优势,以强有力的卖点、利益点来满足消费者。也就是说,只有在市场调研的基础上,才可能以合适的方式把合适的产品以合适的价格卖给合适的人群。调研要务实、简单、快速,切不可盲目照搬西方营销学理论,一定要和国情、企业多方面情况务实结合,如脑白金前期的市场调研论证就非常值得国内企业学习。市场调研一般分为三个阶段,一是产品调研阶段,包括对已有产品的上市调研和研发产品的调研,主要通过定性定量的调研方法确定出产品、品名、定位、定价等课题;二是新产品营销策划上市前的市场测试调研阶段,主要是针对消费者展开试用、首次重购、采用和购买频率的调研;三是对企划方案的调研阶段,主要是针对产品商机的论证。总之,经过调研就是要论证自己的产品商机是填补市场空白,而不是填补企业空白。

(1) 消费者调研

通过消费者调研,一定要对照产品搞清楚:哪些好是用户最关心的?哪些好是用户无所谓的?哪些不好是用户可以容忍的?哪些不好是用户无法忍受的?

如果能做到这些,消费者的需求基本就一览无余。一方面,我们就会开发设计出消费者喜欢的东西;另一方面,就不会设计开发消费者不喜欢的附加价值,从而降低成本,提高产品在市场上的竞争力;而且更重要的是,不会把某样产品做到尽善尽美去贴消费者的"冷屁股"。

(2) 竞品调研

市场有了,那么有没有人已经抢占或正准备抢占,又有没有边缘产品?如果没人抢占,那就是我们的机会;如果正有人准备抢占,那么我们就要抢先下手;如果都没有,但市面上有边缘产品,我们就要对照对手的产品,搞清楚用户对此产品最满意的是哪三点?用户对此产品不满意的又是哪三点。这样,在对竞争对手的了解和调研过程中,又会发现新的市场机会和市场空白点,从而对原先的市场进行进一步完善和修正,从而不仅领先于消费者,也领先于竞争对手。

(3) 组织自身 SWOT 分析

对消费者的需求进行了把握,也对竞争对手的空白点进行了圈定,下一步就是对组织自身资源的界定。针对这个细分市场,竞争对手没有抢占,我们可否抢占。能否抢占;我们的研发力量、人力资源、资本实力等是否具备;抢占之后,是否有足够的资源来支撑组织可持续发展;是否有足够的能力和资源应对后来者的追击和抢滩,并建立起行业领导者所应该设置的行业壁垒和担当起行业领导者的领导责任等。否则,盲目进入只会削弱企业组织的盈利能力甚至加速企业组织自身的衰退和灭亡。这种情况在目前的中国企业里简直太普遍了,所以目前据统计中国企业的新品存活率只有5%!

(4) 新品概念分析(卖点、诉求点和利益点分析)

在了解了消费者的需求和竞争对手的情况后,也对自身的优劣势有了一个比较清醒的认识,接下来就是具体的对产品的认识和分析。

什么样的产品才是好产品?这是必须界定清楚的。否则,只会是劳民伤财,顾影自怜而无人喝彩。把一个产品弄得成本很低,售价也很低,消费者就会大量购买吗?或者把一个产品做得尽善尽美,精致至极,消费者就会奇货可居吗?而实际上,消费者购买的不是真正意义上的好产品,而是可感知的好产品。

这就要求我们怎样为产品提取有利于消费者的利益点,提炼独特的诉求点和塑造形成自身品牌形象的卖点。

2. 产品包装设计

产品包装设计包括产品的概念提炼、商品名称、商品规格、内外包装材料的选择和外包装的设计。产品命名是非常重要的一环。就像一个女孩的名字叫"柳小花"和"柳如烟"给人的感觉是不同的。好的产品名本身就是一个直白的广告语,直截了当地表明产品的独特之处,还能给消费者以积极的联想。像"正大青春宝"表明了抗衰老功效,"脑白金"使人联想到对人的重要作用,"溶栓胶囊"表明了通血管的独特优势,"排毒养颜胶囊"让其功能一目了然,此外"克咳""胃铋治""感康""感快贴"等也都是比较好的名字。

外包装是产品最直接与消费者接触的媒体。一个醒目的、视觉冲击力极强的产品包装十分有助于促进终端的购买,如果再能在陈列时达到生动化表达,外包装就是一则非常优秀的广告。好包装自己会说话,要达到在狭窄的空间里做到最大化传递有效信息,产品包装必须能在众多的产品中"跳"出来。

3. 市场预测

(1) 概念预测

好的广告,其产品概念必须非常清晰、独特,且与产品品质一致,为消费者所接受乃至喜爱。如果产品概念没有个性,流于俗套,则该产品会被淹没在广告大潮中而无人知晓。

(2) 销量预测

销量预测,首先来源于企业组织的产品战略目标,其次来源于市场容量和消费需求的结合,再次来源于竞争的激烈程度,最后还要考虑企业组织自身的资源力量。有了销量预测,就可能比较合理地确定我们的资源跟进力量和后续资源力量以及资源的整合与二次分配。这其中最主要的就是广告资源、促销资源、人力资源及服务资源。如果没有一个比较准确的预测,我们就会跟着感觉走。要么是产品滞销,卖的人比买的人多,而后又追加资源,不行就"跳楼大甩卖",新品还没上市,就已开始准备退出市场;要么是产品脱销,各项后续资源跟不上,二次分配更不用谈。

(3) 对手预测

对手预测主要是预测其反应及反应的程度和力度。如果对手没有反应,当然是最好的;如果对手反应一般,也无所谓;如果对手反应非常快,且力度非常大,那么就要考虑如何扼制其反应,使其永远跟在我们后面被动地应变,而且其程度和力度一定不能超过我们。否则,消费者的关注度都会转移到对手身上,而我们则会前功尽弃。

4. 决策

决策从其本质来说,是根据现有的背景、预测的数据、推定的结论,从两个或两个以上的方案中选择最优的解决方案的过程。

新产品营销策划的上市也是一个决策的过程,更是一个持续决策的过程,要随着市场形势的变化而变化,包括不可预估的情况的发生及不可掌控的变化。从狭义上来说,产品上市一般是指产品的上柜和出货两个阶段和过程;但从广义上来说,则是指从上市(渠道研究)—推市(媒介促销研究)—稳市(满意度研究)—拓市(忠诚度研究)—提市(完全品牌研究)一个完全完整的产品生命周期过程。

确定了新产品营销策划上市过程的决策研究后,针对每一个过程,都要有详细的细分决策。这主要包括上市阶段之前的渠道决策和推市阶段的媒介组合。

做好了新产品营销策划上市和推市阶段的决策后,其主要工作已基本完成。但一个产品要持续比较长的生命周期,绝对少不了稳市、拓市和提市。否则,只会是"流星雨"和"昙花一现"。稳市阶段的产品满意度决策和研究、服务满意度的决策和研究,拓市阶段的顾客忠诚度决策和研究(尤其是快速流转消费品)及提市阶段的品牌决策研究都是非常重要的。

当然,不同的阶段,决策的重点内容和难点内容也不一样。从侧重点上来讲,新产品营销策划上市阶段的主要内容是整合传播和形象占位,重在拉力的建设;而推市阶段的主要内容是互动推广和销售促进,重在推力的建设。通过上市阶段与推市阶段的相辅相成,推拉结合,从而实现决策的环环相扣,层层递进。

5. 执行

一旦一项市场决策经过讨论而决定下来,所有的驻地营销机构都要不折不扣地去执行。否则,只会是自乱阵脚、自取灭亡。从目前来看,国内企业的营销策划大多数都很好,有创意,有思路,但最后的结果往往都不理想,为什么?就是因为缺乏强有力的执行。而国外的企业恰恰相反。我们也很少看到国外企业有什么比较新颖的策划创意,但是往往最后出业绩、出成果的就是它们。因为哪怕是蹩脚的策划方案,他们都会不折不扣地执行。

作为新品上市活动的执行重在统一性和整体性。否则只会万箭乱发而不是万箭齐发。比如,总部统一要求新产品必须走什么渠道、什么时候必须上柜、什么时候必须发布统一性的广告、必须走什么样的价格、赠品怎么发放,分部就要不折不扣地执行。但往往到最后,就变成了"你吹你的号,我拉我的调",品牌的力量往往就体现在这中间的最重要的执行上。

6. 市场反馈

反馈是市场链中最重要的一环,也是营销系统 PDCA 闭合循环中最重要的一环。没有反馈,就无法判断我们的决策力,也无法判断我们的执行力。有了反馈,就知道我们的决策是否可行,执行是否到位,市场是否走在了销售之前,产品概念怎么样,销售有没有压力、有没有出问题,推广是否与销售进行很好的结合,是否避开了竞争对手的冲击,我们的促销是否独树一帜,促销物是否真正到达终端消费者的手中、流失率多高,我们的发货、出货、回款三者的数字是否统一,价格体系是否混乱,我们最大的成绩是什么,最大的不足又是什么,竞争对手的销量怎么样,我们能否在第一时间不仅拿到自己的分产品、分区域、分型号、分价位的准确市场数据,也能拿到对手的,等等,这些都需要我们厘清和反馈。

当然,反馈不仅仅是从市场中来的数据和反馈,还包括到市场中去的反馈。

7. 市场评估

有了反馈的信息和数据,就要进行各种评估:从决策到管理、到执行的每一个环节及其循环的横向评估,成本到效益的每一个环节的评估及其结合的纵向的评估,到最后的系统的立体评估。只有这样,才能够真正总结过去,面向未来;反思不足,发扬优点;检讨失误,走向成功。

(1) 决策评估:是否在做正确的事;决策是否考虑到管理的成本、执行的成本及收益的大小;是否考虑了形势的变化和突发的意外;碰到不可抗力时,是否考虑了备选方案。

(2) 管理评估:是否选用了比较优秀的人或是人才组合;是否起到决策与执行之间的沟通桥梁作用;管理成本是否最小;引导和催化作用是否明显。

(3) 执行评估:是否在正确地做事;执行力是否强大;执行是否出现了偏差;执行成本是否最小。

(4) 成本评估:费用支出是否合理;是否存在浪费的现象;有没有桌子底下的交易;成本控制是否到位。

(5) 效益评估:活动是否达到应有的效益和效果;是否还可以做得更好;成本效益比是否是最理想状态。

(6) 系统评估:有没有发现问题、分析问题、解决问题的能力;有没有良好的 PDCA 循环能力;有没有准确的预测能力;有没有强大的执行能力;有没有快速的信息反馈能力;有没有纠偏和纠错能力;我们的系统有没有预警能力;有没有补救能力。

任务5.2　新品上市推广策划方案结构及流程

● 训练营

描述新品上市推广策划方案结构及流程:根据提供的案例,总结描述新品上市活动策划方案的撰写结构及流程要求和注意事项。

● 故事汇

红纯葡萄酒新产品市场推广策划方案

一、前言

在摇曳的灯光下,沉醉在葡萄酒那殷红的色泽里,是一种惬意的心理享受。而饮用葡萄酒,更是一种排毒养颜、健胃活血的生理享受。葡萄酒的营养成分更胜于牛奶。对一般人来说,每天饮用200毫升左右的葡萄酒,益处多多。

葡萄酒虽好,但每日都喝一点的人却不多,主要原因在于葡萄酒的保鲜比较差,一旦开了就必须在三天之内喝完,否则容易变质。现在随着红纯葡萄酒机的到来,这个问题迎刃而解。红纯葡萄酒机采用的是21世纪新专利技术"盒中袋"式包装,有效阻止空气进入和阳光照射,能长久保鲜。葡萄酒开启后保鲜期长达6个月,使消费者每天喝一点的愿望轻松实现。本策划书主要侧重在红纯葡萄酒的包装功能的诉求,强调其"保鲜"特点,以迎合消费者每日喝一点的需求。

二、竞争环境分析

随着国内葡萄酒消费浪潮的兴起,葡萄酒以一种独特的品位吸引了广大的消费群。众多企业纷纷看中了葡萄酒市场这块蛋糕,使葡萄酒市场的竞争空前激烈。目前在国内市场,长城、张裕、王朝等国内葡萄酒企业控制着全国超过80%的市场份额。在重要的葡萄酒消费市场华南地区,长城、张裕和王朝三个品牌市场综合占有率之和超过60%。长城葡萄酒在华北、华南、西南、西北四个地区市场综合占有率均名列第一。其中在西南地区,长城葡萄酒市场综合占有率达到66.13%。张裕和通化葡萄酒则分别在华东、东北地区占据榜首。竞争对手的广告表现策略多为情感诉求,渲染一种喝葡萄酒的情调,红纯葡萄酒在广告表现方面应该另辟蹊径,采用以功能诉求为主的广告表现策略,重点宣传红纯葡萄酒的保鲜功能。

三、消费者分析

(1) 目标消费群体以中年人为主,其具有中等以上收入,有保健养颜的需要,平常有喝葡萄酒的习惯。

(2) 潜在消费者:以中老年女性为主,有中等以上收入,这些人还没有喝葡萄酒的习惯,却有保健养颜的需求。我们需要做的就是对她们宣传每日喝点葡萄酒的好处,以及我们红纯葡萄酒包装上的"保鲜"功能,以引导她们成为我们的目标消费群体。

(3) 现有葡萄酒消费群体的消费行为:主要在超市、酒店、酒吧购买,具有比较高的指名购买率,品牌忠诚度比较低。

(4) 现有葡萄酒消费者的态度:对葡萄酒一旦打开不能长久保鲜存在明显的不满,这就成为红纯葡萄酒机打开市场的契机。

四、产品优劣势分析

1. 优势

(1) 红纯葡萄酒的最大优势在于其包装的独特性,不同于市场上任何一款产品,其具有长久保鲜的功能,开启后保鲜期长达6个月。适合每日喝葡萄酒消费者的需要。

(2) 口感较好,能满足一般消费者的需求。

2. 劣势

(1) 产品形象模糊。

(2) 产品包装没有现代感,不够美观大方,其包装档次不够,不符合产品的价格定位。建议提高产品的包装档次,以符合其价格形象。

(3) 价格较高,不能满足很多较低收入的消费者每日喝一点的需求。建议降低售价,以争取更多的潜在消费者。

五、产品定位策略

(1) 价格定位:红纯葡萄酒的价格定位不宜过高,因为我们的目的是让红纯葡萄酒机成为人们每日都能方便饮用葡萄酒的一种工具,而由于红纯葡萄酒在包装功能等方面有其附加值,它的价格定位在中高价位比较合适。

(2) 功能诉求:红纯葡萄酒机与其他市场上的同类产品与众不同点在于其包装上的保

鲜功能,开启后易于保存。综上所述,我们把红纯葡萄酒定位为中高档易保鲜葡萄酒。

六、产品推广范围及时间

(1) 2010年在清远本地扎根。

(2) 2011年向广东各地区推广。

(3) 2012年面向全国普及。

七、广告诉求策略

1. 广告诉求对象

目标消费群体以中年人为主,其具有中等以上收入,有保健养颜的需要,平常有喝葡萄酒的习惯。

2. 诉求重点

广告诉求从消费者喜欢喝葡萄酒,但是葡萄酒却不容易保鲜,一旦开启就很容易变质入手,以突出红纯葡萄酒机不同于一般的葡萄酒,其有长期保鲜的功能,适合存于家庭饮用。

3. 诉求方法

感性诉求策略是同类产品常用不衰的诉求方法,它能够包含丰富的生活和情感内容,对诉求对象起到比较好的效果,因此建议"红纯葡萄酒机"广告也以感性诉求为主要的诉求方法。具体可以通过生活场景、处于日常生活中的人物形象和生活场景来表现。

八、电视广告文字脚本

1. 保鲜篇

场景一:

(1) 一男子在经过精心布置的家中苦苦等待自己的女朋友。

(2) 快到约会时间时男子打开了一瓶葡萄酒。

(3) 这时男子接到女朋友的电话说今天有事来不了了。

(4) 因为酒已经开了,怕变质,男子只能表情沮丧地独自把葡萄酒喝了。

场景二:

(1) 与场景一同样一个场景,另一名男子也在家中等待自己的女朋友。

(2) 快到约会时间时男子打开了一瓶葡萄酒,与场景一不同的是男子打开的是红纯葡萄酒。

(3) 这时男子接到女朋友的电话说今天有事来不了了。

(4) 挂了电话,男子微笑地自言自语道:"下次等你来的时候,我们一起来喝这瓶红纯葡萄酒。"

(画外音)"红纯葡萄酒——常饮常'鲜'"

2. 美容保健篇

思路:采用蒙太奇的手法表现红纯葡萄酒的美容功效。

场景:

(1) 在一个温馨浪漫的环境下,一女孩与一男孩正在约会。

(2) 女孩的脸色显得不好,但是男孩透过盛葡萄酒的杯子观察,就会发现女孩的脸色显得很好,如此反复几次。

(3) 等女孩喝了一点红纯葡萄酒以后,即使不透过盛葡萄酒的杯子观察,女孩的脸色也变得出奇的好了。

（画外音）"红纯葡萄酒——常饮常'鲜'"

拍摄重点：

(1) 场景的布置要有梦幻情调。

(2) 女孩脸色的变化要处理得当。

九、公益活动

思路：要与众不同，用支持国防作为企业长期的公益活动。

主题：心系慈善　红纯有责。

活动方式：消费者每购买一瓶"红纯葡萄酒"，红纯企业就拿出1元钱来支持慈善事业。红纯企业还将不定期组织一些爱国主义教育，比如组织贫困地区儿童参观军事基地、为退伍军人提供就业机会，等等。

十、现场品酒活动

思路：采用在清远举行露天酒会的形式，让红纯葡萄酒在较短时间内为人们所熟识。并利用特殊形式，向消费者展示红纯葡萄酒的长久保鲜功能。

主题：常饮常"鲜"——红纯葡萄酒现场品酒会。

活动方式：在清远较繁华地带（可以选择城市广场、赢之城等）举行现场品酒会，将红纯葡萄酒机做成较大的模型（质地与商品一样，大小相当于普通饮水机）放置于现场，供消费者任意享用，并在现场派发一些红纯葡萄酒的宣传资料。为了吸引人群，还可以在现场搭台，与消费者进行一些互动活动。

特别活动：为了证明红纯葡萄酒的保鲜功能，并制造新闻亮点，还可以现场打开一瓶红纯葡萄酒机模型，先请消费者品尝里面倒出的葡萄酒。接着将这瓶葡萄酒机放置于现场，一个月后，在新闻媒体的监督下，再次从这瓶葡萄酒机里倒出葡萄酒请消费者进行品尝。如果葡萄酒依然新鲜，那么红纯葡萄酒的保鲜功能也将被清远消费者牢牢记住。可以利用这个亮点，邀请一些新闻单位进行现场报道，以达到很好的宣传效果。

十一、广告媒介策略

1. 媒介策略

由于本次广告活动是"红纯葡萄酒机"首次在清远开展广告活动，而且企业准备投入较多的费用，所以我们建议采取全方位的媒介策略。

(1) 以电视广告为主导，向目标消费者做重点诉求，争取以电视广告达到最广泛的覆盖面。

(2) 以报纸、电台广告为补充，向目标消费者传达关于产品的更丰富的信息，同时将各种促销活动的内容及时告知消费者。

(3) 以张贴广告（吊旗等）、邮报等形式在各大超市、商场进行品牌宣传。

(4) 用公交车体广告进行宣传。

(5) 在家友超市各大门店（建议选择家友庆春店、华商店、义乌店）进行大型户外广告宣传。

2. 媒介选择的标准

(1) 选择清远地区对消费者生活最有影响力的媒介。

(2) 选择清远地区消费者接触最多的媒介。

(3) 选择最家庭化的媒介。

(4) 选择清远地区最有亲和力的超市、商场（益华百货、华润万家）。

3. 所选媒介

（1）电视媒介选择清远地区最深入家庭的清远1套频道以及清远公共频道。这两个频道是清远地区收视率最高的电视台，一般家庭都收看，并且收视人群比较接近于我们的目标消费者。

（2）报纸方面选择《清远日报》及《广州日报》。

（3）公交车体广告，选择绕清远各繁华地段的14路车等。

（4）利用益华百货、华润万家的吊旗以及邮报封面进行宣传。

（5）广告发布频率：各媒介在广告发布的时间和频率上互为补充。在广告开始的一个月内采取集中发布的策略，即在各媒介上持续发布广告，以节省广告费用，保持广告的持续性，起到持续的说服和提醒作用。

4. 整体传播策略

因为本次广告活动是"红纯葡萄酒机"的首次广告活动，需要迅速打开市场，因此除广告之外，还需要促销活动的配合。通过广告促使消费者产生购买欲望，通过促销促使消费者直接产生购买行为。

整体传播活动由下面的内容构成。

（1）媒介广告：通过上述大众传播媒介发布广告。

（2）售点广告：在红纯葡萄酒的所有售点张贴各种宣传资料。

（3）售点促销活动：在各售点派出促销人员，直接开展促销。

① 现场品尝：请消费者现场品尝红纯葡萄酒，并发放企业制作的宣传册。

② 赠品促销：向购买一定数量产品的消费者赠送小型礼品或者采取买几送几的方式赠送。

③ 加大包装促销：制作特别的包装以优惠价格出售。

（4）各种主题促销活动：与报纸广告相配合，开展大型的促销活动，以吸引更多的消费者购买本产品(比如在部分商品包装中加入幸运兑换券，消费者凭兑换券可以免费兑换一定数量的商品)。

（5）产品本身的配合。由于本产品的重点诉求在于其"保鲜"功能上，所以在包装上一定要进一步改善保鲜功能。如果保鲜功能不能过关，那么做以上的广告就等于搬起石头砸自己的脚。在保鲜功能能够保证的前提下，进一步增加其包装的美观性。因为喝葡萄酒的人具有一定的品位，希望在包装上也能满足他们的需求。

请回答：在上述红纯葡萄酒的案例中，新品上市活动策划方案的撰写结构及流程要求是什么？有哪些注意事项？请将问题讨论结果用表格形式呈现并交流。

知识库

5.2.1 新品上市活动常见的终端推广形式及策略

新品上市活动常见的终端推广形式

1. 新品上市活动常见形式

根据新品的特征，一般新品上市的终端活动有以下三种常见的形式。

（1）样品免费派送活动。免费派送活动是新品上市活动中应用最多的一种活动形式,它主要是通过向目标市场内的目标消费者进行样品的免费派送,通常是对新品进行规格改变,即一些小包装的商品,在人流比较集中处由销售人员免费派发给消费者。这种方式的优点在于操作比较简单方便,且目标消费者比较乐于参与,也使新品与目标消费者接触的机会更多,从而消费者可以亲自体验新品给其某种需求带来的满足。但这种方式也有不足之处,主要表现在目标群难以把握,从而也导致后续的效果难以控制。

(2) 销售区域营业展示推广活动。该活动主要是在一些相关产品销售区域或老产品的销售区域,利用舞台进行一些与新品有关的演出和游戏来吸引目标消费者参与,在此过程中利用游戏奖励的形式或免费派送的形式向参与人员派发新品,从而使消费者在演出与游戏中更好地认识产品,在派送过程中更好地体验新品。

(3) 销售现场买赠活动。这种活动是品牌系列产品已经在目标区域进行销售,并且有一定的知名度和美誉度,通过消费者在购买老品时赠送新品的方式,让目标消费者与新品进行零距离接触,从而使消费者更好地体验新品,并能够迅速接受新品。

2. 新品上市推广策略

新品上市是一个新品被大众广泛接受的过程,在此过程中如果辅以适当的推广策略,必能对新品的成功推广起到推波助澜的作用。一项成功的推广策略一般包括以下几个阶段。

(1) 积蓄消费者势能阶段。目前企业界十分重视新品的推出速度,这对新品的成功上市未必有利,企业应该在新品上市前进行必要的消费势能积蓄,以便快速推动新品的成长。企业的势能积蓄主要包括3个方面:①对消费环境与消费形态要有充分的认识;②具备强大的新品研发能力;③对消费者心理的充分研究与良好的心理预期。

(2) 引爆消费者需求阶段。消费者的需求永远存在,关键是如何在最短的时间里使消费者的需求被无限放大。引爆消费者势能就是集中企业所有资源,综合运用营销要素对新品进行最大限度的推广。在此阶段要特别重视促销、渠道策略的结合,同时配合适当的事件营销,这样常常能取得意想不到的良好效果。

(3) 引导消费者阶段。当新产品进入一个相对比较稳定的消费阶段时,引导消费者便成为新品推广的主要任务。消费潮流的引导应主要突出两点,一是强大的市场执行力,二是细节的力量,同时企业要重视以竞争为特征的系统制胜,因为在这个阶段决定企业竞争优势的主要是沉着冷静的系统策略。

(4) 推动消费者升级阶段。消费者总是处在一个非常动荡的社会环境中,市场特征不断变化,竞争对手总是在不断地调整消费者的胃口。因此,企业必须更多地考虑竞争对手的要素,推出消费者升级工程以维护新品在消费者心中的地位。主要的升级活动有持续不断的热点营销,推陈出新的营销组合,直指心灵的产品策略等。当企业发现原来的新品已经难以调动消费者的情愫时,就要考虑引入另一个新产品,开始一轮新的循环。

另外新品铺货要遵循金字塔原则:把铺货重点放在塔腰和塔底,越接近塔底,越要加大铺货力度和广度,而且尽量做到现款铺货。

比如,应要求经销商避免对大型二级网点铺货,而把铺货重点放在小型二级网点和终端(尤其接近目标顾客群的终端)。小型二级网点一般生意较差,空闲时间多,新品相对较高的差价对他们有诱惑力;而铺市的终端数量多,直接接触顾客的机会就大。下沉渠道铺货虽然会使企业和经销商前期付出较高的成本,但市场比较扎实,一旦终端和小型二级网点重复要货,就会拉动大型二级网点主动进货。

> **超链接**
>
> **新品上市的模式与路径**
>
> 新品上市有许多模式与途径,总体上大致有以下几种。
>
> 一是培训。通过培训改变消费习惯和引导消费潮流。例如,由于计算机和软件许多人不会操作,也就觉得买不买计算机产品和软件产品无所谓,而一旦厂家先对他们进行培训,使其学会(基本)使用,就能达到"让牛口渴"之目的,进而激发其购买欲望。
>
> 二是派发或作为促销品。免费赠送样品,让消费者亲身体验到新品的妙处,是最生动有力的促销方式。所谓"百闻不如一见,百见不如一验(实验、试用)",正是这个道理,如宝洁的许多新品上市都是先通过派发让消费者体验;如飞儿馍片的上市首先通过将其作为超市的促销品(消费者购物金额达到一定的数量就免费送一盒),然后迅速铺货。
>
> 三是示范。若企业没有雄厚资金大搞派发活动,可以通过示范方式达到目的。示范是把样品摆在公共场所,由厂家促销员示范给消费者看,也可以鼓励顾客亲自操作。
>
> 四是以旧兑新。让消费者拿旧产品折价兑换新产品,既解决了废旧品的回收利用问题,又能起到激发消费者使用新产品的目的。
>
> 五是先用后付款。有条件和信誉保证,先用后付款对消费者和企业来说不失为一种两全其美的办法。而且,在消费心理习惯上,认为敢于"先用后买"的,应该是质量过硬的信得过产品,这无疑又为新品增加了说服力。

5.2.2 新品上市推广活动策划流程

新品上市推广活动策划流程如表 5-4 所示。

新品上市推广活动策划流程

表 5-4 新品上市推广活动策划流程

基本流程	操作说明
确定新品上市活动策划目标	① 迅速打开市场知名度,让目标消费者成为最终用户 ② 短期目标提高新品曝光率,加深目标消费者的产品认识
确定新品上市的活动方式	① 样品免费派送 ② 展示推广活动 ③ 买赠活动
撰写新品上市活动策划方案	在制订策划案时应考虑以下问题: ① 新品的种类 ② 参与渠道 ③ 活动期限 ④ 活动的规模 ⑤ 策划预算及分配方式
活动相关物品的准备	新品上市活动相关物品: ① 对消费者的有:派送的样品、邮寄广告、宣传册、海报等 ② 对中间商的有:POP 广告、买赠的赠品等 ③ 其他:推广活动所需的舞台设备,如音响设置、产品展示台等

续表

基本流程	操作说明
新品上市活动策划案实施与控制	在执行中要注意和测量市场反应,并及时进行相应控制和调整,如活动范围、强度、频度及重点
评估新品上市活动策划案执行结果	可采用以下的方法: ① 限定期间内的新品购买量 ② 消费者的新品试用评价 ③ 较长期间内的新品与相关老品的销售比率

5.2.3 新品上市活动策划方案结构形式

新品上市活动在销售终端策划过程与企业形成新品思路的过程属于一个系统中的不同环节的工作,这里主要介绍新品形成后在销售终端的上市策划活动。一份较完善的新品上市活动策划方案大致应包括 11 个部分,如表 5-5 所示。

表 5-5 新品上市推广活动策划方案结构

策划方案组成部分	具体说明	注意要点
活动背景介绍	既是对策划内容的高度概括性表达,又起到导读的作用 具体包括以下内容 ① 本次策划涉及的新品及特征 ② 目前的市场现状,即竞争分析与机会分析	① 字数应控制在 500 字以内 ② 客观、真实地描述市场现状
活动目的	根据市场现状等因素确定本次活动的目的	① 用简洁明了的语言将目的表述清楚 ② 只有目的明确,才能使活动有的放矢
活动对象	活动的对象选择得正确与否将会直接影响促销的最终效果	① 要明确活动控制在多大的范围内 ② 确定哪些群体是活动的主要目标 ③ 确定哪些群体是活动的次要目标
活动主题	根据具体的新品特征以及活动方式来确定,如样品免费派送,"新感觉、新体验、你优先"等	① 主题要单一 ② 淡化活动的商业目的,使活动更接近于消费者,更能打动消费者 ③ 因是活动方案的核心部分,应该力求创新,使活动具有震撼力和排他性
活动时间和地点	在时间上尽量选择消费者空闲的时间,在地点上要根据不同的活动方式进行有效选择,如样品免费派送应选择人流量较大且通道少的地区,而新品展示推广活动应选择场地相对空旷又有较大人流量的地区	① 在地点上应事先与相关管理部门做好协调工作 ② 时间长短把握好
活动宣传	① 海报宣传为主 ② 横幅、电视、传单等多样形式配合	宣传媒介的选择要与活动对象良好地对接

续表

策划方案组成部分	具体说明	注意要点
活动的前期准备	① 人员安排 ② 物资准备 ③ 试验方案	① 在人员安排方面要"人人有事做,事事有人管",无空白点,也无交叉点。谁负责与政府、媒体的沟通;谁负责现场管理;谁负责礼品发放;谁负责顾客投诉等 ② 在物资准备方面,要事无巨细,大到车辆,小到螺丝钉,都要罗列出来,然后按单清点,确保万无一失 ③ 试验方式可以是询问消费者,填调查表或在特定的区域试行方案等
活动方式及内容	阐述活动开展的具体方式及内容,主要包括两个方面: ① 确定伙伴:厂家单独行动,和经销商联手,与其他厂家联合,和政府或媒体合作 ② 围绕主题,开展各项活动	① 活动方式的选择要有助于借势和造势 ② 活动方式应费用低、效果好,从而降低风险
费用预算	对促销活动的费用投入和产出应做出预算	预算要精确、详细、具体
意外防范	每次活动都可能出现一些意外。比如政府部门的干预、消费者的投诉,甚至天气突变导致户外的促销活动无法继续进行等	必须对各个可能出现的意外事件做必要的人力、物力、财力方面的准备
效果预估	预测这次活动会达到的效果,以利于活动结束后与实际情况进行比较,从刺激程度、促销时机、促销媒介等各方面总结成功点和失败点	评价方法运用得当

● 金钥匙

新品上市策划操作要点

要点一:新品上市活动通常需要一定的时间,所以要注意整个活动的整体安排,注意时间长度,以达到提高曝光率,加深目标消费者对产品认识的目的。

要点二:新品上市活动策划注重的是行动,要求消费者或经销商的亲自参与。

要点三:新品上市活动策划具有多样性,应不拘一格。

要点四:新品上市活动策划不是新品开发策划,两者要区分开。新品上市是指已经开发好的产品初次投放市场。

要点五:新品上市活动策划的主体不一定是生产该产品的企业,也可以是第一次经销某产品的商业企业。

 超链接

新品上市策划全案结构

一、前言(上市的目的)

二、市场背景分析

1. 品类市场的总体趋势分析。

2. 消费者分析。

3. 竞争及该品类市场的区格市场占比分析。
4. 得出结论：①新品定位的市场整体趋势；②产品选项迎合了某些市场机会。

三、企业现有产品 SWOT 分析

四、新品描述及核心利益分析

1. 新品的口味、包装、规格、箱容、价格、目标消费群等要素详细描述。
2. 各要素相对竞品的优势。
3. 新品相对竞品的诸多好处中有什么特别优势。
4. 最后得出结论：我们有充足的理由（优势）会赢。

五、新品上市进度规划

六、铺货进度计划

七、通路和消费者促销

促销活动方案的确定，具体的时间、地点、方式等细节的落实。

八、宣传活动

企业投入的广告具体播放时间、频率、各种广宣品、助陈物的样品和投放区域、方式及投放数字。

九、其他

新品销量预估、营销费用预算、产品损益评估等。

任务5.3　新品上市推广策划专项训练

训练营

大数据时代，商品推广以更精准、更快速、更大量、更多样化和更有价值的方式进行，阅读以下案例，分析华为在新品上市推广中如何运用大数据进行策划，撰写分析报告。

华为 Mate 10 新产品上市策划

2017 年 10 月 16 日，华为 Mate 10 在德国慕尼黑发布；10 月 20 日，华为在国内正式发布 Mate 10。下文以华为 Mate 10 手机新品上市过程为分析对象，利用大数据分析 Mate 10 在发布之后，媒体舆论的趋势、潜在用户的画像和用户对 Mate 10 的评价。基于大数据分析，了解媒体和用户对 Mate 10 的反馈，从而为制定后续营销策略提供坚实的支撑。

一、产品上市期整体趋势

1. 全网热度概览

热度指数客观上反映了事件、人物、品牌等在互联网上的受关注程度。Mate 10 自从 10 月 20 日在上海正式发布后，整体和移动的搜索指数均上涨了 25% 以上，并且在 10 月 16 日和 20 日形成了 2 个波峰，24 小时后热度降低 70%，见图 5-1。下文从上市预热、上市热度两个方面分析 Mate 10 上市整个过程的热度。

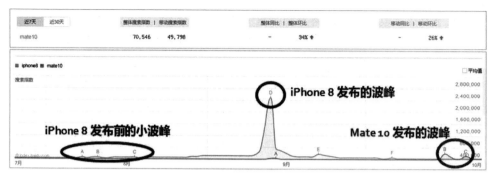

图 5-1 热度指数

(1) 上市预热

Mate 10 在上市发布前的热度一直较低,并未提前进行用户宣传,用户对 Mate 10 的关注度也较低,可见 Mate 10 上市前的提前预热稍显不足。相比之下,iPhone 8 在 9 月 13 日发布之前就已有 3 个小高峰。3 个小高峰的内容均是提前爆料 iPhone 8 的电池、带壳照等提前剧透相关消息。在产品还未上市,关于 iPhone 8 的各种猛料占据着新闻头条,让 iPhone 8 一直活跃在用户的视线,提前进行用户宣传,预热市场,以至于 iPhone 8 在发布前和发布后都能够持续保持热度。

(2) 上市热度

与 iPhone 对比,Mate 10 在 10 月 16 日和 20 日的两个波峰热度也仅仅为 iPhone 在 9 月 13 日热度的 1/4。在上市 24 小时后,Mate 10 的热度降低了 70%,热度持续的时间较短。

2. 媒体洞察

(1) 媒体报道趋势分析

媒体发布的趋势与 Mate 10 上市发布过程保持一致,均在 10 月 16 日、20 日、24 日到达波峰,上市结束后媒体热度开始逐步下降。结合图 5-2,Mate 10 的新闻报道 53% 是发布在站长之家,10% 是凤凰科技,8% 是 Techweb。新闻发布渠道过于集中,一大半都集中在站长之家,而在科技咨询类网站中,站长之家的影响力并不属于龙头网站。

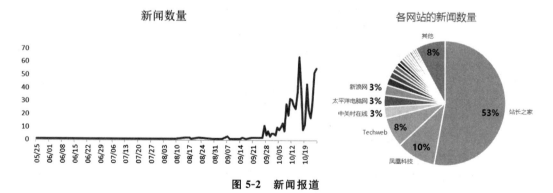

图 5-2 新闻报道

(数据来源:百度新闻)

(2) 媒体关注焦点分析

结合图 5-3,可以看出媒体报道是以介绍产品为主,关注焦点是麒麟 970 芯片、AI、屏幕等。Mate 10 主打的特色是新一代麒麟 970 芯片(AI 芯片)、EMUI 8.0、人工智能等。由此可以看出,媒体报道的焦点和华为 Mate 10 想要传递的信息是一致的,并且媒体的态度大部分是正面的。

二、潜在用户画像

华为 Mate 系列手机主打商务旗舰,定位高端,目标人群是中年高端商务人群。下文通过百度指数,分析 9—10 月搜索华为 Mate 10 相关词语的用户特征,从而分析主动搜索 Mate 10 的潜在用户的性别分布、年龄分布、地域分析,为潜在用户构建用户画像,匹配潜在用户与 Mate 10 目标定位是否一致,从而为后续精准的营销策略提供一定的参考。

1. 用户性别分布

从图 5-4 可以看出,男性占比 88%,女性占比 12%,男性是女性的 7 倍以上。在高端商务人群中,男性占比超过六成,即在这个人群中,相比男性,女性对 Mate 10 的兴趣并不大。

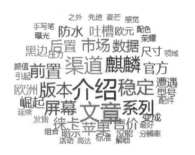

图 5-3　媒体关注焦点

(数据来源:百度新闻)

图 5-4　性别分布

(数据来源:百度指数)

2. 用户年龄分布

从图 5-5 可以看出,56% 潜在用户年龄是 30~39 岁,25% 是 40~49 岁,17% 是 20~29 岁。Mate 10 的目标群体的年龄 81% 以上是 30 岁以上人士,尤其是 30~39 岁,是中年阶段人群。Mate 10 在 30 岁以下的年轻群体中影响力较小。

3. 用户区域分布

下文从省市、城市两个层次进行分析。从省市上看,广东、北京、上海、江苏和浙江对 Mate 10 的关注度高;从城市上看,北京、上海、深圳、广州和杭

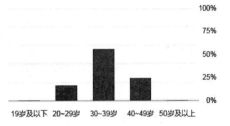

图 5-5　年龄分布

(数据来源:百度指数)

州对 Mate 10 的关注度高。潜在用户集中在沿海发达省份、一线城市的原因可能有:一是发布会在上海举行;二是新产品上市首发在一线城市开展。在首发之后,营销推广应该持续深耕下沉,进一步挖掘二三线城市的目标群体。

三、用户评价

下文采集京东商城和华为商城的 Mate 10 用户购买评价,共计 1564 条。从用户评价趋势、用户评价情感、用户聚焦点和用户典型意见 4 个方面进行文本分析。

1. 用户评价趋势分析

(1) 用户评分分析

根据用户对产品的评分进行分组,分析用户对 Mate 10 的满意度。从图 5-6 可知

98.5%的用户对Mate 10是非常满意的,给出了5分的评价;次之的4分评价占了0.8%的比重。4分和5分的评价占比超过了99%。可以看出总体市场上反馈非常不错。

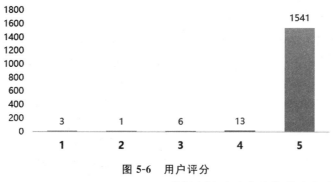

图5-6 用户评分

(数据来源:京东商城 & 华为商城)

(2) 用户反馈趋势分析

通过追踪每天用户的正面、负面评论数量,分析引起异常波动的原因,及时采取应对策略。鉴于Mate 10现还处于预约销售阶段,只爬取到10月20—22日的京东商城和华为商城的评论数据。从图5-7可以看出,负面评论数据基本保持稳定,正面评论数据随着销量的增加呈现上升走势。10月22日中午11点,评论数据到达高峰,这应该是大多数用户收到产品的时间了。

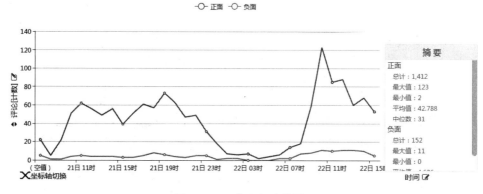

图5-7 正、负面评论数量

(数据来源:京东商城 & 华为商城)

2. 用户评价情感分析

根据用户的评论,综合分析用户对Mate 10的总体情感反映,情绪倾向,从而反映用户对Mate 10的总体态度是肯定的还是否定的。91.56%的用户对Mate 10的评价是正面的,负面评价占比8.44%。用户对产品不满意的方面将在下面具体分析。总体来看,用户对该产品还是较为满意的。

3. 用户聚焦点分析

(1) 整体用户的关注焦点

提取1564条用户评论的关键词,分析用户评论中的关键词语。从图5-8可见,按照语义进行划分包括品牌词、产品功能词、程度词三大类。品牌词有华为。产品功能词有屏幕、摄像、双卡、电池、轻薄、质感、颜值、后置指纹、听筒等。程度词有不是盖的、爆表、很好、不枉、不足等。从关键词可以看出,用户对华为品牌、Mate 10 基本满意,但也有存在不足的地方。

（2）KOL 用户的关注焦点

筛选用户评论中点赞数较多的评论,对这些 KOL(key opinion leader,关键意见领袖)用户的评论进行综合分析。结合图 5-9 的关键词提取,发现 KOL 用户关注的产品功能词有照相、外观、分辨率、屏幕、系统、设计等,程度词有速度快、灵敏、完美、清晰、流畅、非常好等。KOL 用户对 Mate 10 功能的评价更加细致,评价中最突出的词是物流速度快。

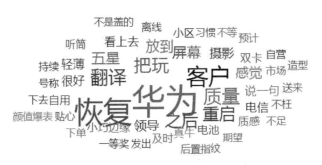

图 5-8　整体用户的关注焦点　　　　　图 5-9　KOL 用户的关注焦点
（数据来源:京东商城 & 华为商城）　（数据来源:京东商城 & 华为商城）

4. 用户典型意见分析

（1）整体用户典型意见

通过文本分析,抽取典型的用户意见,从而迅速梳理出用户对产品所关注的话题。结合图 5-10,可以看出用户对 Mate 10 的整体反馈不错,主要体现在系统流畅、手感好、外观漂亮、做工精细、物流速度快等,尤其是物流速度快比重最大。

行号	内容
643	物流快,手机不错
263	第一次用华为手机,不错,本来想等华为mate10 pro的,可惜还没有发布,也等不及就入手了,价格也不贵,值得入手
584	手机很不错啊,外观也不错,iOS转安卓,还是可以接受的
393	手机很不错,早上八点多就送来了,迫不及待地开了箱,不得不说,这手机很赞,屏幕清晰而锐利,系统运行也蛮快的,拍...
585	第一次用华为的手机,感觉不错。
586	手机不错,颜值高,系统流畅,华为品控值得信赖。
1294	物流非常快,手机非常好,照相非常不错!
1358	手机很不错,之前一批买的mate9 看到mate10 果断把9给卖了,支持华为,立马秒,果断秒
1550	手机不错,期待满满,收获满满!我要好好把玩!华为mate10人工智能,太棒了

图 5-10　整体用户典型意见

（数据来源:京东商城 & 华为商城）

(2) 负面评论典型意见

由图 5-11 可知,用户的负面观点主要是对物流配送服务质量、手机包装、手机周边优惠券/礼品等方面有不满,对产品本身的负面评价则不多。用户对物流不满意的主要是在明确当面签收的情况下,快递人员仍把快递放到蜂巢。这样的行为让部分用户觉得物流服务的可靠性和安全性降低。

0.37	实现梦想
0.39	送过来不看的,没有允许怎么私自放蜂巢,没有当面签收
0.41	买手机后的优惠券在哪里呢?
0.42	键盘失灵?(偶尔)聊天过程中,想要输入文字,怎么点击都不出键盘,是怎么回事?
0.42	mate10比mate9改进的不止一点点,更好看,更快了!
0.42	明明写的是送货到家,结果顺丰还放到丰巢。只有这点不满意
0.42	我的摄像头怎么没装好,里边的电路板都能看见了??????伤心啊.....
0.43	快递单上明明写着战略客户,需要当面派送,不允许代收或者放到智能柜,为啥顺丰还是放到丰巢了事?华为难就不跟这...
0.43	打客服电话也没人解决,希望有关部门给我解决,我的电话189112XXXXX
0.43	就是没有礼包,为什么别人都有,而我没有
0.44	比mate9小

图 5-11 负面评论典型意见

(数据来源:京东商城 & 华为商城)

四、结论与建议

1. 结论

通过分析媒体和用户的言论,了解到用户和媒体对 Mate 10 的态度多数都是正面的,对物流、系统、外观、摄像等都较满意。通过上述的数据分析,针对 Mate 10 新品上市,得出了以下 3 条结论。

(1) Mate 10 新品上市前期预热不足,新品上市后热度持续较短

在 Mate 10 正式发布前,用户的搜索热度、媒体的报道热度都较低。华为在 Mate 10 发布前并未进行大规模地预热市场,提前向用户宣传。同时在产品上市后的 24 小时内,Mate 10 的热度就快速降低,热度的持续时间较短,新产品在用户中的话题持续度较短。相比 iPhone 在市场上的标签,华为 Mate 10 在上市前和上市后的宣传都存在不足。

(2) Mate 10 的目标群体男性占比 7 倍于女性,男女比例较为失衡

Mate 10 主打商务续航、双卡双 Wi-Fi,侧重商务优化技术,如金融级安全芯片、高清音质等,目标锁定在中年高端商务人群。通过分析,可以看出 Mate 10 的潜在用户男女比例分布严重失衡,男性占比 88%,女性占比 12%。在高端商务人群中,女性对 Mate 10 的兴趣并不大。结合图 5-4 和图 5-5,再深层次分析华为手机整体的潜在用户群体可以看出,华为手机的潜在用户主要是 30~49 岁的男性,对年轻群体和女性群体的影响力很小。在智能手机领域,女性是一大消费群体,但华为手机并未占据女性用户的心智。

(3) 物流速度和质量是用户整个购买过程中的一个重要影响因素

通过对用户评价数据的文本分析,物流速度、物流服务对用户满意度的影响较大。大部分用户对物流速度评价很高,但是有一小部分用户对物流的质量较不满意,比如在明确需当面签收的情况下,对仍然放到蜂巢的配送服务很不满意。鉴于手机是贵重物品,用户对物流

的可靠性和安全性的要求也相应较高,须加强和提升物流服务。

2. 建议

(1) 加强新产品上市前的前置营销和上市后的持续营销

在后续 Mate 系列的新品上市时,需要注重产品上市前的前置营销。通过提前的"泄密""揭露"吊起用户的胃口,持续活跃在用户的视野,预热市场。在新产品上市前就让新产品在用户心智中占据一定的位置。前置营销比等到产品上市后再宣传更有效,可以增强新产品上市时的热度。

同时在新产品上市后,也需要加强产品后续的相关营销,而不是把发布会当作终点。上市后,可以持续做销量、用户产品质量评价等报道,让产品能够持续活跃在用户的视野。

(2) 加强女性对手机的需求,扩大新产品在女性用户中的影响力

针对目标群体,Mate 10 主打商务续航、高清通话、双卡双 Wi-fi、系统流畅、金融安全等。Mate 10 主打的功能符合高端商务人士的需求,但是对女性高端商务人群的影响力仍不足。不仅仅是 Mate 10 对女性群体影响不足,华为手机整体的品牌形象对女性的吸引力也不足。在后续的产品设计、产品宣传中,应该着重突出女性群体需求,扩大目标群体的范围。

(3) 加强与提升同京东商城的合作

在购买手机的过程中,消费者对物流速度和质量比较看重。京东商城作为产品购买的首要阵地,与京东商城的合作很重要。部分用户对物流服务质量表示了差评,华为应加强与提升同京东商城的合作,确保物流的速度和质量,保障物流服务的可靠性与及时性。

资料来源:http://www.woshipm.com/data-analysis/838332.html.

章节测试题

一、不定项选择题

1. 以下( )不是新品上市活动策划运作过程的步骤。
   A. 市场调研与分析　　　B. 产品包装设计　　　C. 市场预测
   D. 决策　　　　　　　　E. 运作

2. 新品上市的市场调研与分析的内容包括( )。
   A. 消费者调研　　　　　B. 竞品调研
   C. 组织自身 SWOT 分析　D. 新品概念分析

3. 新品上市市场预测包括( )。
   A. 概念预测　B. 销量预测　C. 对手预测　D. 产品预测

4. 新品上市的市场评估包括( )。
   A. 决策评估　B. 管理评估　C. 执行评估　D. 成本评估　E. 效益评估

5. 新品上市活动常见的形式有( )。
   A. 样品免费派送　　　　B. 销售区域营业展示推广
   C. 销售现场买赠　　　　D. 路演

6. 新品上市推广策略有( )几个阶段。
   A. 积蓄消费者势能　　　B. 引爆消费者需求
   C. 引导消费者　　　　　D. 推动消费者升级

7. 新品上市的模式与路径以下（　　）不对。
   A. 培训　　　　　　　　B. 派发或作为促销品　　　　　C. 示范
   D. 以旧兑新　　　　　　E. 先付款后用

二、讨论题

1. 凉茶是广东、广西地区的一种由中草药熬制、具有清热去湿等功效的"药茶"。在众多老字号凉茶中，又以王老吉最为著名。王老吉凉茶发明于清道光年间，至今已有190来年历史，被公认为凉茶始祖，有"药茶王"之称。到了近代，王老吉凉茶更随着华人的足迹遍及世界各地。

   20世纪50年代初，王老吉凉茶被分成两支：一支完成公有化改造，发展为今天的王老吉药业股份有限公司，生产王老吉凉茶颗粒（国药准字）；另一支由王氏家族的后人带到中国香港。在中国大陆，王老吉的品牌归王老吉药业股份有限公司所有；在中国大陆以外的国家和地区，王老吉品牌为王氏后人所注册。加多宝是位于东莞的一家港资公司，经王老吉药业特许，由香港王氏后人提供配方，该公司在中国大陆地区独家生产、经营王老吉牌罐装凉茶（食字号）。

   讨论："加多宝"相对于"王老吉"来说，算不算是新品？如果算新品，那么在大家已经对"王老吉"相当熟悉的情况下，如何推广"加多宝"？

2. 2015年6月30日，荣耀在北京举办"荣耀•GO勇敢"2015年度新品发布会，正式发布了备受期待的年度旗舰手机——让"世界有点不同"的荣耀7，同时也推出了荣耀手环zero，以及蓝牙耳机"荣耀小口哨"等新品。

   讨论：请同学们打开链接 http://mobile.zol.com.cn/528/5284400.html，百度搜索相关内容，探讨本次荣耀7与华为以往型号手机的不同之处，以及与其他手机品牌相比，有哪些优势？

项目 6

公共关系主题活动策划

他山之石

公共关系主题活动是指社会组织为了某一明确目的,围绕某一特定主题而有计划进行的各种特殊的公共关系活动。同其他任何传播、沟通方式或活动一样,公共关系主题活动是借助特定主题而开展的同公众共同交往的特殊活动,因而其效果显著,且具有明显的共时性。公共关系主题活动是社会组织与广大公众进行沟通、塑造自身良好形象的有效途径。社会组织之所以要不断开展公共关系专题活动,就是为了不断增进同公众之间的面对面共同交往和紧密联系,从而使双方关系的协调步入实质性的和谐佳境。

目标与要求

(1) 了解公共关系策划的基本概念和内容。
(2) 熟悉企业公共关系主题策划的形式和内容。
(3) 熟悉公共关系主题策划的基本格式和技巧。
(4) 能按要求撰写公共关系主题策划方案。

工作任务

撰写公共关系主题策划方案。

任务书

(1) 认识公共关系主题策划的基本概念和内容。
(2) 认识企业公共关系主题活动形式和内容。
(3) 描述公共关系主题活动策划方案结构及流程。
(4) 撰写公共关系主题活动策划方案。

项目实施与考核

【实施步骤】

(1) 将班级每5位或6位同学分成一组,每组确定1人负责。
(2) 学生按任务书要求,在教师指导下完成任务要求的内容。
(3) 各小组将任务完成成果以PPT形式在班级进行展示、交流、讨论,教师总结点评。

【项目考核】

(1) 项目考核以小组为单位。

(2) 项目考核同时包含小组协作、态度、汇报表达等内容。
(3) 以任务书中最后一个综合任务作为项目考核内容。
(4) 项目考核形式如表 6-1 所示。

表 6-1 项目 6 考核评价

评价指标	评价标准	分值	评估成绩/分	所占比例/%
评价方式及内容	① 策划主题明确	5		65
	② 策划活动目的表述准确	10		
	③ 对象、场所、时间明确	5		
	④ 内容具有创新性和可行性	15		
	⑤ 策划方案结构合理、内容完整	10		
	⑥ 活动控制措施可行	10		
	⑦ 费用预算具体、合理	5		
	⑧ 效果评估	5		
汇报交流	PPT 制作版面专业性强、结构层次分明	10		30
	汇报思路清晰、语言表达流畅	10		
	回答问题思路清晰、内容准确	10		
学习过程	如出勤、参与态度等	5		5
小组综合得分				

任务 6.1 公共关系主题活动策划基础认知

训练营

认识公共关系策划的基本概念和内容：查阅资料与信息，实地观察企业公共关系活动形式和内容，编制企业公共关系活动事例分析表（见表 6-2）说明公关活动模式及特点等内容，并分组交流。

表 6-2 企业公共关系活动事例分析

公关活动名称	活动时间	活动特点 （规模大小、时间长短、形式等）	效果评价

故事汇

案例 6-1　35次紧急电话

一名美国女记者在世界著名的日本奥达克余百货公司买了一台未开启包装的电唱机，准备送给住在东京的婆婆，结果当她到婆婆家试用时，发现电唱机少了重要的内件，心中非常恼火，当晚写成一篇《笑脸背后的真面目》新闻稿。第二天正当她动身出门准备找公司交涉时，奥达克余百货公司的副总经理和一名职员找上门来当场道歉，承认失误，亲手将一台完好的电唱机，外加一张著名唱片和一盒蛋糕奉上。女记者了解到为了寻找她，公司打了35次紧急电话，包括打国际长途到女记者所在的美国公司，她非常感动，立即重写一篇《35次紧急电话》新闻稿。

请回答：日本奥达克余百货公司为什么要打35次紧急电话？

案例 6-2

美国歌露博—雅美拉达公司开发了一种名叫"安全、轻便4x"型的夹层薄玻璃。这种玻璃强度高，经得起重击而不破碎，但怎样才能得到建筑行业的认同呢？此时，恰逢美国劳教委员会在密尔沃基市召开会议。于是，该公司公共关系部抓住时机举办了新产品展览。公司把这种新产品玻璃镶在框架中，右上角贴上"安全、轻便4x"标签，玻璃背面贴上一张1000美元的支票，旁边放着的几根球棒，告示牌写着："击破者有奖。"参观的人都可以拿起球棒朝玻璃猛击三棒，谁能击破玻璃就可拿走支票，赢得1000美元。假如没有人击破，则把1000美元捐赠给密尔沃基市的孤儿院。展览会隆重开幕时，公司邀请了新闻界的记者和摄影师，并散发了玻璃强度的试验报告及介绍这一产品的资料。参观的人蜂拥而来，跃跃欲试，却始终没有一个人打破玻璃，于是便举行了向孤儿院捐款的隆重仪式，报界和电台进行了生动的报道，电视台也进行了现场直播。展览会获得了成功，随后"安全、轻便4x型的玻璃打不碎"传为佳话，公司复印了大量介绍产品的剪报，连同强度试验报告一起寄给各建筑企业，短时间内就收到50万美元的订单。歌露博—雅美拉达公司展览的成功表明，"安全、轻便4x"夹层型薄玻璃在众目睽睽之下经受住了考验，"真金不怕火炼"，质量确实可靠，试验报告数据的确可信。1000美元的支票挖出了50万美元的潜在生意，不仅提高了公司的知名度，而且塑造了公司热心社会慈善事业的形象。

请回答：歌露博—雅美拉达公司"安全、轻便4x"型夹层薄玻璃成功的关键是什么？

案例 6-3　鸽子事件

美国联碳公司52层新总部大楼竣工后，正愁如何向外发布竣工消息时，有员工报告说，在楼内发现一大群鸽子，把房间弄得又脏又乱。人们准备赶走鸽子，公关顾问得知后却要求关闭所有的门窗，不让一只鸽子飞走。接着，他立即通知动物保护委员会，让其派人来处理。同时，他还电告新闻机构说，在联碳公司总部大楼发生一件有趣而又有意义的事：人们帮助动物保护委员会捉鸽子。新闻界很好奇，纷纷出动前来采访。结果公司职员和动物保护协会在楼内捉了三天的鸽子。其间，各新闻媒介进行了大量的连续报道，有消息、特写、专访、评论等各种形式，吸引了不少的公众。联碳公司总部大楼名声大振，公司也利用这个机会向公众宣传自己，大大提高了公司的形象。于是，人们形象地把这一事件称为"鸽子事件"。

请回答：这只是为了保护鸽子不受伤害吗？鸽子是这次新闻的主角！为什么？

案例 6-4　最出色的汽车推销员的秘诀

乔·吉拉德是美国最出色的汽车推销员，多年来他推销的新车数量居美国推销人员之首。其成功的秘诀何在呢？按吉拉德本人的说法是："真正的推销工作开始于把商品推销出去以后，而不是在此之前。"他说："买主还没走出我们商店的大门，我的儿子已经把一封感谢信写好了"；"当顾客把汽车送回来进行修理时，我就尽一切努力使他的汽车得到最好的维修"。顾客们非常喜欢吉拉德给他们寄去的卡片，卡片的内容随季节的变化而变化。他每月几乎要发出 13000 张明信片，通过这些明信片，与顾客保持长期联系，了解他们的希望、要求和不满，为他们提供各种各样的帮助。吉拉德的这种交际方式充满着人情味，所以他与顾客的关系十分融洽，并能使他随时把握顾客的"消费脉搏"，为他在今后的推销活动中提供更适合顾客需要的服务创造了条件。

请回答：以上四个小案例分别属于哪一类型公关模式？效果如何？

知识库

6.1.1　公关策划的含义及内容

1. 公关策划的含义

所谓公关策划，是指公关人员通过对公众进行系统分析，利用已经掌握的知识和手段对公关活动的整体战略和策略运筹规划，是对于提出公关决策、实施公关决策、检验公关决策的全过程作预先的考虑和设想。

这个定义包括以下几层含义。

（1）公关策划工作是公关人员的工作，是由公关人员来完成的。

（2）公关策划是为组织目标服务的。

（3）公关策划是建立在公关调研基础上的，既非凭空产生，也不能囊括所有公关活动。

（4）公关策划可以分为三个层次：总体公关战略策划，如某企业的 CIS 导入、组织形象的五年规划、建设型公关、进攻型公关、防守型公关等；专门公关活动策划，如四通集团向科技奥运会获奖学生赠计算机的活动、壳牌公司为司机发放交通图的活动等；具体公关操作策划，如典礼、联谊会、集资、赞助等。

（5）公关策划包括谋略、计划和设计三个方面的工作。

让公众了解企业，树立企业形象，增强公众的好感和信任，从而乐于接受企业的产品、服务、价格，这就是营销中公关策划的要旨。

公共关系主题
活动策划认知

2. 公关策划的主要内容

公关策划的主要内容有以下几个方面。

（1）树立企业形象。帮助企业建立起良好的内部和外部形象。首先从企业内部做起，使员工具有很强的凝聚力和向心力。此外，要加强企业的对外透明度，利用各种手段向外传播信息。让公众认识自己、了解自己，赢得公众的理解、信任、合作与支持。

（2）建立信息网络。公共关系是企业收集信息、实现反馈以帮助决策的重要渠道。由于外部环境在不断地发展，企业如果不及时掌握市场信息，就会丧失优势。公共关系策划可以使企业及时收集信息，对环境的变化保持高度的敏感性，为企业决策提供可靠的依据。

（3）处理公共关系。在现代社会环境中，企业不是孤立存在的，不可能离开社会去实现企业的经营目标，而是在包括顾客、职工、股东、政府、金融界、协作者以及新闻传播界在内的各方面因素组成的社会有机体中实现自身的运转。

（4）消除公众误解。任何企业在发展过程中都可能出现某些失误，而失误往往是一个转折点，处理不妥，就可能导致满盘皆输。因此，企业平时要有应急准备。一旦与公众发生纠纷，要尽快掌握事实真相，及时做好调解工作。比如，工厂的废气、废水污染了环境。

（5）分析预测。及时分析监测社会环境的变化，其中包括政策、法令的变化，社会舆论、自然环境、市场动态等的变化。

（6）促进产品销售。即以自然随和的公共关系方式向公众介绍新产品、新服务，既可以增强公众的购买或消费欲望，又能为企业和产品树立更好的形象。

6.1.2 公共关系模式

在公共关系策划中最难的莫过于活动方案的设计，对于初学者往往无从把握，公共关系专家在长期的公共关系实践中总结出了一系列的模式，在特定的公共关系条件中针对一定的公共关系目的，运用相应的公共关系模式，往往能够产生良好的公共关系效应。

公共关系模式

所谓的公共关系模式，就是有一定的公共关系目标和任务以及由此所决定的若干技巧和方法所构成的具有某种特定公共关系功能的工作方法系统。

1. 建设型公共关系

建设型公共关系是在社会组织初创时期或新产品、新服务首次推出时期，为开创新局面进行的公共关系活动模式。目的在于提高美誉度，形成良好的第一印象，或使社会公众对组织及产品有一种新的兴趣，形成一种新的感觉，直接推动组织事业的发展。建设型公共关系采用的方法，一般包括开业广告、开业庆典、新产品试销、新服务介绍、新产品发布会、免费试用、免费品尝、免费招待参观、开业折价酬宾、赠送宣传品、主动参加社区活动等。

2. 维系型公共关系

维系型公共关系是指社会组织在稳定发展期间，用来巩固良好形象的公共关系活动模式。目的是通过不间断的、持续的公关活动巩固、维持与公众的良好关系和组织形象，使组织的良好印象始终保留在公众的记忆中。其做法是通过各种渠道和采用各种方式持续不断地向社会公众传递组织的各种信息，使公众在不知不觉中成为组织的顺意公众。

维系型公共关系是针对公众心理特征而精心设计的，具体可分为"硬维系"和"软维系"两种形式。"硬维系"是指那些维系目的明确，主客双方都能理解意图的维系活动，其特点是通过显露的优惠服务和感情联络维系同公众的关系。比如，许多西方航空公司明确宣布，凡乘坐我公司航班多少次以上者或累计飞行里程达多少者，公司可提供免费旅行一次，目的是同顾客建立较长期的联系。有些国内外厂商还利用一些节日、纪念日，向长期客户赠送一些小礼品，搞一些联谊活动加强感情联络，发展厂商与顾客之间的关系。"硬维系"一般用于已经建立了购买关系或业务往来的组织和个人,具体方式灵活多样,可利用各种传媒进行一般的宣传,如定期刊发有关组织情况的新闻、播出广告、提供组织的新闻图片、实行会员制、提供累计消费折扣等。也可以向常年客户赠送小礼物,邀请用户联谊,定期或不定期发布提醒性广告,经常在媒体露面,经常派发企业小型纪念品或礼品。

"软维系"是指那些活动目的虽然明确,但表现形式却比较超脱、隐蔽的公共关系活动,其目的是在不知不觉中让公众不忘记组织。一般是对广泛的公众开展的公共关系活动,其具体做法可以灵活多样,但要以低姿态宣传为主,如定期广告、组织报道、提供组织的新闻图片、散发印有组织名称的交通旅游图等。保持一定的媒体曝光率,使公众在不知不觉中了解组织的情况,加深对组织的印象。比如 1986 年的圣诞节,北京长城饭店公共关系部请了一批孩子来饭店装饰圣诞树,除供应他们一天的吃喝外,临走时还特地送给每人一份小礼物。这些孩子分别来自各国的驻华使馆,他们的父母都是使馆的官员。长城饭店是五星级豪华饭店,顾客主要是各国的来华人士,邀请这些孩子来饭店,表面上是为孩子们举行了一次符合西方习惯的传统活动,但"醉翁之意"是希望通过孩子来维系长城饭店与各使馆的关系。孩子在饭店待了一天,长城饭店的豪华设施在他们幼小的心灵中留下深刻的印象,他们的父母也一定会问孩子圣诞节在长城饭店过得是否快乐,还可能看看赠送给孩子的礼品,这样父母对长城饭店的好感油然而生。随之而来的必然是宾客盈门了。

3. 防御型公共关系

防御型公共关系是指社会组织为防止自身的公共关系失调而采取的一种公共关系活动方式。预防的目的是在组织与公众之间出现摩擦苗头的时候,及时调整组织的政策和行为,铲除摩擦苗头,始终将与公众的关系控制在期望的轨道上。

防御型公共关系的特点,在于确切地了解自身组织的公共关系现状,敏锐地发现其失调的预兆和症状,针对失调采取对策,及时消除隐患,同时进一步促使其向有利于良好的公共关系建议方面转化,因此特别适用于组织发展过程中的战略决策,是战略型领导者最重视的公共关系活动之一。美国电报电话公司为不断完善形象,第一个采取了令世人瞩目的举措:电报电话的接线员全部改为年轻的女性,旨在充分发挥年轻女性在性别和年龄上的优势完善服务形象,防患于未然。此举至今仍为各企业所效仿。

4. 矫正型公共关系

矫正型公共关系是指社会组织在遇到问题与危机,公共关系严重失调,组织形象受到损害时,为了扭转公众对组织的不良印象或已经出现的不利局面而开展的公共关系活动。其目的是对严重受损的组织形象及时纠偏、矫正,挽回不良影响,转危为安,重新树立组织的良好形象。其特点是"及时":及时发现问题,及时纠正问题,及时改善不良形象。通常的处理方法为:查明原因,澄清事实,知错就改,恢复信任,重修形象。

5. 进攻型公共关系

进攻型公共关系是指社会组织采取主动出击的方式树立和维护良好形象的公共关系活动模式。当组织需要拓展(一般在组织的成长期),或预定目标与所处环境发生冲突时,主动发起公关攻势,以攻为守,及时调整决策和行为,积极地去改善环境,以减少或消除冲突的因素,并保证预定目标的实现,从而树立和维护良好形象。这种模式适用于组织与外部环境的矛盾冲突已成为现实,而实际条件有利于组织的时候。其特点是抓住一切有利时机,利用一切可利用的条件、手段,以主动进行的姿态来开展公共关系活动。

6. 宣传型公共关系

宣传型公共关系是运用大众传播媒介和内部沟通方法开展宣传工作,树立良好组织形象的公共关系活动模式,目的是广泛发布和传播信息,让公众了解组织,以获得更多的支持。主要做法是:利用各种传播媒介和交流方式,进行内外传播,让各类公众充分了解组织,支持组织,从而形成有利于组织发展的社会舆论,使组织获得更多的支持者和合作者,达到促进组织发展的目的。其特点是:主导性强,时效性强,传播面广,快速推广组织形象。根据宣传对象的不同,又可具体分为对内宣传和对外宣传。

(1) 对内宣传

对内宣传是公共关系人员最经常进行的工作之一,它的主要对象是组织的内部公众,如员工、股东等。宣传的目的是让内部公众及时、准确地了解与组织有关的各方面信息,如组织的现行方针和决策、组织各部门的工作情况、组织的发展成就或困难和挫折、组织正在采取的行动和措施、外界公众对组织的评价以及外部社会环境的变化对组织的影响等,以鼓舞士气,取得内部谅解和支持,做到上下一心,增强凝聚力,形成统一的价值观和企业精神。宣传可采用多种形式和手段,如内部刊物、黑板报、图片宣传栏、宣传窗、员工手册、广播、闭路电视、全体大会、演讲会、座谈会、讨论会、表彰颁奖会、专门恳谈会等。对于内部的特殊公众——股东,对内宣传采用年终总结报告、季度报告、股东刊物、股东通信、财务状况通告等形式。

(2) 对外宣传

对外宣传的对象包括与组织机构有关的一切外部公众,目的是让他们迅速获得对本组织有利的信息,形成良好的舆论。对外宣传主要运用大众传播媒介,其表现形式一种是公关广告,一个组织可以把它的形象塑造作为广告的中心内容,宣传组织的管理经验、经济效益、社会效益和已经获得的社会声誉等;另一种是新闻宣传,即通过新闻机构和记者以第三者的身份传播企业信息,树立良好形象。

广告宣传虽有传播效应,是企业常用的宣传方式,但费用高且可信度有局限性。新闻宣传可信度高,比较客观,容易为公众接受,且不用花钱。但是其前提条件是事件必须要有"新闻价值"。事件具有如下五个条件的一条则认为具有新闻价值:重大的社会性;新;奇;特;情感性。对组织来说,应尽量争取通过新闻宣传提高组织形象。有两种基本方法争取新闻宣传:一是善于发现组织中具有新闻价值的事件,及时提供给新闻媒体;二是要巧借媒介"制造新闻",所谓的"制造新闻"即针对企业发生的事件,通过人为的作用,使之具有新闻价值,从而形成新闻宣传。

7. 交际型公共关系

交际型公共关系是在人际交往中开展公共关系工作的一种模式,以人际接触为手段,与公众进行协调沟通,为组织广结良缘的公共关系活动。它的目的是通过人与人的直接接触,进行感情上的联络,为组织广结良缘,建立广泛的社会关系网络,形成有利于组织发展的人际环境。所以,交际型公共关系活动实施的重心是,创造或增进直接接触的机会,加强感情的交流。它的特点在于:①有灵活性,即利用面对面交流的有利时机,充分施展公共关系人员的交际才能,达到有效沟通和广结良缘的目的;②人情味浓,以"感情输出"的方式加强与沟通对象之间的情感交流。一旦建立了真正的感情联系,往往会相当牢固,甚至超越时空的限制。

交际型公共关系活动可以分为团体交往和个人交往。团体交往包括招待会、座谈会、工作午餐会、宴会、茶话会、联谊会、现场参观团队、考察团、团拜和慰问等;个人交往有交谈、上门拜访、祝贺、信件往来、个别参观、定期联络、问候等。

交际型公共关系具有直接、灵活的特征,是公共关系活动中应用最多、极为有效的一种模式。不过,在开展交际工作时,应该坚持公共关系的原则,不能使用不正当的手段,如欺骗、贿赂等。还应明确社会交际只是公共关系的一种手段,绝不是公共关系的目的,也不要把私人间的一切交际活动都混同于公共关系。

8. 服务型公共关系

服务型公共关系是一种以提供优质服务为主要手段的公共关系活动模式,其目的是以实际行动获取社会的了解和好评,建立自己良好的形象。对于一个企业或者社会组织来说,要想获得良好的社会形象,宣传固然重要,但更重要的还在于自己为公众服务的程度和水平。所谓"公共关系就是90%要靠自己做好",其含义即在于此。组织应依靠向公众提供实在、优惠、优质服务开展公共关系,获得公众的美誉度。离开了优良的服务,再好的宣传也必将是徒劳的。

9. 社会型公共关系

社会型公共关系是组织通过举办各种社会性、公益性、赞助性的活动塑造良好组织形象的模式。它实施的重点是突出活动的公益性特点,为组织塑造一种关心社会、关爱他人的良好形象。目的是通过积极的社会活动,扩大组织的社会影响,提高其社会声誉,赢得公众的支持。社会型公共关系的特征是:公益性、文化性、社会性、宣传性。实践证明,经过精心策划的社会型公共关系活动,往往可以在较长的时间内发挥作用,显示出潜移默化地加深公众对组织美好印象的功能,取得比单纯商业广告好得多的效果。社会型公共关系的形式有以下两种。

(1)以组织机构本身的具有社会影响的项目为中心

这种场合的公共关系活动是自己搭台自己唱戏,如利用开业大典、竣工仪式、周年活动、组织内部重大事件、节庆吉日等机会,邀请各界宾客、社会公众共同参加庆祝活动,渲染喜庆气氛,借庆典活动同各界人士广交朋友,扩大自己的社会影响。

(2)以组织所处的社区或有关组织的重要节目为中心

这种条件下的公共关系活动是外人搭台自己唱戏,一般是利用社会上的传统节日、民俗、具有社会影响力的公益事业、相关组织的重要活动等机会积极参与,以此树立自身的形象。各组织利用各种机会开展这类公共关系活动,扩大社会影响,宣传良好形象的例子不胜枚举。

10. 征询型公共关系

征询型公共关系是以采集社会信息为主、掌握社会发展趋势的公共关系活动模式,其目的是通过信息采集、舆论调查、民意测验等工作,加强双向沟通,使组织了解社会舆论、民意民情、消费趋势,为组织的经营管理决策提供背景信息服务,使组织行为尽可能地与国家的总体利益、市场发展趋势以及民情民意一致;同时,也向公众传播或暗示组织意图,使公众印象更加深刻。征询型公共关系活动实施的重心在活动操作上的科学性以及实施过程中的精细和诚意。具体的实施过程是:当组织进行一项工作后就要设法了解社会公众对这项工作的反应。经过征询,将了解到的公众意见进行分类整理加以分析研究,然后提出改进工作的方案,直至满足公众的愿望为止。

征询型公共关系的工作方式有:产品试销调查,产品销售调查,市场调查;访问重要用户,访问供应商,访问经销商;征询使用意见,鼓励职工提合理化建议;开展各种咨询业务,建立信访制度和相应的接待机构,设立监督电话,处理举报和投诉等。例如,著名的美国通用汽车公司雪佛莱的车主关系部专门建立了特别用户名册,它任意抽选雪佛莱车用户共1200名,将他们聘为用户顾问,并分为客车和卡车两组,公司以定期函件联系,征询他们对雪佛莱的产品及服务的意见,并将这些意见提供给公司的业务部门,作为改进与车主关系的指导。

11. 文化型公共关系

文化型公共关系是指社会组织或受其委托的公共关系机构和部门在公共关系活动中有意识地进行文化定位,展现文化主题,借助文化载体,进行文化包装,提高文化品位的公共关系活动。

(1) 文化对塑造组织形象的作用

社会组织之所以强调公共关系文化特色,借助于文化形式或文化主题开展公共关系活动,主要是文化能对组织的形象塑造产生积极影响。首先,文化对公众的行为、观念具有重大的调控规范作用。人的生活与文化分不开,尤其是现代人,文化对人的思维定式和行为指令能为公众提供行为的参照模式,如果能以文化为桥梁开展公共关系活动,将有利于公众对公共关系活动的理解与接受。其次,文化对组织形象的形成和完善具有巨大的促进作用。诚然,组织形象的发展与完善主要取决于组织的实绩与信誉,但是,有深厚文化底蕴的组织的形象将更鲜明、更绚丽。因为组织形象强调稳定性和持久性,而文化可以使组织形象升华,演化成一种超越时空的理想境界。美国IBM公司倡导的"为职工利益,为顾客利益,为股东利益"的三原则,以及"尊重个人,竭诚服务,一流主人"的三信条都体现了符合市场法则,以人为本的文化境界。这种鲜明的文化主流,使企业的形象更为高大、有效。最后,文化促使社会的文明进步。

(2) 文化型公共关系的活动形式

根据公众的文化心态,可以采用不同的活动方法开展公共关系活动,对公众施加文化影响。

① 文化包装。文化包装是大多数社会组织经常采用的一种公共关系活动方式。它运用文化装饰的手段,形成公共关系的文化氛围,以鲜明的文化特性赋予公共关系活动以鲜明的文化色彩。这对提高公共关系活动的文化品位,满足公众的文化需求具有重要的意义。对公共关系活动进行文明包装可采用文化搭台,公关唱戏的途径,即在公共关系活动中以文化色彩引起公众注意、吸引公众参与,公众在内心文化需求的驱使下接受社会组织所施加的文化影响,从而提高社会组织的知名度和美誉度。要求公共关系人员能够策划出颇具地方和民族特色的文化活动,并贴近公众文化生活,这样公众才会产生参与其中的兴趣。公众在

感受文化气息,享受特色文化的过程中,会对社会组织产生美好的印象。如南瓜是美国万圣节的重要必备品,每年都要评比谁种的南瓜大,在加利福尼亚州半月湾举行的南瓜节有25万人惠顾。人们在街头表演歌舞,演奏美妙音乐,买卖小商品,两天就消耗了大量的南瓜饼。万圣节体现了美国传统文化,借助南瓜评比展示了城市新形象。

② 文化导引。文化导引是指向公众倡导和传播某些新的文化活动方式。组织在文化导引中扮演新文化的倡导者、文化风气的传播者与文化形式的创造者,只要组织导引的文化能够符合社会发展和进步的要求,能够满足公众新的文化追求,就一定能被公众所认同和接受。

③ 组建文化基金会。社会组织本着"取之于社会,用之于社会,造福于社会"的精神,根据社会的文化艺术和科技教育发展趋势与公众的文化和教育需求,拨出专款设立文化艺术与科技教育基金会,一方面能作为社会组织支持某种文化教育事业的主要阵地;另一方面能提高社会组织的文化品位和文化氛围,取得组织意想不到的公共关系效果。这种文化艺术和科技教育基金会,能够让公众感受到一种浓厚的社会文化风气,公众就会由文化上对基金会的依赖演化为对社会组织的信任,从而形成亲密的情感依赖关系。这种公共关系基础牢固,是社会组织追求的目标。

(3) 文化型公共关系的程序

文化型公共关系由于融入了文化的因素,因此,在工作程序上,除了遵循一般公共关系的基本程序外,还要突出以下一些环节:一是要调查公众所处的文化环境构成,了解公众的文化特点,分析公众文化的品位,理解公众文化的实质内容;二是找公共关系活动与公众文化结合点,使公共关系活动与公众文化的内容和形式上有机融合;三是要根据公众的文化需求和文化心态,选择具体的文化型公共关系活动方式,包括适应既定文化的方式、文化包装的方式和文化导向的方式;四是要制订和实施活动方案;根据既定的公共关系工作计划,运用各种媒介开展宣传,以此影响公众的心态刺激公众根据文化所包含的内容、要求做出积极的反应,不仅使公众从一定高度认可文化型公共关系活动,而且产生相应的源于文化需要的高质量的消费行为。

12. 网络型公共关系

网络型公共关系作为一种新型的公共关系类型,是指社会组织借助联机网络、计算机通信和数字交互式媒体、在网络环境下实现组织与内外公众双向信息沟通与网上公众协调关系的实践活动。这种新型的公共关系由于其独特的价值效应,日益受到广泛重视,掌握这种公共关系的运作,对欲在激烈的竞争中夺得机会的社会组织来说将具有十分重要的意义。

网络公共关系的优势体现在以下三个方面。

(1) 扩大组织的知名度和影响力

网络可以提高社会组织的知名度,完善组织形象。互联网提供了一种新的传播媒介方式,它通过一对一的沟通,结合文字、声音、影像、图片,用动态或静态的方式全方面地介绍社会组织的经营理念、产品性能、服务宗旨、服务内容。而且用户不再是被动接受信息,而是主动接受信息。更重要的是,这种公共关系活动不受时间和地域限制,特别是因特网,可以把组织的信息传达到全球各地,使组织得益于国际宣传、树立品牌和自身的国际形象。

(2) 提供广泛的传播渠道

网络可以为公共关系活动提供更多的传播媒体和机会。如传统印刷媒体的电子版、新型媒体出版物、网络广播电台节目、网络电视台、网上会议等,使公共关系活动传播方式更便捷、效果更好。在市场经济中,社会组织的形象宣传在网络中通过电子布告板与公众可以直接交流,了解公众的看法、态度和意见,极大地缩短了组织与公众的沟通距离。而且网络的使用成本低廉,通过网络公共关系可以创造"虚拟公众代表",提供更为广泛的信息渠道,使组织获得公众市场低成本的竞争优势。

(3) 建立良好的公众关系

网络使组织可直接面向公众发布新闻而不需借助其他媒体为中介成为可能,从而克服了传统公关传播方式速度慢、消极人为因素多、组织控制力差等缺点,使组织能有效地掌握公关的主动权,对其公众产生直接而积极的影响同时与新闻媒介公众建立良好的关系。组织可根据记者的需要和提问通过网络给出详尽的回答,在网上发布新闻让公众及时了解组织真实的信息。由于电子邮件(E-mail)即时互动的特性使网络公关具有创建组织与公众"一对一"关系的优势,随着与公众进行双向沟通了解公众的需求,把握公众对组织的评价,保持与公众的长期友好关系。

网络型公共关系除了上述的优势外,还能建立具有个性的组织网络,在网络论坛设立组织站点,提高站点的影响力和组织的知名度,还可消除误导信息,通过网络信息监督的监视,及时纠正对组织的误解,避免组织形象受到损失。

任务6.2 公共关系主题活动策划的形式及内容

○ 训练营

认识企业公共关系主题活动的形式及内容:结合生活实际,总结企业典型公共关系主题活动形式,编制企业公共关系主题活动事例分析表(见表6-3)并分组交流。

表6-3 企业公共关系主题活动事例分析

公关主题活动名称	活动类型	典型活动形式 (规模大小、形式、特点等)	形式与内容评价

○ 故事汇

案例 6-5 "红色"的价格

世界著名的巴黎希尔顿饭店曾经发生过这样一件小事。一位来自美国的女士在此预订了一个豪华套间,刚刚抵达后就出门访客了。这位女士身上穿的、手上拎的、头上戴的都是大红色的,这一明显的偏好被饭店的经理发现了。女士刚一出门,他就命令服务员重新布置房间。待女士回来后发现,整个套间从地毯、壁毯、灯罩、床罩、沙发、窗帘无一不换成了大红色,与女士身上穿戴的颜色完全一致。这位女士心领神会,兴致勃勃地写了张支票,付给了饭店1万美元的"小费"。

案例 6-6　历代汽车进步大游行

美国通用汽车公司在某新型汽车发明周年纪念之际,举办了"历代汽车进步大游行"活动。那一天,纽约的主要马路上排满了各种式样的老爷车。穿着考究礼服的司机拿着启动摇柄,开着晃晃悠悠的老爷车,长龙式地从纽约驶向全国其他城市。一路上,所有行人都好奇地驻足观望,热闹非凡。这次周年纪念活动搞得非常成功,不仅使人们对汽车发展史有了较深刻、系统的了解,宣扬了通用汽车公司在汽车发展史上所作的贡献,而且使人们对该公司所生产的新型汽车有了"最现代化"的认识,扩大了通用汽车公司在社会上的影响。

案例 6-7　肯德基社会捐赠

1992年3月10日,北京肯德基有限公司、肯德基国际公司在人民大会堂宣布,向"希望工程"捐款10万元人民币和5万美元,用于建造"希望小学"。北京肯德基有限公司还向社会各界宣布：今后本公司每位员工每年都将负担起贫困地区一名少年儿童的学杂费,并将此内容写入《员工手册》,让肯德基从公司到员工都承担起一份社会责任。此举得到员工的响应,1993年年初,员工们纷纷解囊,每人掏出40元人民币,作为一个小学生一年的学杂费。肯德基有限公司对教育事业提供赞助,体现了该公司的社会责任感,电视台和新闻媒介都做了广泛报道,由此使我国广大公众对该公司留下了良好而深刻的印象。

案例 6-8　文化成就品牌——红蜻蜓文化公关

红蜻蜓集团是一个跨行业、跨地区、多元化发展的经济联合体,组建于1995年3月,主营皮革制品、印刷包装、保健品等,2002年销售额超8亿元,现为国家中型企业,全国行业百强,浙江省重点民营企业,省最大经济规模和最佳经济效益企业,2002年获"中国名牌"称号,成为中国鞋业著名品牌。在"红蜻蜓"的成功发展历程中,文化公关起了重要作用,可以说是文化铸就了"红蜻蜓"品牌。

企业通过发起、赞助、参与文化活动,使企业富有文化色彩,以此拉近企业与文化、商品与文化的距离。1995年8月,红蜻蜓与温州电视台联办了"红蜻蜓文化之旅"栏目,开创了当时温州企业与媒体联办文化栏目之先河。随后,"红蜻蜓美食文化""红蜻蜓文化家园""红蜻蜓少儿节目""红蜻蜓奖学金"等一系列文化栏目与公益活动源源不断地推出,使红蜻蜓在不知不觉间悄然"飞"进了千家万户。每年举行"红五月　红蜻蜓"大型文化系列活动,不断诚信于社会,以实际行动捐资助教、济困扶贫是红蜻蜓反哺社会的重要途径。如2002年6月,红蜻蜓先后为身患重病的贫困学生捐款数10万元,帮助他们重燃生命之火。8月12日,又为希望工程一举捐款560万元,并发动红蜻蜓专卖店网络的10000多名营销员工一起参与这项光辉的事业,受到社会各界的一致好评。红蜻蜓品牌知名度得到迅速提升。

红蜻蜓文化核心构成。①精神理念：我们要像/拉家常一样/平常心态/去谈市场的无情竞争/我们要像/每天洗脸照镜子一样/了解自我/我们要像/荷花上的蜻蜓一样/创造亲和/我们要像/雨中打伞一样去寻求/自然发展。②经营理念：经营企业就是经营人生　商道即人道。③品牌理念：文化　自然　亲和。④广告理念：红蜻蜓——走出四季都是情。⑤愿景理念:让红蜻蜓成为一个能永远提供社会就业机会的企业。⑥红蜻蜓的品牌方程式是:潜心实践+艺术性(商品的精神意识)+商品自身属性×文化底蕴(企业原动力)=品牌。文化力催生了红蜻蜓的品牌亲和力,孕育了红蜻蜓的企业凝聚力,提升了红蜻蜓的品牌形象力,增强了红蜻蜓的产品设计力,打造了红蜻蜓的核心竞争力,使红蜻蜓成为名副其实地为社会创造物质精品与精神精品的企业。

红蜻蜓在对文化的系统研究中,具体找到了鞋文化的载体,随即连创三个全国第一:1999年10月,为了弘扬中华鞋履文化,成立全国第一家专门的鞋文化中心——红蜻蜓鞋文化研究中心,对博大精深的中华鞋文化进行研究,展示中华鞋的发展历史,总结鞋与文化、语言、民俗、历史之间的联系。2001年5月,红蜻蜓斥巨资建成了中国第一家中华鞋文化展馆。展馆收集了300多件上至先秦下迄民国、不同时期不同民族的代表性鞋履。展馆四壁的鞋与民俗、鞋与小说、鞋与民间美术、鞋与文学等图片生动逼真。2001年5月,红蜻蜓集团在北京钓鱼台国宾馆举行隆重的我国第一部《中国鞋履文化辞典》首发式。全书84.6万字,它填补了民俗文化专项辞书空白。红蜻蜓寻找到了"鞋文化"这个准确的载体,并利用对鞋文化的研究成果,先后在杭州、上海、成都、温州和香港等地举行了六次红蜻蜓中华鞋文化展览,并邀请专业模特用现代时尚的展示方式将古老的鞋履文化进行了全新的淋漓尽致的演绎,让观众领略到商品与文化碰撞交融的无限魅力。

请回答:以上四个小案例分别属于哪一类型公关模式?效果如何?

○ 知识库

6.2.1 公共关系主题活动的概念及类型

1. 公共关系主题活动

公共关系主题活动是指社会组织为了某一明确目的,围绕某一特定主题而有计划进行的各种特殊的公共关系活动。同其他任何传播、沟通方式或活动一样,公共关系主题活动也属公共关系的手段。所不同的是,公共关系主题活动是借助特定主题而开展的同公众共同交往的特殊活动,因而其效果显著,且具有明显的共时性。公共关系主题活动是社会组织与广大公众进行沟通、塑造自身良好形象的有效途径。社会组织之所以要不断开展公共关系主题活动,就是为了不断增进同公众之间的面对面共同交往和紧密联系,从而使双方关系更加和谐。

公共关系主题活动策划形式与内容

2. 公共关系主题活动的特征

社会组织举办各种类型的公共关系主题活动,有利于协调组织与各方面公众的关系,有利于树立良好的组织形象和产品形象,能使公共关系主客体间产生新鲜的情绪体验、良好的思想交流、感染和促进人的情感氛围。其特征主要表现在以下几方面。

(1)主题的明确性。公共关系专题活动是专门为实现某一具体目的而举行的,具有明确的主题,活动的策划与程序的安排都要围绕这一主题进行。只有主题鲜明,才容易引起舆论和公众的关注,引发他们的浓厚兴趣,从而使组织形象在公众的心目中留下深刻印象。明确的主题能让公众更好地知晓组织行为的目的及其意义,加深公众对组织的了解和信任。如青岛市多年来举办的国际啤酒节活动,吸引世界各地的朋友、宣传青岛的美味啤酒和美丽风光的目的就十分明确。

(2) 内容的丰富性。一项主题活动往往是一系列活动的组合,如一个庆典活动可能要涉及宴请、仪式、联欢、新闻发布等多项活动。也就是说,一个鲜明的主题需要多个活动来展示,主题活动有着丰富复杂的内容。如2001年7月13日,中国申办奥运会的成功就得益于中国申奥代表团在国际奥委会第112次全会上的一系列公共关系主题活动的成功。

(3) 媒介的多样性。一个主题活动若要达到预期目标,需运用多种媒介,如电子媒介、印刷媒介,要通过声、像、光和现场、实物、纪念品以及报告、解说、咨询等多种形式最大限度地吸引公众的注意力,引导公众参与,并借助各种可能运用的媒体扩大主题活动的影响。

(4) 对象的广泛性。一般来说,社会组织举办主题活动所邀请或参与的对象比较广泛,具有不同的层次。如某高等职业技术学院举办建校40周年庆典,涉及的公众对象就可能有教育部及省、市教育部门的领导,当地政府的官员,兄弟院校的同人,学院历届校友,新闻媒介,社会名流等。

(5) 目标的层次性。社会组织开展公共关系活动从根本上讲是为了实现塑造组织的良好形象的总目标,但这一总目标的实现需要依托公共关系主题活动的一系列具体目标。也就是说,需要将公共关系总目标分解,这就是目标的层次性。

(6) 程序的规范性。公共关系主题活动是一个多环节、运作复杂的公共关系活动项目,它要求有规范、完整的程序,讲究组织严密、安排得当。程序的规范性有利于活动井井有条地运作和开展,及时进行监控,有效地协调各环节间的工作和保证活动的质量。

当然,公共关系主题活动还有"拾遗补阙"的特点,以弥补日常公共关系工作或经常性公共关系活动的不足之处。

6.2.2 公共关系主题活动的形式

公共关系主题活动的形式多种多样,大致可作以下划分。

(1) 会议型活动。如新闻发布会、研讨会、洽谈会、交流会、鉴定会等。
(2) 庆典型活动。如国庆典礼、开学典礼、开幕典礼、颁奖典礼、周年庆典等。
(3) 展示型活动。如展览会、展销会等。
(4) 交际型活动。如宴请活动、联欢会、文艺演出、电影招待会等。
(5) 竞赛型活动。如各种以组织名称命名的体育比赛、演讲比赛、征文比赛等。
(6) 综合型活动。集以上各种活动为一体的系列活动。

公共关系主题活动涉及面广、类型多、内容复杂,本项目将侧重介绍公共关系主题活动中的新闻发布会、庆典活动及社会赞助活动。

1. 新闻发布会

(1) 新闻发布会的含义

新闻发布会是社会组织为发布重大的新闻或解释重要的方针政策而邀请新闻记者参加的一种公共关系主题活动。也有人把新闻发布会叫记者招待会,其实严格来讲两者不太一样。

社会组织举办的新闻发布会,一方面可以广泛传播本组织的重要信息,另一方面可以密切与新闻媒介的关系。任何社会组织如政府、企业、社会团体都可以举行新闻发布会。新闻发布会是社会组织经常采用的广泛宣传组织消息的最好工具之一。

(2)新闻发布会的特点

① 信息发布的权威性。新闻发布会的形式正规,规格档次较高,一般举办新闻发布会是组织的一致行为,是组织权力的重要体现,因此,发布的信息具有较高的权威性。

② 信息发布的真实性。

③ 信息传播的快速性。

④ 公众对象的广泛性。

(3)新闻发布会的会前准备

① 确定举行新闻发布会的必要性。根据新闻发布会的特点,在新闻发布会举行之前必须对所要发布的消息是否重要、是否具有广泛传播的新闻价值及新闻发布的紧迫性与最佳时机进行分析和研究。只有在确认召开的必要性和可能性后,才可决定召开新闻发布会。一般来说,社会组织举行新闻发布会的原因有以下几方面:对社会产生重大影响的新政策的提出;企业的新技术、新产品的开发和投产;组织对社会作出重大贡献或善事;企业的开张、关闭、合并转产;组织的重大庆典等。

② 确定应邀者的范围。应邀者的范围应视问题涉及的范围或事件发生的地点而定。如事件在某城市发生,一般就请当地的新闻记者到会。邀请的记者应该有较大的覆盖面,既要有报纸、杂志方面的记者,也要有广播、电视方面的记者;既要有文字方面的记者,也要有摄影方面的记者。

③ 资料准备。新闻发布会需用的资料主要有两个方面:一是会上发言人的发言提纲和报道提纲;二是有关的辅助材料。前者应在会前根据会议主题,组织熟悉情况的人成立专门的小组负责起草。其内容要求全面、准确、简明扼要,主题突出。发言人的发言提纲和报道提纲的内容在组织内部通报一下,统一口径,以免引起记者猜疑。辅助材料的准备应围绕会议主题,尽量做到全面、详细、具体和形象。它可以包括发给与会者的文字资料,布置于会场内外的图片、实物、模型,也包括将在会议进行中播放的音像资料等。

④ 选择新闻发布会的地点和时间。在地点选择上主要的考虑是要给记者创造各种方便采访的条件。如考虑会场是否具备录像、拍摄的辅助灯光,视听辅助工具,幻灯的播放设备等;考虑会场的对外联络条件如何,交通是否便利;考虑会场内的桌椅设置是否方便记者们提问和记录,会场是否安全舒适,不受干扰等。当然,新闻发布会举办的地点要从根本上服从和服务于举办新闻发布会的主题,如日本索尼为其开发研制的超小型放音机——Walk Man举办的新闻发布会的地点就特意选在东京闹市区,以突出产品适应户外运动的特点。

新闻发布会的日期,应尽量避开节假日和有重大社会活动的日子,以免记者不能参加会议,影响新闻发布会的效果。

⑤ 确定主持人和发言人。由于记者的职业要求和习惯,他们常常在会上提出一些尖锐深刻甚至很棘手的问题,这就对主持人和发言人提出很高的要求。要求主持人思维敏捷,反应机敏,口齿伶俐,有较高的文化修养和专业水平。会议的主持人一般可由具有较高公关专业能力的人来担任。会议的发言人应由组织的高级领导来担任,因为高级领导清楚组织的整体情况,掌握组织的方针、政策和计划,回答问题具有权威性。若高级领导尚不胜任,需要

在会前进行必要的训练和准备,以达到在会上应付自如的能力。

⑥ 组织记者参观的准备。在新闻发布会的前后,可以配合会议主题组织记者进行参观活动,给记者创造实地采访、拍摄、录像等机会,增加记者对会议主题的感性认识。应在将要参观的地方派专人接待,并介绍情况。

⑦ 小型宴请的安排。为了使新闻发布会收到最大的实效,在社会组织财力允许的情况下,可以安排小型宴会或工作餐。这也是一种相互沟通的机会,可以利用这种场合融洽与新闻界的关系,及时收集反馈信息,进一步联络感情。

⑧ 其他。如应根据会议的规模和规格做出费用预算。费用项目一般有场租、会场布置、印刷品、茶点、礼品、文书用具、音响器材、邮费、电话费、交通费等。在发出邀请函后,开会前应再电话落实。此外还应安排接待人员,布置会场,准备音响器材和签到名册等。

(4) 新闻发布会的会中管理

① 会议发言人和主持人应相互配合。新闻发布会在进行过程中,应始终围绕着会议主题进行。这就需要会议的发言人和主持人配合一致,相互呼应。如当记者的提问离开主题太远时,主持人要充分发挥主持和组织的作用,及时巧妙地将话题引向主题,发言人通过回答问题将话题引到会议的主题上。

② 对于不愿发布和透露的内容,会议发言人不能简单地说"我不清楚""这是保密问题",应委婉地向记者们做出合理解释,记者一般会尊重东道主的意见。当然,也不能含糊其词,吞吞吐吐,那样反而会使记者们刨根问底。

③ 遇到回答不了的问题时,会议发言人应告诉记者如何去获得圆满答案的途径,不可不计后果随意说"无可奉告"或"没什么好解释的",这会引起记者的不满和反感。

④ 不要随便打断或阻止记者的发言和提问。即使是记者带有很强的偏见或进行挑衅性发言,也不要显出激动和失态,说话应有涵养,切不可拍案而起,针锋相对地进行反驳。

⑤ 所发布的信息必须准确无误,若发现有不当的地方应及时予以更正。

⑥ 应安排足够的接待员,设立签到处,并派专人引导记者前往会场。与会记者应发给写有姓名和新闻机构名称的襟牌。会议桌与餐桌要分清主次,排好序列,避免混乱和不愉快情况或尴尬的局面出现。

(5) 新闻发布会的会后工作

作为一项活动的完整过程,新闻发布会结束之后,要及时检验会议是否达到了预定的效果。所以,会后工作主要有以下内容。

① 搜集到会记者在报纸、电台上的报道,并进行归类分析,检查是否达到了举办新闻发布会的预定目标,是否由于工作失误造成消极影响。对检查出的问题,应分析原因,设法弥补损失。

② 对照会议签到簿,看与会记者是否都发了稿件,并对稿件的内容及倾向做出分析,以此作为以后举行新闻发布会时选定与会者的参考依据。

③ 收集与会记者及其他代表对会议的反应,检查新闻发布会在接待、安排、提供方便等方面的工作是否有欠妥之处,以利改进今后的工作。

④ 整理出会议的记录材料,对新闻发布会的组织、布置、主持和回答问题等方面的工作做一总结,从中认真吸取教训,并将总结材料归档备查。

2. 庆典活动

(1) 庆典活动的含义与类型

庆典是隆重的庆祝典礼，可用于社会组织公共关系主题活动的重要庆典仪式。在形式上，一般有开幕庆典、闭幕庆典、周年庆典、特别庆典和节庆活动五种。开幕庆典即开幕式，就是指第一次与公众见面的、展现组织新风貌的各种庆典活动；闭幕庆典是组织重要活动的闭幕式或者活动结束时的庆祝仪式；周年庆典是指组织在发展过程中的各种内容的周年纪念活动；特别庆典是指组织为了提高知名度和声誉，利用某些具有特殊纪念意义的事件或者为了某种特定目的而策划的庆典活动；节庆活动是指组织在社会公众重要节日时举行或参与的共庆活动，这里的重要节日可以是传统的节日，还可以是改革开放后源自西方的节日。

庆典活动的种类繁多，规模有大小之别，但是，它们的共同特点是突出盛大、隆重、喜庆的气氛。庆典活动不是一般的公关活动，它凝聚着对组织重大事项的喜悦和欢庆，是通向美好发展历程的隆重而热烈的形象展示，所以，庆典活动是社会组织最为重要的公共关系主题活动。作为公共关系主题活动，社会组织需精心策划，应天时、地利、人和等条件而开展，力争在新的起始点上扩大对社会普遍而深刻的影响，从而为建立良好的公共关系做好最佳的铺垫。

(2) 庆典活动的具体操作

① 拟定宾客名单。邀请的宾客一般应包括政府有关部门负责人、社区负责人、知名人士、社团代表、同行业代表、新闻记者、员工代表、公众代表等。名单拟定后，提前7~10天发出请柬，以便被邀宾客安排时间。

② 确定典礼程序。庆典程序一般为：宣布典礼开始，介绍重要来宾，领导或来宾致贺词，主办者致辞，剪彩。其间可适当安排一些助兴节目，以渲染气氛，提高兴致。应及时散发宣传资料和赠送纪念品。

③ 安排致辞、剪彩人员。致辞、剪彩的主办方人员应是组织的主要负责人，致辞要言简意赅，起到融洽关系的作用。致辞、剪彩的客方人员应是地位较高、有一定声望的知名人士，要事前安排好他们的座次或站位。

④ 安排礼后活动。庆典活动基本程序快结束时，可以组织来宾参观工作现场、生产设施、服务设施或商品陈列等。这是让上级、同业和社会公众了解自己、宣传自己的好机会。也可以通过座谈、留言等方式广泛征求来宾意见，总结完善。

庆典活动的形式并不复杂，时间也不必很长，但要办得隆重热烈和丰富多彩，给人强烈深刻的印象并不容易。要使这次活动达到预期目的，公共关系人员应有冷静的头脑和充分的准备，善于用热情的举止鼓动公众，有序地指挥调度现场。在程序安排和具体接待中稍有不慎，不但使宾主扫兴，还会影响组织的整体形象，其隐性的损失是难以估计的。

公共关系主题活动的创新主要表现是：在创意上新，在形式上新，在内容上新，在方法上新。在近几年的公共关系主题活动中，越来越多的庆典活动跳出旧的模式，取得了卓尔不俗的活动效果。例如，河北省衡水市某保健公司的开业典礼剪彩，没有按惯例邀请有头有面的人士，而是请了三位被彩球命中的顾客"上帝"剪彩，大剪落下，全场欢呼，喜庆气氛格外浓厚。再如，江苏一家公交公司兴建的三星级大酒店，开业庆典时邀请十位全国、省、市公交劳模剪彩，体现了对劳模无私奉献精神和劳动价值的尊重。

3. 展览会

(1) 展览会的定义

展览会是指组织通过集中的实物展示和示范表演,配以多种传播媒介的复合传播形式宣传产品和组织形象的专门性公共关系活动。展览会是较为重要的公共关系主题活动之一,以极强的直观性和真实感给观者以强烈的心理刺激,不仅会加深参观者的印象,而且会大大提高组织和产品在参观者心目中的可信度。同时,展览会还可以吸引众多的新闻媒介的关注,由记者将展览会的盛况传向社会,取得更大的宣传效果。所以,展览会是一种集多种传播媒介于一身的宣传形式。

(2) 展览会的作用

展览会通过实物、模型和图表进行宣传,不仅可以起到教育公众、传播信息、扩大影响的作用,还可以起到使组织找到自我、宣传自我、增进效益的作用。

① 找到自我。中国有句古话"酒香不怕巷子深"。的确,高质量的产品会得到社会的认可,广大消费者会对其产生偏好。另外,大凡好东西都会驱使消费者自愿为其进行宣传,这就必然会出现"酒香不怕巷子深"的现象。再者,在自然经济条件下,独此一家,别无分店是客观现实,故"酒香不怕巷子深"。但是,随着商品经济和科学技术的高度发展,产品和生产者的独一现象已不复存在。若不借助其他的工具,人际间的传播已很难使"好酒飘香万里",故"酒香也怕巷子深"。

② 宣传自我。展览会通过实物、文字、图片、图表等客观手段展现组织成果、风貌和特征。与其他形式的宣传效果相比较,其说服力大大提高,这会使社会公众对组织及其产品的信任度大大提高。优质的产品、精美的图片、动人的解说、艺术的陈设,加上轻松的音乐,使参观者有入胜之感,极大地强化了组织宣传自我的感染力。

③ 增进效益。公共关系的基本原则是:真诚合作、互利互惠。作为一个组织,找到自我、宣传自我是十分必要的。但是,要想最终得利,就必须以真诚的态度为社会、为公众服务。展览会在宣传自我、告诉社会庭院深处有"好酒"的同时,又服务于社会,为消费者提供了购物指导,美化着公众的生存环境。

(3) 展览会的类型

展览会从不同的角度,可以划分不同的类型。①从展览会的性质分,有贸易展览会和宣传展览会。②从举办的地点分,有室内展览会和露天展览会。③从展览的项目分,有综合性展览会和专项展览会。④从展览的规模分,有大型展览会和小型展览会。此外,展览会还有国内展览会和国际展览会、固定地点展览会和流动展览会、长期展览会和短期展览会等。组织要根据自己的情况和目标,恰当地选择展览会的类型,以收到更好的效果。

(4) 展览会的组织工作

展览会为组织开展公关活动提供了一个良好的机会,组织应该充分利用这个机会展示自己的产品,传递必要的信息,加强与社会公众的直接沟通。为使展览会办得卓有成效,组织应认真做好以下工作。

① 分析举办展览会的必要性和可行性。在举办展览会之前,首先要分析其必要性和可行性。展览会需要投入较多的人力、物力、财力,如果不进行科学的分析论证,就有可能造成两个不良后果:一是费用开支过大而得不偿失;二是盲目举办而起不到应有的作用。

② 明确主题。每次展览会都应有一个明确的主题,并将主题用各种形式反映出来,如主题性口号、主题歌曲、徽标、纪念品等。必须明确是要宣传产品的质量、品种,还是要宣传组织形象;是要提高组织的知名度,还是要消除公众的误解。主题不明确或主题的呈现形式不恰当,则展览会的效果必然不佳。

③ 构思结构。组织经营生产的产品,其组合的深度、广度、密度各不相同,项目和品牌差别也很大。哪些产品参展,其参展产品的深度、广度、密度如何确定,参展产品项目和品牌怎样搭配,都需要认真构思。

④ 选择地点和时机。地点的选择要考虑三个因素:交通是否便利,周围环境是否有利,辅助系统如灯光系统、音响系统、安全系统、卫生系统等是否健全。如果自己组织展览会,宜选在交通方便、环境适宜、设施齐全的地方。

⑤ 准备资料、制定预算。准备资料是指准备宣传资料,如设计与制作展览会的会徽、会标及纪念品,说明书、宣传小册子、幻灯片、录像带等音像资料。举办展览会要花费一定的资金,如场地和设备租金、运输费、设计布置费、材料费、传播媒介费、劳务费、宣传资料制作费、通信费等。在做这些经费预算时,一般应留出5%~10%做准备金,以做调剂之用。

⑥ 培训工作人员。展览会工作人员素质的高低、掌握展览的技能是否达到标准,对整个展览效果起着关键作用。因此,必须对展览会的工作人员,如讲解员、接待员、服务员、业务洽谈人员等进行培训,培训内容包括公关技能、展览专业知识和专门技能、营销技能、社交礼仪等。

4. 赞助活动

(1) 赞助活动的定义

赞助活动是社会组织通过为公益事业捐款捐物等形式培养广大公众与组织的良好感情的活动,赞助属于信誉投资。

(2) 赞助活动的基本类型

① 赞助体育活动。这是最常见的一种赞助形式。体育活动的影响面大,公众参与的感觉强烈,并且超越了民族、国界和政治因素的影响,特别是奥运会和世界杯足球赛等世界范围内的大型体育比赛,其影响是十分巨大的。如果社会组织赞助这一类的体育活动,会扩大自身的知名度和美誉度,增强广告效果。

② 赞助文化活动。赞助文化活动不仅可以培养组织与公众的友好感情,还能通过知名度的扩大创造良好的社会效益,许多组织对电影、电视剧、文艺演出、音乐会、演唱会、画展的赞助已经获得了成功。无论是对文化活动本身的赞助,还是对文化艺术团体的赞助,都是既繁荣和发展文化事业,又建树良好组织形象的有效形式。

如轩尼诗一直注重赞助各项文化活动。2012年5月30日,轩尼诗李察干邑(Richard Hennessy)联袂位列全球十大交响乐团之一的费城交响乐团(Philadelphia Orchestra),在艺术地标——北京前门23号,呈现了一场艺术品鉴盛会。

③ 赞助教育事业。赞助教育事业是一种效益长远的活动。它不仅有利于教育事业的发展、有利于全民族素质的提高,也有利于赞助者自身的人才培养和选拔,为组织建树良好形象。其形式有:设立奖学金、成立基金会、捐赠图书设备、出资修建教学科研楼馆、赞助科研项目等。如邵逸夫在许多高校建了逸夫楼。

近几年,不少外资企业纷纷把赞助目光投向了大学校园,选择大学生作为赞助对象,既获得了支持教育事业的好名声,又为自己日后选拔人才奠定了基础。松下、西门子、索尼、杜邦、奔驰、摩托罗拉等大公司纷纷派出了公共关系部的得力干将"登陆"中国高校,进行名为赞助,实为宣传选拔人才的活动。

④ 赞助慈善福利事业。这是组织与社区、与政府搞好关系,赢得良好社会声誉的重要途径。它能表现组织的社会责任感和高尚品格,容易引起社会公众的好感。常见的做法有:救济残疾人,资助孤寡老人,捐助灾区人民,捐赠儿童福利等。如"非典"期间许多国家和企业都捐赠了医药物资和资金。

⑤ 赞助纪念活动。赞助重大事件和重要人物的纪念活动,可以树立组织的独特形象,展示组织的文化内涵。例如,新中国成立周年庆典、大型社会经济成就展览、历史伟人的事迹展览和纪念活动等。

⑥ 赞助特殊领域。赞助某一特殊领域,可以使组织在某一方面获得一定的知名度或美誉度,增强在这方面的形象竞争力。例如,赞助学术理论活动和学术著作的出版,赞助生态资源保护和文物古迹的开放等。金种子集团就赞助了河南省营销协会年会和颁奖大会。

除以上几种赞助类型外,还有赞助社会培训、赞助竞赛活动、赞助宣传品的制作等形式。

(3) 社会组织从事赞助的方法

一般情况下,赞助活动能够在公众中形成良好口碑。但是,在这里要提醒公共关系人员注意两点,一是赞助比较适合于有经济实力的企业;二是赞助活动的公共关系效果不一定与赞助金额成正比,这其中的奥妙就在于巧妙地赞助。例如,有的企业赞助社区举办的文化周、艺术节、旅游节、音乐会、歌咏比赛、体育比赛、书画展览、节日游园、灯会等,花钱不多,效果很好。也有的企业有针对性地长期扶植赞助具有地方特色的文化艺术、体育活动项目,就更有价值。还有的企业协助地方发展教育事业,如设立奖学金、奖教金,以鼓励学生好学,教师治学;捐献教育设施,以改善地方办学条件;提供专项教学经费,如专项的美育教育经费、体育教育经费等,以填补教育内容的不足。赞助教育不仅能够扩大企业在教育界的影响,而且能够赢得方方面面社会公众的赞誉;不仅能够对成年人产生影响,而且能够在青少年学生中留下深刻而美好的印象。由此看来,经过精心谋划的赞助活动才能达到"随风潜入夜,润物细无声"的良好效果。

为了使赞助产生良好效果,公共关系人员应按照以下程序和方法开展赞助活动。

① 进行赞助研究。企业的社会赞助活动并不是无计划、无目的地大把扔钱,也不是谁找上门来就给谁赞助,而是要减少被动和盲目,主动地开展赞助活动。

主动赞助的前提是进行赞助研究和策划。公共关系人员应该从企业的实际情况和经营政策入手,根据企业的公共关系目标,制定企业的赞助方向和赞助政策,在落实每一项赞助资金之前分析赞助成本和赞助效果。

② 制订赞助计划。根据赞助前的研究和企业的赞助政策,组织的公共关系部应该在上年年底或本年年初制订出年度赞助计划。计划中应包括赞助类型的选择、赞助对象的范围、赞助费用预算,并把赞助计划向有关人员通报。

③ 审核赞助项目。按照年度赞助计划,每进行一项具体的赞助活动之前,都应由公共关系人员或企业赞助委员会对此项目进行审核,充分论证此项目赞助的可行性及赞助方式是否合适,赞助款项是否合理,此项赞助是不是组织的最佳选择。

④ 实施赞助活动。在对赞助项目进行审核的基础上,公共关系人员按照赞助计划具体实施赞助活动。在实施过程中,公共关系人员应充分选用各种传播媒介做好宣传,从而使企业通过赞助活动尽可能地扩大社会影响。

⑤ 测定赞助效果。一项赞助活动完成之后,企业应对赞助效果进行调查与测定,看一看企业的知名度是否提高了,企业的公众关系是否改善了,是否产生了良好的社会效益和经济效益。并且根据所得结果写出报告,归档储存,以备日后参考。

⑥ 应注意的问题。首先,社会赞助应优先考虑社会效益,即要优先考虑赞助社会的救灾活动、希望工程等,这样容易获得社会各界的好感,而且意义深远。

其次,在考虑社会效益的前提下,也要核算、估定赞助的经济效益。不论是直接的经济效益还是间接的经济效益,都应有一定的目标,以便在赞助活动中努力争取实现。

再次,在赞助活动既有社会效益又有经济效益时,应优先考虑该赞助活动与本组织的联系和关系。如经营体育用品的企业赞助体育活动或体育竞赛,就会引起特别的关注。相反,如果经营古旧图书、古玩玉器的企业赞助某项体育竞赛活动,该企业在众多的赞助单位中,就易被忽视,因为大多数年轻的体育爱好者是不大喜欢古旧图书、古玩玉器的。

最后,对既无社会效益,又与本组织经济效益毫无关系的赞助请求,要敢于说"不"。面对当前社会上盛行的摊派之风,拉赞助成灾,应坚决抵制。为此,社会组织的公共关系部门应把社会赞助活动作为搞好公共关系的一项重要任务。在日常工作中,对组织进行哪些方面的赞助,应进行认真的分析、研究,明确基本的赞助方向和重点。企业的社会赞助活动不是一个人说了算,也不能头脑发热就拍板,而是要努力做到有章可循,有的放矢,有条不紊。

任务6.3　公共关系主题活动策划方案结构及流程

○ 训练营

描述公共关系主题活动策划方案结构及流程:根据提供的案例,总结描述公共关系主题活动策划方案的撰写结构及流程要求。

○ 故事汇

老字号　新辉煌
——全聚德135周年店庆大型活动公关案例

主办单位:中国北京全聚德集团有限责任公司
咨询单位:中国北京全聚德集团有限责任公司
项目策划和实施单位:中国北京全聚德集团有限责任公司

一、项目背景

"全聚德"作为我国餐饮业驰名中外的老字号企业,自清朝同治三年(1864年)创立至今已有135年的发展历程,经过几代人努力,"全聚德"形成了以烤鸭为代表的系列美食精品和独特的饮食文化。"全聚德"这家百年老店已成为国家领导人宴请国际友人的主要场所,成为国际国内朋友了解、认识北京的窗口。

改革开放以来,我国餐饮市场迅速发展。面对日趋激烈的市场竞争和国外餐饮业的挑战,"全聚德"于1993年5月组建了以前门、和平门、王府井全聚德三家店为基础,包括50余家联营企业的大型餐饮企业集团,结束了过去长期形成的一家一店、分散经营的不利局面,全聚德集团成为全聚德商标的唯一持有人,从而开创了全聚德这一北京传统名牌集团化经营发展的新阶段。

截至1999年年初,全聚德集团在国内已注册11个商标,涵盖25大类124种商品或服务项目;同时在世界31个重点国家和地区注册了"全聚德"商标。1996—1998年度"全聚德"商标连续两届被北京市工商局评为"北京市著名商标";1999年1月"全聚德"品牌又被工商局认定为"中国驰名商标",它是我国首例服务类驰名商标。

21世纪即将到来,"全聚德"老字号正演绎着它发展历史上的第二个百年。全聚德品牌战略的成败,是决定企业在21世纪能否保持旺盛生命力的关键。

二、项目调查

面对21世纪,全聚德品牌的发展同中国的餐饮业,乃至中国商业、服务业一样,面临着良好的机遇和严峻的挑战。

1. 面临的机遇

(1) 随着市场经济的发展和人们消费水平的提高,名牌效应日益明显,使用名牌、享受名牌逐步成为一种社会时尚,久负盛名的"全聚德"将进一步得到社会与消费者的推崇与青睐。

(2) 国有企业改革的推进,现代企业制度的确立,企业经营机制的完善,为全聚德企业形象的提升奠定了良好的制度保证。

(3) 全聚德全体员工对"全聚德"具有深厚的感情,对弘扬品牌、发展品牌具有崇高的历史责任感和社会责任感,成为"全聚德"企业形象公关的思想基础。

(4) 此外,全聚德品牌形象在社会公众心目中占有较高的地位。1998年3月北京电视台《北京特快》栏目组与中国人民大学舆论研究所就"哪些产品最能代表北京的品牌形象"这一话题采用问卷方式调查。调查问卷要求被访者具体写出四种最能代表北京经济形象的产品,结果被提名的北京产品有四五十种之多,其中,全聚德烤鸭名列榜首,被一致认为是最能代表北京经济形象的标志性产品。北京果脯、北京吉普、牡丹彩电、二锅头酒、北京小吃、燕京啤酒、大宝化妆品、王致和腐乳、联想电脑、同仁堂中药分列第2~11位。

2. 遇到的挑战

(1) 从买方(消费者)的角度看,随着人民生活水平的提高和生活方式的改变,广大消费者对"全聚德"餐饮的品位提出了更高要求。

(2) 从卖方(生产者、经营者)的自身看,全聚德集团特许经营管理体系的运作,要求统一企业形象。

(3) 从现在国内餐饮竞争者来看,国内餐饮业持续发展,单就北京市目前以"北京烤鸭"命名的烤鸭餐馆就有400多家,兼营北京烤鸭这道菜的饭店、餐厅更是数以千计,竞争更加激烈。

(4) 从未来潜在竞争者、替代者方面分析,全球经济一体化进程加快,我国加入国际贸易组织后,洋餐饮将更加无障碍地长驱直入,对国内包括"全聚德"在内的餐饮业的生存与发展将会构成威胁。

为了抓住机遇,迎接挑战,积极参与市场竞争,创造具有中国文化底蕴、实力雄厚、品质超凡、市场表现卓越、享誉全球的餐饮业世界级名牌,集团公司决定以1999年"全聚德"建店135周年为契机,全年推出多层次、一系列的企业形象公关活动。

三、项目策划

1. 公关目标

发扬"全而无缺,聚而不散,仁德至上"的企业精神,(对外)弘扬全聚德民族品牌,树立"全聚德"老字号的崭新形象,以店庆造市场,以文化兴市场;(对内)强化全聚德烤鸭美食精品意识,丰富全聚德企业文化内涵,激励全聚德集团的全体员工以百倍的信心迎接21世纪的挑战。

2. 公关策略

为了达到这一目标,准备举办"全聚德杯"有奖征集对联、全聚德烤鸭美食文化节、全聚德品牌战略研讨三项大的活动。这些公关活动在媒体选择上主要以报纸为主,兼有电视台、电台,并辅以本公司宣传刊物。

3. 具体计划

全年系列公关活动分为三个阶段,从序曲到高潮。

第一阶段:在含有元旦、寒假、春节、元宵节等节假日的第一季度与《北京晚报》、北京楹联研究会联合举办"全聚德杯"新春有奖征集对联活动(以下简称征联);面向全社会(包括集团员工)开展《我与全聚德》征文,征集店史文物活动;着手整理资料,编辑、出版《全聚德今昔》一书。

第二阶段:在农历六月初六,即全聚德创建日的7月18日举办"全聚德建店135周年店庆暨首届全聚德烤鸭美食文化节开幕式"。

第三阶段:在金秋的10月,借新中国五十华诞举办全聚德品牌战略研讨会。

四、项目实施

1999年年初,集团公司在工作会上针对全年公关系列活动进行动员。针对每一活动分别成立了由总经理或副总经理牵头的、由不同业务部室有关人员组成的专门工作组,由其负责具体实施。

1. 序曲:"全聚德杯"新春有奖征联活动(1998年12月至1999年3月)

下面是此次活动期间《北京晚报》五色土版的媒体宣传报道。

1998年12月22日 刊登"本报副刊中心、全聚德集团、北京楹联研究会联合举办'全聚德杯'新春有奖征联活动"通知。

【引起读者注意】

1999年1月10日 刊登"'全聚德杯'新春有奖征联评委会名单"。

【突出权威性,以引起读者重视并参与】

1999年1月16日 "'全聚德杯'新春有奖征联作品"选登之一。

【6天后,第一次活动提示】

1999年1月22日 "'全聚德杯'新春有奖征联作品"选登之二。

【6天后,第二次提示活动正在进行中】

1999年1月26日 "'全聚德杯'新春有奖征联作品"选登之三。

【4天后,第三次提示活动截稿日期将至】

1999年2月15日(农历除夕)公布"'全聚德杯'新春有奖征联活动获奖作品及名单"。

【选在大年三十这一天公布,一来读者比平日多,二来也算给广大读者送上新春文化礼物,以示祝福】

1999年2月25日 公布"'全聚德杯'新春有奖征联活动获奖作者名单"。

【答谢广大读者及社会各界的关注】

1999年3月12日 刊登"全聚德"新春有奖征联颁奖会消息。

【宣布活动圆满结束】

1999年3月16日 北京人民广播电台《企业文化》栏目播放"全聚德杯"新春有奖征联颁奖会记者现场采访录音。

第一阶段征联活动结束后,为更好地开展第二阶段店庆活动,集团公司及时进行总结,并于1999年3月30日以书面形式正式下发《关于庆祝全聚德建店135周年系列活动的安排的通知》,将每项活动进一步分解落实。

(1) 向全社会开展《我与全聚德》征文,征集店史文物活动;

(2) 着手整理资料,编辑《全聚德今昔》一书,在全聚德135周年店庆日当天举行首发仪式;

(3) 请具有权威的资产评估机构对全聚德无形资产价值进行集团成立以来的第二次评估。以1999年1月1日为基准日的全聚德无形资产价值为7.0858亿元人民币,是1994年第一次评估的2.63倍(不仅使全聚德国有有形资产保值增值,而且使无形资产也增值)。这一消息于全聚德135周年店庆日当天通过新闻媒体向社会公布。

2. 主旋律:全聚德建店135周年店庆暨首届全聚德烤鸭美食文化节开幕式

(1) 周年店庆及文化节

1999年7月18日上午9:30—11:30在前门全聚德烤鸭店一楼大厅举办了隆重的开幕仪式。来自国家内贸局、北京市委、市政府有关委办局、所辖区委、区政府的领导和负责同志、新闻单位的记者及全聚德成员企业代表200余人出席了本次活动。具体安排如下。

① 唱"集团歌"。

② 集团董事长致辞。

③ 北京市商业联合会致贺词。

④ 向集团总厨师长、副总厨师长、各企业厨师长授聘书、绶带。

【展示全聚德雄厚的技术力量】

⑤《全聚德今昔》一书首发式。

【传播全聚德历史文化】

⑥ 第135号全聚德冰酒珍藏仪式。

【展示全聚德品牌延伸产品】

⑦ 请有关方面的领导讲话

⑧ "打开老墙,重现老铺"——全聚德老墙揭幕仪式。

【向现场来宾再现历史,追溯往昔,给人留下深刻印象】

⑨ 第1亿只全聚德烤鸭出炉仪式。

【第1亿只烤鸭出炉成为新闻记者争相报道的热点。在11点钟,全聚德第1亿只烤鸭出炉之前,十几名摄影记者早早等候在烤鸭炉前,占据最佳拍摄位置。烤鸭出炉时,记者们迅速按下快门,用相机记录下这一有意义的历史时刻。《北京晚报》的记者为了抢得第一新闻,顾不上吃午饭,立即返回报社发照片,当天下午的晚报就在第一版刊发新闻照片,使《北京晚报》成为第一家报道这一活动的媒体】

⑩ 第1亿只全聚德烤鸭片鸭仪式。

【由原市政府副秘书长、全聚德集团第一任董事长杨登彦先生片下第一刀。这只烤鸭奖给了当天中午来全聚德就餐的一对法国夫妇】

为了报道这次活动,中央电视台还对集团董事长进行了独家采访。出乎预料的是,还有一些京外和国外的新闻记者不邀自来。如当天上午活动期间,南斯拉夫电视台闻讯赶来,进行现场拍摄;在活动结束后,《香港商报》的记者对未能进行现场采访而深感遗憾,事后专门来公司进行了追访。

(2) 全聚德特色菜品推出仪式(1999年7月18日)

时间:15:00—18:00

地点:和平门全聚德烤鸭店208房间

出席:集团公司领导、各成员企业代表、有关部室负责人

内容:

① 集团主管副总介绍推出全聚德特色菜的重要意义及安排。

【统一菜品质量,实施精品战略】

② 集团总厨师长讲解全聚德特色菜品的制作、口味特点。

【菜品量化定标,提高科技含量】

③ "打通一楼,亮出大厅"揭匾仪式。

【重新装修的一楼大厅——"中华一绝"重新开张】

④ 来宾观摩特色菜品制作过程,并品尝用餐。

(3) 美食文化节活动(7月18—25日)期间继续推出以下活动。

① 精品烤鸭优惠销售。

【真诚回报消费者】

② 国际烹饪大师巡回献艺。

③ 亚洲大厨、获奖名厨精彩绝活表演。

④ 发放"全聚德会员卡"。

⑤ 赠送全聚德135周年纪念品。

⑥ 开展由顾客参加的趣味性烹饪、服务技能、全聚德知识竞赛活动。

3. 提升:全聚德品牌发展战略研讨会(1999年10月16日)

9:00—12:00在和平门全聚德烤鸭店500会议室邀请中国商业经济学会、中国商业文化研究会、中国社会科学院、中国人民大学、首都经贸大学、北京工商大学、北京工业大学、北京财贸职业技术学院的专家、教授、副教授与集团全体领导及有关部室负责人就全聚德品牌战略进行研讨。

【理论指导实践】

五、项目评估

1999年全聚德集团企业形象公关活动达到了预期的公关目的。

(1)"全聚德杯"新春有奖征联活动历时两个月,共收到应征楹联作品3954副,它们来自北京、河北、辽宁、内蒙古、山东、江苏、安徽、江西、湖南、贵州、广东、海南12个省、自治区、直辖市,使全聚德的品牌遍及大江南北、长城内外。作者中年龄最小的为14岁的初中生,最大的为82岁的老人。还有的老者率领全家老少三代参与撰写,甚至还有几位福利工厂的盲人请同事代笔,参与热情之高,是始料未及的。

经过专家评委的初评、复评和终评,从中评选出一等奖5名,二等奖10名,三等奖20名,鼓励奖135名。此次活动把迎春与商业宣传融合为一,把树立全聚德品牌形象与中国传统楹联文化有机地结合起来,营造了"以文化树品牌、以文化促经营"的新闻热点,弘扬了全聚德饮食文化、品牌文化,在社会上引起较大反响。

(2)提高了全聚德品牌的知名度和美誉度。众多新闻媒体都对"全聚德建店135周年暨美食文化节"做了全面报道,报道的形式有新闻、照片、侧记、专访。根据对有关新闻媒介及宣传报道次数的统计和分析,可以看出,这次活动的媒体报道率是相当高的,不仅国内形成一股全聚德企业形象的冲击波,而且通过海外一些媒体把全聚德135周年庆典活动的新闻消息传出北京,飞向世界。"全聚德"成为人们普遍谈论和关注的话题,"全聚德"品牌的知名度和美誉度进一步提升,强化了"全聚德"品牌形象。

(3)全聚德集团通过135周年店庆活动取得了良好的经济效益。由于全聚德135周年店庆暨首届全聚德烤鸭美食文化节活动的拉动作用,国庆节期间(10月1—7日)集团公司10家直营店共完成营业收入703.5万元,接待宾客76325人次,日平均营业额达100.5万元。到1999年11月底集团公司营业收入、利润均已提前完成全年的计划任务。其中利润达到全年计划指标的110%。1999年下半年和平门店、前门店日均营业额均比上年同期增长了20%左右。

(4)全聚德品牌发展战略研讨会明确了全聚德品牌战略目标,即以全聚德烤鸭为龙头、以精品餐饮为基业,通过有效的资本运营,积极审慎地向相关产业领域延伸,创造具有中国文化底蕴、实力雄厚、品质超凡、市场表现卓越、享誉全球的餐饮业世界级名牌。

全聚德的战略研讨又引发首都的专家、学者对以全聚德为代表的京城老字号发展的内在规律的探索与研究。参加过全聚德品牌战略研讨会和曾经参与全聚德有关活动的专家学者就"老字号怎样迈向新世纪"的主题又多次开展大讨论,从全聚德这一典型的经营管理实践作为案例上升为京城老字号发展的一般规律的理论探讨。专家们认为:"发展老字号品牌食品是历史重任","老字号要发扬品牌优势,紧跟时代步伐","立足传统,创新发展"。(参见《中国食品报》2000年1月20日)

六、案例点评

(点评者:陈向阳,第四届中国最佳公共关系案例大赛评委;中国国际公共关系协会发展部主任)

(1)全聚德集团是一家具有悠久历史和文化传统的京城老字号餐饮企业。面对改革开放和市场经济的浪潮,全聚德集团进行了重组,成为"全聚德"商标的唯一持有者,并在国内外进行了商标注册。截至1999年年初,集团已在国内注册11个商标,涵盖25大类124种商品和服务项目,同时在世界31个重点国家和地区注册了"全聚德"商标。1999年1月1日,经权威资产评估机构对"全聚德"品牌评估,"全聚德"品牌价值7.0858亿元人民币。在此基础上,全聚德集团开始全面实施"名牌战略"工程,以确保企业在21世纪继续保持旺盛的生命力。本案例充分显示,全聚德集团领导高瞻远瞩,具有较强的市场意识,通过实施"名牌战略"工程将"全聚德"百年老店的金字招牌全面推向第二个百年。

(2) 大型活动是公共关系活动最常见的一种形式,也是企业最容易达到其公关目标的手段。因为它社会影响大、针对性强、沟通效果好,同时实施难度也较大。"全聚德135周年店庆大型活动"是全聚德集团实施"名牌战略"工程的一个重要对外传播案例,本案例从策划、筹备、实施和提升历时近一年,涵盖"全聚德杯"新春有奖征联活动、全聚德135周年店庆暨首届全聚德烤鸭美食文化节、全聚德品牌发展战略研讨会三项大型活动,这些大型活动又包括系列专题。在本案例中,"全聚德"针对不同目标公众,巧妙设计公关活动,并与传播手段相结合,取得了良好的公关效益。如针对一般消费群体,采用"新春征联""烤鸭文化节"活动,并配以大众媒体宣传;针对重要目标公众,邀请有关领导、社会名流参加全聚德135周年店庆暨首届全聚德烤鸭美食文化节开幕式;针对专业人士,采用"研讨会"形式进行沟通交流。同时,我们也看到,每项活动除了针对不同目标公众外,信息传播也具有很强的针对性。应该说,本案例的实施难度非常大,涉及集团众多部门,对于一家传统国有商业企业来说更是如此。为确保项目的顺利实施,集团总裁亲自挂帅,相关部门分工负责,按计划逐一落实,可以说大型活动的实施除了需要严密的计划外,还需强有力的执行。

(3) 第1亿只全聚德烤鸭出炉及片鸭仪式是本次大型活动最吸引人、最具新闻价值的活动,全聚德抓住这一亮点大做文章,而《北京晚报》记者抢新闻的劲头,说明活动创意策划的到位。这是本案例画龙点睛之处,也是众多媒体报道的一个重要主题。

(4) 在本案例中,全聚德集团对大众媒体的宣传非常重视,就"全聚德135周年店庆暨首届全聚德烤鸭美食文化节开幕式"一项活动就有24家媒体参与报道,报道量达56次之多。另外《北京晚报》对"新春征联"活动互动式的追踪报道,将征联活动不断推向高潮,为全聚德135周年店庆活动做了很好的铺垫。新闻媒体的积极参与反映出全聚德集团平时与媒介能保持良好的合作关系。

(5) 本案例充分反映了全聚德集团在大型公关活动策划和实施上已具专业化水准,整个策划实施,一环扣一环,既有前奏,又有后续。前期铺垫为店庆高潮做了良好的准备,后期升华将全聚德的品牌战略推向深入。当然,仍有一些不足之处,整个活动策划有点刻板,传播信息相对不是特别集中,有所干扰,另外文案写作仍需提高。相信经过不断的公关实践,全聚德集团的企业品牌会像其"全聚德"著名商标一样名扬海内外。

请大家交流:全聚德135周年店庆大型活动用到哪些类型的公关主题形式?起到了什么公关效应?请提炼策划方案的结构形式。

知识库

6.3.1 公共关系策划的基本原则

企业的公共关系活动方式很多,涉及的对象也很广,因此公共关系策划不能一概而论。但是,企业在进行公共关系策划时仍然应该把握一些基本原则。

1. 提高认识,重视公关

在商品经济高度发展的条件下,经济关系错综复杂,竞争日益激烈,企业所处的内外环境也在不断地发生变化。若没有公共关系在企业与其环境之间沟通信息,使企业与周围环境协调适应,企业要想获得生存和发展是不可能的。美国营销学专家菲利普·科特勒曾经说过:"公关可以以远远低于广告的代价而对公众心理产生较强的影响。这与花费巨资做广告的效果相同,并且带来的可信度要比广告高得多。公关的作用有时会令人吃惊。"

2. 真情奉献,公众至上

开展公共关系活动的目的不是追求企业产品一时一地的销售业绩,而是谋求企业长期发展的良好社会形象,公众关系的协调沟通贵在追求一种情感的效果。情感的效果是在认识效果的基础上产生的,又为行为效果的产生提供了前提。从情感效果的特征出发,公共关系的主体应在协调沟通中把握民心、民意,启发和激起公众的情感共鸣,达到与公众情感上的沟通目的。

3. 选准时机,适当造势

在公关活动的策划中,善于选择和把握时机,重视择时和造势,是中国传统谋略应用于公关策划所产生的独特方法。择时造势要敢于占先,善于抓住最佳传播时机,充分利用外部环境因素所提供的机会,创造最佳的公关活动的效果。造势首先要识势,识势就是通过调查研究,准确地认识和掌握公众的利益、需求、好恶和心理状况,了解环境变化的趋势,使策划的公关活动能最大限度地满足公众的需求。在受到公众欢迎的情况下,因势利导,顺水推舟,扩大组织的影响。

4. 敢于创新,方式奇特

公关活动策划只有刻意求新,才能出奇制胜,才能完美地体现公关活动的科学性与艺术性相统一的本质特征。只有坚持以创新的标准要求自己,以艺术的形式表现自己,以求新求美的原则约束自己,才能克服公关工作的随意性与缺乏规范化的弊端。

5. 尊重客观事实

尊重客观事实,发布真实准确的信息在公共关系中十分重要,因为假的东西只能骗公众一时,一旦真相大白,公众对组织的信任将荡然无存。

6.3.2 进行公关主题策划时应考虑的三个因素

(1) 灵活性。要树立以不变应万变的思想,公共关系涉及的某一具体问题是复杂的,没有一劳永逸,放之四海而皆准的方法。

(2) 时效性。时间就是金钱,效率就是生命,及时有效的公共关系才是成功的公共关系。机不可失,时不再来,在危机公共关系中这一点尤为重要和突出。

(3) 可操作性。能想到的不一定能做到,一定要考虑到某种方案的可操作性,否则就是空想,贻误时机。

6.3.3 公共关系策划方案结构形式

表 6-4 是一份较完善的公关活动策划方案结构,在实际操作中可进行参照,根据具体情况对各组成部分进行相应增加或删减。

公共关系主题
活动策划方案
撰写

表 6-4 公共关系活动策划方案结构

策划方案组成部分	具 体 说 明	举 例 说 明
标题	作为一份完整的策划方案,必须具有标题。标题的写法有两种 ① 由公共关系活动主体——组织的名称、公共关系活动的主要内容加上"策划书"这种文体名称构成 ② 在第一种标题的基础上再加上一行揭示主题的文字,形成正副标题	桂林市龙胜县秋季旅游公共关系促销活动策划书 生命呼唤绿色——三金药业股份有限公司环保宣传活动策划方案
活动背景介绍	既是对策划内容的高度概括性表达,又起到导读的作用 公共关系活动背景分析是公共关系策划方案正文的一项要素。这是因为社会组织的任何一项公共关系活动都不是无缘无故的。一份策划方案,只有在充分调查研究的基础上,首先阐明这一背景和需要,才能引出后面的具体策划内容、方案,也才能说明举办这一活动的迫切性、针对性和意义所在 具体包括以下内容 ① 本企业所处的环境状况简要介绍,包括宏观及微观环境 ② 选择合适的公共关系模式类型 ③ 在市场调查的基础上客观、真实地描述市场现状	近年来,由于保险行业结构的变化、保险业务结构的调整、我国加入 WTO 之后国外保险企业的进驻和金融危机的严重影响,致使保险行业一度处于"低迷"状态。为提升保险公司形象,推进服务开展公共关系活动
活动目的	① 用简洁的语言表明本次公共关系活动要达到的目的或目标。活动目的也是为公共关系活动评估提供参照,同时也表明了本次公共关系活动的意义所在 ② 只有目的明确,才能使活动有的放矢	活动目的:提升形象,推进服务 活动目标一:运用形象的传播效应和活动的联动效应,促进保险销售 活动目标二:力争中国人寿在××市场认知率达到 80% 以上
活动主题	① 用简洁的语言概括公共关系活动创意内容 ② 主题要单一 ③ 淡化促销的商业目的,使活动更接近于消费者,更能打动消费者 ④ 这一部分是活动方案的核心部分,应该力求创新,使活动具有震撼力和排他性	活动主题:汶川的兄弟姐妹们,我和你们在一起!
活动对象	① 确定本次活动的对象,这一选择的正确与否将会直接影响到促销的最终效果 ② 要明确活动控制在多大的范围 ③ 确定哪些人是促销的主要目标 ④ 确定哪些人是促销的次要目标	活动对象:以××市的广大市民为活动对象(以老客户为主)

续表

策划方案组成部分	具 体 说 明	举 例 说 明
活动时间和地点	(1) 在时间上尽量让消费者有空闲参与,在地点上也要让消费者方便,同时对活动持续多长时间效果会最好也要深入分析。活动地点简单列举如下 ① 闹市。一般来说,生产日用生活用品的企业,适宜选择这些场地作为公共关系活动的舞台 ② 广场。是指适宜举办大型公共关系活动的体育广场、文化广场及城市广场。一般来说,重大的节庆活动、物资交流贸易会、体育比赛、文艺演出等,适合以这里为舞台 ③ 会堂。一般来说,员工大会、颁奖典礼、新闻发布会、与协作者磋商、与公众的对话联谊,适合在这里举行 ④ 展馆。展馆可以说是供各类组织进行展示性公共关系活动的专门场所,自然也是极佳的舞台 (2) 相关活动开始前应与城管、工商等部门沟通好 (3) 时间长短把握好	活动时间: 2009年8月30—31日 活动地点: 主会场:××公园 分会场:××公园(一分会场),××公园(二分会场)
活动准备	(1) 活动宣传 ① 海报宣传为主 ② 横幅、电视、广播等多样形式配合 ③ 宣传媒介的选择要与活动对象良好的对接 (2) 人员分工:在人员安排方面要"人人有事做,事事有人管",无空白点,也无交叉点。谁负责与政府、媒体的沟通;谁负责现场管理;谁负责礼品发放;谁负责顾客投诉等 (3) 物资准备:在物资准备方面,要事无巨细,大到车辆,小到螺丝钉,都要罗列出来,然后按单清点,确保万无一失	宣传主题: 用专业和真诚为生命服务 宣传阶段划分:第一阶段·活动前宣传 宣传时间:2009年8月20—29日 宣传形式:告知宣传 宣传内容:传达活动即将举行信息 信息传达要素: • 中国人寿企业LOGO • 中国人寿的服务理念
活动方式及内容	活动方式的选择应围绕活动主题,开展各项活动 ① 活动方式的选择要有助于借势和造势 ② 活动方式应费用低,效果好,从而降低风险 ③ 本部分要求详细周到,细致入微,强调可操作性	活动场合:主会场·开幕式 活动内容: ① 缤纷开幕,欢乐音乐响起,设置心形升空可爆气球若干,内置心形彩色花瓣(或彩纸)和中奖卡,气球升至一定高度爆炸,彩色花瓣(或彩纸)和中奖卡凌空落下 ② 大型团体歌舞 ③ 闭幕节目

续表

策划方案组成部分	具 体 说 明	举 例 说 明
费用预算	① 场地费用：场地租金 ② 物资费用：包括活动使用的各种道具、器材、设备、文具、礼品及布置场地物品所需的费用等 ③ 礼仪费用：包括礼仪性项目的开支，如邀请乐队、仪仗队、文艺演出的演员等 ④ 保安费用：活动期间的保卫工作、安全设施等费用支出 ⑤ 宣传费用：包括用于活动宣传方面的开支，如摄影、录像费用，广告宣传、宣传品印刷、展示费用等 ⑥ 项目开支：包括交通运输费、差旅费、办公费等行政性开支或代付费用 ⑦ 餐饮费：假如活动项目中有宴会或餐饮计划，需要安排这一项目开支 ⑧ 劳务费：包括公关人员和其他劳务人员的薪水。这里的人员开支，主要包括公共关系专家、公共关系文职人员、公共关系礼仪队员、名人、摄影师等参与公共关系活动人员的工资、奖金、补贴等 ⑨ 不可预算的费用：包括应急费和大型活动常常有的许多不可预算的开支，一般是以活动费用总额的5%～10%计算 ⑩ 承办费：假如是委托专业公共关系机构承办，必须支付承办费，这一费用包括承办机构的管理费、利润	预算要精确、详细。活动经费预算通常是以编制预算书（表）的形式完成。预算表中一般包含"项目""单价""数量""金额""小计""合计"等
意外防范	每次活动都可能出现一些意外。比如政府部门的干预、消费者的投诉，甚至天气突变导致户外的促销活动无法继续进行等。必须对各个可能出现的意外事件作必要的人力、物力、财力方面的准备	意外防范： ① 成立突发事件应急小组 ② 制定具体突发事件处理办法
活动效果巩固	公关活动的后期延续，要求与前期主题吻合，不偏不离	活动结束后，可在各大影院推出： ① 中国人寿·亲情电影周活动 ② 在巩固客户服务节活动效果的同时，承接中秋节相关活动，承上启下 ③ 可在相关电影院门口设展板（或海报等）进行宣传
活动效果预估	预测本次活动会达到的效果，以利于活动结束后与实际情况进行比较，从刺激程度、促销时机、促销媒介等各方面总结成功点和失败点	公关活动评估标准： ① 活动实际参加人数不少于2000人 ② 媒介有关活动报道不少于30篇（次） ③ 活动信息覆盖率不少于本地区人口的1/4 ④ 活动现场执行情况不发生任何明显失误 ⑤ 活动经费使用情况严格控制在预算内 ⑥ 活动后公司知名度提升20% ⑦ 活动后公司美誉度提升10%

超链接

公共关系策划方案附属文案——邀请函撰写方法

任何公共关系活动的实施都离不开资金的支撑。资金的来源有的是政府或主办组织的拨款,但有的是项目(活动)组织者进行企业化运作自筹得来。自筹资金需要组织面向社会进行招商,让有关组织(如企业)进行赞助。组织在出资或进行物资赞助的同时,项目(活动)组织者应通过某种方式和途径回报赞助商,让赞助商通过对该项目(活动)的赞助而有所收获,或提高知名度,或提高美誉度,或二者兼得,以树立良好的形象。为此,就离不开"邀请函"作为项目(活动)组织者联系有关赞助企业的纽带。下面介绍一下邀请函的结构及写作方法。

邀请函由标题、收文单位、前言、参与项目费用与权益、联系方式、落款等组成。

标题的写法很简单,由事由加"邀请函"组成,如"2001年桂林市环保宣传活动邀请函",或者直书"邀请函"即可。

收文单位为被邀请参与该活动的单位全称。

前言的写作要求突出卖点,吸引企业。一般要用简洁的语言写明主办单位、时间、地点、项目(活动)名称、参与项目报道的媒体、项目(活动)信息覆盖人数预测、项目(活动)内容等。让有关单位对本次活动有一定的了解,以便根据自身情况选择是否参与本项目(活动)。

参与项目费用与权益要求用简洁的文字或表格,将赞助商应尽的义务即所赞助的资金与物资和应享受的权益即应该得到的回报表述清楚。

联系方式,一般包括联系人姓名、电话号码(座机和移动电话)、传真号码、电子邮箱等。

落款为主办单位全称,有时还包括单位主要领导的个人签名。

金钥匙

公关活动策划操作要点

公关活动策划有常规的方法可供遵循,但也有不少技巧。三分策划,七分实施。

要点一:目标一定要量化

公关活动特别是大型公关活动往往耗费很多人力、物力、财力资源。一个新产品在中心城市的上市传播费用,一般都在百万元以上。为什么要进行这样大的公关投入?为了企业的传播需要,为了建立品牌的知名度、认知度、美誉度,为了更多的目标消费者去购买企业的产品,这就是新产品上市公关活动的目标。没有目标而耗费巨资做活动是不可取的,目标不明确是不值得的。笔者遇到一些保健品企业,看到同行做公关活动,它也要做,而且要求活动规模更大、规格更高、发稿更多,但说不清楚为什么要做,要传播什么样的卖点、概念,没有设立目标。有的企业做公关活动,设定了不少目标,比如,提高知名度、美誉度、促进销售等,但是没有量化(提高知名度、美誉度的百分比,促进销售的货币额度),方向模糊,错把目的当目标。目标一定要量化,它不是希冀式的观测,而是指日可待。只有量化目标,公关活动策划与实施才能够明确方向,才会少走弯路。

要点二：活动主题鲜明

公关活动是展示企业品牌形象的平台，不是一般的促销活动，要确定活动卖点（主题），并以卖点作为策划的依据和主线。很多公关活动，花了不少钱却不知道是什么活动，给人们留不下很深的印象。只有提炼一个鲜明的卖点，创造公关活动的"眼"并传播，才能把有关资源整合起来，从而完成活动目标。这里的卖点是公关活动环节设计中最精彩、最传神的地方，活动事隔多年，情节大多被人淡忘，但仍能让人记起的一个情节。公关活动策划需要创造这样一个非常精彩的高潮，要把这个高潮环节设计得更有唯一性、相关性、易于传播性。当然，集中传播一个卖点，并不是只传播一条信息，而是把活动目标和目标公众两项因素结合起来，重点突出一个卖点，提高活动的有效性。

要点三：公关活动本身就是一个媒体

随着公关新工具、新技术的不断涌现，同新闻媒体、广告媒体一样，公关媒体也在发生着革命，网络等新兴媒体被应用于公关活动。殊不知，公关活动本身就是一个传播媒体，它具备大众媒体的很多特点，其作用和大众传媒相比，只是公关活动实施前不发生传播作用，一旦活动开展起来，它就能产生良好的传播效应。公关活动因其组织利益与公众利益并重的特点，具有广泛的社会传播性，本身就能吸引公众与媒体的参与，以活动为平台通过公众和大众传媒传播。在策划与实施公关活动时，配备好的相应的会刊、通讯录、内刊、宣传资料等，实现传播资源整合，能提升公关活动的价值与效果。

要点四：没有调查就没有发言权

国内不少公关公司做公关活动，因缺乏公众研究意识或公众研究水平有限、代理费少、时间紧等原因，省略公众调查这一重要工作环节已是司空见惯的事情。想一个好的点子，找一个适当的日子就可以搞公关活动，这是某些所谓"大师"的通病。但"没有调查就没有发言权"。"知己知彼，百战不殆。"只有摸清自己的优劣势，洞悉公众心理与需求，掌握竞争对手的市场动态，进行综合分析与预测，才能扬长避短，调整自身公关策略，赢得公关活动的成功。公关实践表明，公关活动的可行性、经费预算、公众分布、场地交通情况、相关政策法规等都应进行详细调查，然后进行比较，形成分析报告，最后做出客观决策。

要点五：用公关手段解决公关问题

社会上对公关活动的认识不同时期存在不同误区，加之部分媒体的错误引导，更加深了这种错误认知的蔓延。近年来，对公关的认识又有了新的误区，把公关活动等同于促销活动，实际上两者的目的、重心、手段不同。公关活动的目标是提高美誉度，提升亲和力；促销活动的目标是提高销售额、市场占有率。公关活动的重心是公众、媒体、政府，促销活动的重心是消费者。企业同时需要营销、公关两种职能，两种职能不能通用。公关是社会行为，营销是经济行为；公关活动关注公众，促销活动关注消费者；公关与市场区别较大，营销的手段不适用于解决公关问题。公关活动的公众非常多，消费者只是公众的一种。不同的公众，使用的公关手段也不一样。所以，要走出"公关活动就是促销"的误区，用公关手段解决公关问题。

要点六：策划要周全，操作要严密

除了满足公关活动诚信可靠、富有吸引力和切实可行要求以外，还要注意以下几点。

（1）要对活动计划进行可行性研究。

（2）宣传口号的设计要耳目一新。

(3) 组织精明强干的队伍实施。
(4) 加强活动前的宣传。
(5) 注意公关活动时间的安排。

任务6.4　公共关系主题活动策划专项训练

训练营

以下列公司庆典活动策划方案为背景,找一家真实企业,撰写公司庆典活动策划,将案例中不完善或存在问题的地方进行完善和修改,完成一份完整的公司庆典策划方案。

某某公司十周年庆典活动策划方案

一、庆典活动目的

通过庆典向各界人士展现广东某某工程有限公司10周年建设之成果,展现公司独有魅力和展望迈向集团化的远景规划之未来(某某梦)。树立公司的整体形象,借此良机向社会各界进行广泛宣传,与各界人士进行良好沟通。为公司下一步的发展赢得更多的契机,夯实良好的企业文化和形象基础。同时,通过举办庆典活动,让全体员工感受到公司10年来创业之艰辛所带来的成就感,进一步提振全体员工的信心,激发与公司共创伟业的满腔豪情。

二、庆典活动主题

(1) 广东某某工程有限公司成立10周年暨"某某集团大厦"落成庆典。

(2) 广东某某工程有限公司成立10周年暨广东某某投资集团有限公司成立/某某集团大厦落成庆典。

(以上选一个主题)

三、成立庆典活动组委会

(1) 办公室:负责全方位的统筹、实施、联络、通报、指导、协调以及活动现场以外的工作人员的安排、组织,突发情况的应急;负责监督其他各小组的工作进度;庆典手册的编写。

(2) 场地组:负责灯光、音响、投影、现场内外布置、礼仪小姐的安排。

(3) 接待:负责发放邀请函、安排来宾座位次序、对口迎接各位来宾签到、庆典手册的分发、佩戴胸花、领取纪念品、就座(贵宾进入贵宾室休息);安排来宾晚会、晚宴就座;

(4) 宣传组:

利用海报、横幅、展板、网络、广播、传单等方式开展宣传。

现场摄影及DV摄像,并配合媒体一起报道、摄像。

负责组织宣传文字资料整理、奖品采购管理与发放、信息统计等文案。

广告发布。从提高公司知名度,树立企业形象的角度出发,在发布公司庆典广告时,应尽可能选择社会影响力大、覆盖面广的媒体,如广东电视台,某某日报,某某晚报,某某电视台,某某论坛等,发布时间为庆典日前20周。

(5) 礼品组:负责礼品(奖品、宣传品、纪念品)的采购制作、运送、保管、发放、回收。

(6) 车辆组:负责车辆准备(保养、安全检测)、参加人员接送和临时机动用车。

(7) 晚会组:负责组织庆典晚会的节目统筹;晚会舞台,晚会礼仪;晚会调配等安排协调。

(8) 保卫组:负责庆典现场和庆典晚会治安、交通维护、管制、人员安全、各项事件的处理。

四、庆典筹备基本事项

1. 庆典活动时间

20×5年8月3日(暂定)。

2. 庆典活动地点

(1) 庆典会场:某某集团大厦外广场。

(2) 晚会现场:某某市会议中心(暂定,庆典晚会场地符合行业及公司形象,档次高,交通便利,功能齐全);某某文化广场(观众多、影响力广)。(选一个)

3. 庆典活动承办方

(1) 某某电视台。

(2) 某某广告策划有限公司。

(选一个承办单位)

4. 庆典活动规模及参加人员

(1) 10周年庆典大会及10年成就庆典现场图片展:400~500人,市政府有关领导、各协会(商会)相关领导、建筑相关行业嘉宾、公司员工、媒体、其他各界来宾(客户、供应商、兄弟企业领导等)。

(2) 10周年庆典晚会演出:1000人(暂定)。

(3) "十年十事"年度企业形象策划系列活动:3000人(暂定)。

① "某某杯"客家文化形象大使选拔赛(暂定)。

- 活动时间:20×4年8月3日至20×5年1月1日。
- 主办单位:某某市委宣传部、某某市广电新闻出版局。
- 协办单位:广东某某工程有限公司。
- 活动简介:某某的客家文化需要传承,恰逢某某创建文明城市之机。某某公司站出来为某某客家文化摇旗呐喊,必将得到市民、市政府的共鸣。作为立足于某某、成长在某某的某某人,为客家文化、为某某企业文化尽一份力。
- 大赛组织:另拟。

② "某某杯"书画摄影创作大奖赛。

- 活动时间:20×4年10月1日至20×5年2月1日。
- 主办单位:某某创文办/某某市书法家协会。
- 协办单位:广东某某工程有限公司。
- 活动简介:"中国梦"是每一个中国人的梦想,"某某梦"是某某人、某某企业、有使命感的某某人的梦想。某某的员工个人有梦想、某某的员工家庭有梦想、某某公司有梦想、某某人有梦想,通过书画、摄影等艺术的方式把梦想展现出来,抒发自己的理想,展示自己的情怀。
- 具体方案:另拟。

③ "某某杯"五人篮球赛/足球赛。

- 活动时间：20×5年3月1日至20×5年5月1日。
- 活动地点：某某健身广场或足球场。
- 主办单位：某某市篮球协会或足球协会。
- 协办单位：广东某某工程有限公司。
- 活动目的：通过篮球、足球活动，展现某某人的健康理念……

（选一项）

④ "某某人"风姿展现。

活动时间：20×4年8月3日至20×5年5月1日。

企业内部系列活动：企业文化提炼（公司愿景、经营理念、人才观、价值观等）；企业员工户外拓展培训；"十佳员工"评比活动；足球、篮球活动；乒乓球活动；"我与某某同成长"员工有奖征文；"某某之歌"创作、歌唱；"某某杯"演讲比赛；其他内部相关活动。

⑤ 扶贫济困"某某慈善行"。扶贫捐款，慰问敬老院、市博爱学校等扶贫济困，某某公司一直走在前；回报社会，赢得群众的好评，是某某公司责任所在。在这一年里，公司自己组织或配合社团组织或联合义工组织不间断地进行慈善义举，为公司赢得更多的美誉度和知名度。

⑥ 某某10年成就图片展。

- 在组织编辑"某某梦"这一册子的同时，收集公司这十年来的精彩图片，装裱好，20×5年8月3日这一天在会议中心展出，集中展现我们的风采！
- 编辑"走进某某"宣传册，庆典当天赠送参加客人。

⑦ 冠名、参与政府部门的相关活动，如与创建文明城市相关的有影响力的活动。

⑧ 某某10周年庆典大会。

活动时间：20×5年8月3日上午（暂定）。

活动地点：某某集团大厦门前。

现场布置：

- 庆典大会场地。制作一棵三四米高的庆典树，在树上挂满果实、礼品，象征着公司十年来硕果累累的工作成绩；
- 嘉宾接待与引导；
- 现场秩序维护，突发事件预案与处理；
- 协调联系各部门的工作；
- 会场设计布置应将周年庆典的喜庆气氛糅合到公司形象的整体风格中，为了最大限度地传达公司信息，可以在接待台、抽奖箱、信笺、话筒以及礼品上印制公司LOGO、企业口号。

庆典大会活动流程：另拟。

午宴地点：万绿湖国际酒店（暂定）。

⑨ 10周年庆典晚会。

晚会时间：20×5年8月2日19:00—21:00（暂定）。

晚会地点：某某会议中心/市文化广场（暂定）。

晚会的内容安排：17:30晚餐，19:00晚会开始，颁奖、联欢会交叉进行（晚会时间控制在2个小时左右）。

- 晚会组：负责本次活动的策划工作；负责联系背屏、灯光、音响。
- 接待组：负责晚会的嘉宾就座和安排。
- 礼仪公司：负责舞台搭建、氛围营造。
- 演出公司：负责表演人员和节目的安排（计划邀请国内一线或二线明星到场表演）。
- 保卫组：负责整体活动的现场秩序及车辆、人员安全。

晚会所需物品：所有物料的设计制作，如背景、横幅、胸贴；现场气氛所有道具；场地布置，如气球、鲜花、拱门；LED屏、音响、灯光等设施租赁；活动现场专业摄影摄像。

晚会节目及流程：另行组织编写。

晚会意义：发放公司相关宣传资料；现场宣传营造出喜庆活跃、大气蓬勃的气氛，象征企业十年的辉煌以及蒸蒸日上的成绩。

⑩ "某某集团大厦"落成典礼（与成立10周年同时进行）。

5. 庆典活动之全体员工动员会

20×4年8月2日告知，即九周年活动当日召开。

五、庆典准备工作及时间安排

1. 准备工作

20×4年8月2日（告知）至20×5年5月1日（准备工作结束）。

(1) 系列活动：20×4年8月3日至20×5年6月1日（为期十个月）。

(2) 在这十个月中，安排、组织、策划、参与一系列围绕某某企业文化的社会活动。

2. 庆典安排

(1) 5月1日至6月1日，预订会议场地。

(2) 7月1日，选定主持人。

(3) 5月1日至6月1日，设计制作请柬及公司宣传册。

(4) 7月1日至7月21日，确定邀请嘉宾名单，并开始邀请。

(5) 7月20日至7月22日，确定邀请媒体名单，并开始邀请。

(6) 7月1日，广告开始投放。

(7) 6月1日至7月25日，礼品设计与制作。

(8) 7月15日至7月22日，完成详细的会场活动方案、新闻稿以及发言稿。

(9) 7月23日至7月26日，请柬的发送。

(10) 7月26日至7月28日，会议现场的设计及部分制作。

(11) 7月28日至7月30日，嘉宾与记者的确认。

(12) 7月26日至7月30日，场地与酒席的确定。

(13) 8月2日，会议现场及晚会现场的布置安排。

(14) 8月3日，庆典正式开始。

六、庆典活动开展应遵循的原则与任务

1. 原则

(1) 本次活动为期一年，也是某某企业文化再造的一年。

(2) 本次活动主旨力求富有特色、节约俭朴。

(3) 必须表现企业精神、品牌文化。

(4) 活动过程中，要从宣传时效性（新闻点）、趣味性、感悟性、激发性等方面切入。

2. 任务

(1) 激发员工在公司工作的自豪感,让全公司员工一起分享、让社会认可。

(2) 将公司成立十年来沉淀下来的经营作风、服务理念、企业文化等无形资产进行有效整合,促进公司更好地发展。

七、效果评估

(1) 庆典大会宣传是此次活动新闻传播的有力手段,能体现号召力和权威性,易制造声势、吸引眼球,而且依托这一活动,能为企业发展和项目启动培育良好的舆论环境。

(2) 晚会演出气氛轻松愉悦,最易培养情谊,更进一步深化此项庆典活动的效果。

本次活动的总体策划思路主要建立在公司十周年庆典这一事件上,结合公司的企业文化、品牌战略等,统一形成本次主题鲜明、侧重展现企业精神、品牌文化的系列活动。本次活动的任务也在于借公司十周年庆典之际树立行业良好形象,推动公司向集团化迈进。

资料来源:http://www.docin.com/p-2092594364.html。

章节测试题

一、不定项选择题

1. 下列(　　)属于公共关系策划的内容。
   A. 树立企业形象　　B. 建立信息网络　　C. 消除公众误解　　D. 现场产品销售
2. 下列(　　)属于交际性公关主题活动形式。
   A. 联欢会　　　　　B. 文艺演出　　　　C. 演讲比赛　　　　D. 展销会
3. 下列(　　)属于公共关系主题活动类型。
   A. 新闻发布会　　　B. 庆典活动　　　　C. 展览会　　　　　D. 赞助活动
4. 公共关系主题策划应考虑的因素有(　　)。
   A. 灵活性　　　　　B. 系统性　　　　　C. 时效性　　　　　D. 可操作性
5. 下列不属于公共关系模式的是(　　)公共关系。
   A. 建设型　　　　　B. 防御型　　　　　C. 社会型
   D. 销售型　　　　　E. 宣传型
6. 下列属于宣传型公共关系特点的是(　　)。
   A. 人情味强　　　　B. 时效性强　　　　C. 传播面广　　　　D. 灵活性
7. 按照下列(　　)标准可以把展览会分为综合性展览会和专项展览会。
   A. 展览会的性质　　B. 举办的地点　　　C. 展览的项目　　　D. 展览的规模
8. 在企业赞助活动中,为了使赞助产生良好效果,公共关系人员开展赞助活动的程序有(　　)。
   A. 进行赞助研究　　B. 制订赞助计划　　C. 审核赞助项目
   D. 实施赞助活动　　E. 测定赞助效果

二、讨论题

1. 2019年3月3日,第56个"学雷锋纪念日"即将来临之际,湖南肯德基在雷锋家乡望城启动全国首家"雷锋精神"主题餐厅,未来将以餐厅为核心传播阵地,长期推行学雷锋系列活动,助力"雷锋精神"代代传。活动当天,湖南雷锋纪念馆授予该主题餐厅"学雷锋共建基地"称号,双方后续将开展在新时代背景下践行雷锋精神方面的深度合作。

"南来的燕子啊!新来的候鸟,从北方飞到了南方,轻盈地掠过团山湖的上空,闪着惊异的眼光……"走进望城区望府路的肯德基"雷锋精神"主题餐厅,耳边回荡的是雷锋的诗歌《南来的燕子》。整个餐厅布置也让人耳目一新,从店内到店外多处展示着雷锋形象、雷锋日记、名言警句,门口生动可爱的"雷小锋"文创人偶更是吸引了不少市民前来驻足合影拍照。

活动现场,雷锋动漫形象"雷风侠"创始人贺文龙和"雷小锋"创始人吴琪成为首批"雷锋火种K计划"火炬手,他们通过动漫、漫画等灵活多样的方式,赋予雷锋精神与时俱进的新时代内涵,获得了不同人群特别是儿童的认可和追捧。

当天在"雷风侠"及"雷小锋"的"陪伴"下,主题餐厅里还开展了首场雷锋主题儿童故事会,七组家庭共同学习雷锋的故事,在场的孩子和家长们都受益匪浅;肯德基天使餐厅"天使员工"代表也来到了现场,作为"雷锋火种K计划"火炬手,向全社会发起学习雷锋好榜样的号召。

据了解,"雷锋火种K计划"包括:将全省250余家肯德基餐厅变身"爱心驿站",长期为环卫工人提供歇脚场地及饮用水;号召万名员工"岗位学雷锋"等。肯德基以全国首家"雷锋精神"主题餐厅为起点,将新时代的雷锋精神辐射全省250余家餐厅,上万名员工,数万名消费者,乃至全社会。相信不久的将来,这颗"火种"必燃起熊熊的力量之火,让雷锋精神生生不息,代代相传。

资料来源:http://hn.people.com.cn/n2/2019/0304/c356883-32704786.html

讨论:湖南肯德基在雷锋家乡望城启动全国首家"雷锋精神"主题餐厅活动,会给肯德基带来怎样的社会影响?

2. 2018年8月24日,温州女孩小赵在乘坐滴滴顺风车时,被司机钟某强奸并杀害,年仅20岁。而就在案发前一天,司机钟某还因对另一名乘客图谋不轨,被乘客投诉。随着案件的调查,越来越多的细节被披露。关于乘车安全、平台管理、部门监管等问题,再次受到大家的关注。

8月26日下午,交通运输部联合公安部及北京市、天津市交通运输、公安部门,对滴滴公司开展联合约谈,责令其立即对顺风车业务进行全面整改。滴滴公司公布自查进展,自8月27日零时起,在全国范围内下线顺风车业务,内部重新评估业务模式及产品逻辑;同时免去两名高管职务。温州警方表示,接警后,两次向滴滴公司索要嫌犯信息被拒。滴滴公司承认,在安全事件上调取信息流程烦琐、僵化。

8月27日,记者尝试在滴滴出行平台搭乘顺风车,系统提醒该业务已下线。随后,记者以顺风车车主的身份进入平台,显示已无法发布行程。这是继今年5月空姐在河南乘坐滴滴顺风车遇害后,滴滴公司第二次全面下线顺风车业务。温州女孩小赵的不幸遭遇,引起大家广泛的关注和讨论。有网友觉得短短3个月时间竟发生两起恶性事件,实在令人痛心,这是滴滴公司对乘客不负责任的表现。也有人吐槽滴滴司机的其他劣迹,觉得是行业内部管理出现问题。大部分网友认为,滴滴公司没有诚意,滴滴平台的安全性该打个大大的问号。

资料来源:http://www.qztv.cn/index/News/detail/id/49275.html

讨论:温州女孩乘坐滴滴顺风车被司机杀害,滴滴再次下线顺风车业务并被多部门约谈,这次事件给滴滴带来哪些危害?滴滴公司应该采取哪些措施来挽回负面影响?

3. 陈光标,江苏黄埔再生资源利用有限公司董事长。1998年(30岁)开始慈善事业,截至2012年7月17日,他的捐款总额已超过了20亿元,帮助特困户逾70万人。2008年汶川大地震后第一时间出钱出力救灾,被国务院前总理温家宝称为"有良知、有感情、心系灾区的企业家",当选全国抗震救灾模范,被称为"中国首善"。2008年12月更被授予"中华慈善奖特别贡献奖"。2010年9月宣布死后捐出全部财产(截至2010年陈光标拥有总资产约50亿元人民币)。9月9日,陈光标在北京接受了中华慈善总会会长范宝俊颁发的聘书,受聘担任中华慈善总会副会长。

讨论:陈光标的"高调做慈善"做法,你怎么看?

项目 7

企业形象策划

他山之石

企业形象策划(corporate identity,CI)的历史最早可追溯至20世纪初,1908年,德国著名建筑设计师彼得·贝伦斯(Peter Behrens)为德国的 AEG 公司设计了简明的字母化的标志,并将其应用到公司的系列性产品以及便条纸、信封、建筑、店面中,贝伦斯在 AEG 实行的这些设计实践被公认为是企业形象策划的雏形。自企业形象策划产生以来,欧美和日本的知名企业导入的成功使其以破竹之势在业中建立声誉。企业形象策划战略并非是包治百病的灵丹妙药,但其合理和科学的内涵是企业走向成功的关键。

目标与要求

(1) 熟悉企业形象策划的基本概念。
(2) 了解企业形象策划的基本原则。
(3) 了解企业形象调研基本操作形式。
(4) 熟悉企业形象策划方案写作流程及注意事项。
(5) 熟悉企业形象策划的基本格式和技巧。
(6) 能按要求撰写企业形象策划方案。

工作任务

撰写企业形象策划方案并展示汇报。

任务书

(1) 认识企业形象策划的内涵。
(2) 认识商家的企业形象策划形式。
(3) 描述企业形象策划方案结构及流程。
(4) 撰写企业形象策划方案。

项目实施与考核

【实施步骤】

(1) 将班级每5位或6位同学分成一组,每组确定1人负责。
(2) 学生按任务书要求,在教师指导下完成任务要求的内容。
(3) 各小组将任务完成成果以 PPT 形式在班级进行展示、交流、讨论,教师总结点评。

【项目考核】
(1) 项目考核以小组为单位。
(2) 项目考核同时包含小组协作、态度、汇报表达等内容。
(3) 以任务书中最后一个综合任务作为项目考核内容。
(4) 项目考核形式如表7-1所示。

表7-1 项目7考核评价

评价指标	评价标准	分值	评估成绩/分	所占比例/%
评价方式及内容	① 策划主题明确	5		65
	② 策划活动目的表述准确	10		
	③ 对象、场所、时间明确	5		
	④ 内容具有创新性和可行性	15		
	⑤ 策划方案结构合理、内容完整	10		
	⑥ 活动控制措施可行	15		
	⑦ 费用预算具体、合理	5		
	⑧ 效果评估	5		
汇报交流	PPT制作版面专业性强、结构层次分明	10		30
	汇报思路清晰、语言表达流畅	10		
	回答问题思路清晰、内容准确	10		
学习过程	如出勤、参与态度等	5		5
	小组综合得分			

任务7.1 企业形象策划基础认知

○ 训练营

认识企业形象策划的内涵：通过小组课外市场调研，查阅资料与信息，了解企业形象策划的基本概念，熟悉企业形象调研的基本操作形式。按要求填写表7-2并分组交流。

表7-2 企业CIS分析

CIS	概念	特点	企业的应用和表现(举例)
MI 理念识别			
BI 行为识别			
VI 视觉识别			

○ 知识库

企业形象策划即CIS导入。企业形象策划，重点是进行企业形象设计，形成企业识别系统(corporate identity system，CIS)。所谓企业识别即一个企业区别于其他企业的标志和特征,它是企业在社会公众心目中占据的特定位置和确立的形象。

CIS 是个整体系统,它由 MI、BI、VI 三个子系统组成,这三个子系统的内涵分别是:MI 理念识别;BI 行为识别;VI 视觉识别。三个子系统有机结合在一起,相互作用,共同塑造具有特色的企业的形象。

7.1.1 理念识别——企业的"心"

1. 理念识别的含义与内容

理念识别是企业识别系统的核心。这不仅是企业经营的宗旨与方针,还应包括一种鲜明的文化价值观。可谓是企业的"想法",对外它是企业识别的尺度,对内是企业内在的凝聚力。系统的 CI 工程,从理念识别开始,不管在理论结构还是操作程序上,它都是一个起点。如人们听到"真诚到永远"就想起海尔,听到"让我们做得更好"就想起飞利浦一样,理念传播的过程,实际上就是价值认同的过程。

一个企业的理念识别系统包括企业使命、经营哲学、行为准则和活动领域四项。

(1) 企业使命。企业使命是企业依据什么样的社会使命进行活动的基本原则。

(2) 经营哲学。经营哲学是企业依据什么样的思想来经营的基本政策和价值观。

(3) 行为准则。行为准则是指企业内部员工应怎样活动,表达了员工应当具备的基本心理和活动状态。所以作为企业员工的行为规范涉及的主要是企业内部的问题。

(4) 活动领域。活动领域是指企业应在何种技术范围内或者在何种商品领域中开展活动。

2. 理念识别的定位与应用

(1) 企业理念的定位模式。CIS 企业形象战略追求企业形象差异性的效果,即独特企业形象的塑造。而企业差异性首先来自企业理念的个性化,企业不同理念决定了企业不同的形象定位。其模式主要有以下几类。

① 目标导向型。用精练、概括的用语提纲挈领地反映企业追求的精神境界和经营战略目标。它们的目标十分广泛。例如,宝山钢铁(集团)公司——创造新的文明;美国劳斯公司——为人类创造最佳环境。

② 团结创新型。用简洁、精练、概括的用语反映企业团结奋斗的优良传统以及拼搏、开拓、创新的团体精神和群体意识。它的主要目标是企业的内部公众。例如,上海大众汽车有限公司——十年创业、十年树人、十年奉献;日本住友银行——保持传统更有创新。

③ 产品质量、技术开发型。用简洁、精练、概括的用语突出强调企业名牌产品的质量,或强调尖端技术的开发意识,以此来代表企业精神,展示企业形象,有效传达企业对社会的贡献。例如,上海英雄股份有限公司——至尊"英雄",卓越风范,赶超一流;日本卡西欧计算机公司——开发就是经营。

④ 市场营销型。它的目标是企业的外部公众,强调市场的覆盖和开拓,争创最佳的经济效益。例如,美国麦当劳公司——顾客永远是最重要的,服务是无价的,公司是大家的;施乐伯进货公司——价廉物美。

⑤ 优质服务型。它的主要目标也是企业的外部公众,它着重强调的是:顾客是上帝。

(2) 企业理念的应用形式。

① 标语、口号。标语用于横幅、墙壁、标牌上,陈列于各处或四下张贴使员工随时可见,形成一种舆论气氛和精神氛围。口号是用生动有力、简洁明了的句子,呼之于口,激动人心,一呼百应。标语和口号表达方式可以是比喻式、故事式、品名式和人名式等。比如,美国德尔塔航空公司的口号是"亲如一家";中国台湾统一企业的口号是"你方便的好邻居";北京西单购物中心的服务标语是"热心、爱心、耐心、诚心"。

② 广告。企业理念一般比较稳定,而广告语可以根据不同时期、不同地域、不同环境加以灵活改变。例如,摩托罗拉的广告语"飞跃无限";戴比尔斯的广告语"钻石恒久远,一颗永流传";雀巢咖啡的广告语"味道好极了"等。

③ 企业歌曲。优秀的企业歌曲能够激起人们团结、奋进、向上的激情,聪明的企业家用音乐这一艺术形式向职工进行巧妙的灌输,向社会各界广泛宣传企业文化。美国 IBM 公司每个月唱《前进 IBM》,日本声宝公司每天早晨齐唱《声宝企业颂》,松下公司每天要唱《松下之歌》,北京同仁堂集团、北京长城饭店也有自己企业的歌曲。

7.1.2 行为识别——企业的"手"

1. 行为识别的含义与内容

企业理念信息的传播主要通过两种媒介,一种是静态的视觉识别系统;一种是动态的行为识别系统。

行为识别是动态的识别系统,它规划企业内部的组织、管理、教育以及对社会的一切活动,可谓是企业的"做法"。它包括对内和对外两方面的行为,对内的行为包括:干部教育、员工教育(包括服务态度、应对技巧、电话礼貌及工作精神等)、工作环境、职工福利及研究发展项目;对外的行为包括:市场调查、产品推广、公共关系、促销活动、沟通对策及公益文化活动等。

分析 BI 的内容可以发现,BI 包括企业中个人、群体乃至整个组织及外部环境相互作用而形成的全部行为和关系,并带有明显的层次性。第一层是企业中的个体行为,包括员工的修养、专业技能、态度和动机等;第二层是整个企业的行为,包括决策行为、权力结构、沟通机制、组织发展和变革机制等;第三层是企业对外的公共关系、流通政策、公益活动等与环境间的互动行为。

2. 行为识别的传播与推广

(1) 内部的传播与交流。贯彻 CIS 理念,建立行为识别制度,关键的一环是 CIS 意识的传播,即所谓内部的传播与交流。所以,无论大小企业,不管是内部通信、公告栏、板报、标语,还是广播、简报、企业报,都会有一个正规的传播媒介。除此之外,非正规的员工之间的私下小道消息传播也是不可忽略的。从某种意义上说,这种私下小道消息传播比正规形式的宣传对员工意识的作用更大,如何对其进行控制、引导,也是行为识别系统建设的一个重要内容。

"安内"才能"攘外"。美国施乐公司原董事长马库罗曾认为:"以设计来统一企业的形象,必须由最高经营阶层至基层员工彻底实施,内部统一之后,方能对外诉求。"所以,在企业向外传播 CIS 计划之前,首先要对企业内部的员工做一次完整的说明,使他们了解企业导入

CIS 的主旨。只有先搞好内部传播,才能充分调动广大员工的积极性、创造性,使他们支持并参与到实施 CIS 计划的行动中,为塑造企业形象而努力工作。

对内部员工传播教育的主要方式有:CIS 说明书、幻灯片、公司汇报、CIS 消息、员工手册、海报、讲习会等公关活动。

(2) 外部的推广与途径。

① 策划"新闻事件"。企业在 CIS 导入与推行过程中,结合 CIS 工程的总体计划主动联系媒体机构,策划一次以宣传企业形象为目的的有轰动效应的"新闻事件",往往是一种理想的活动识别手段。活动识别就是借助种种有计划的、有效的活动,广泛传播企业统一理念、价值观、精神风貌、品牌特色。"新闻事件"作为一种手段,具有集中、广泛的传播效果。

② 广告活动。以塑造企业形象为直接目的的广告称为企业形象广告,旨在向社会宣传企业特征,表明企业对社会所负的责任和为社会做了些什么。如企业理念广告重在向社会传播企业的经营哲学、价值观念、传统风格和企业精神,使企业形象连同它的观念和口号深入大众心中,对内产生凝聚力,对外产生感召力,社会责任广告重在显示企业对社会公共事务和公益事业的热情和关心,或以广告形式响应社会生活中某个重大热点主题,表示企业对社会生活的参与,或以企业名义率先发起某运动或提供某种有益的观念,这类广告使企业形象充满人情味和亲和感;企业礼仪广告在企业周年纪念或其他企业开张、创业周年纪念或重大节日之机,向公众和合作者表示感谢和祝贺,旨在联络和沟通感情,往往能收到好的效果。

③ 社区交往。按企业形象由近及远的传达规律,企业首先要求与当地居民搞好关系。如何提高企业在其所在社区的形象呢? 一般做法有:优先录用当地居民;积极参加防止公害,保护当地自然景观、文化等活动;参与地方开发;欢迎各种社团参观和了解企业的一般作业状况;积极参与当地重大经济决策或建设项目;设立消费者窗口和服务地方社会的部门;关心社区老人、儿童等。

④ 大型活动策划。一些企业通过策划大型活动传达企业理念,宣传企业实力。在策划大型活动时,企业首先应注意确立企业的市场目标,针对目标顾客的需要定位开展相关活动。

7.1.3 视觉识别——企业的"脸"

1. 视觉识别的含义与内容

视觉识别系统(VI)是将企业的基本理念转化成系统化的视觉传达形式,塑造与企业经营理念、行为规范相一致的视觉形象。可谓是企业的"看法",它包括企业视觉识别系统的基本要素和应用要素。

企业视觉识别系统的基本要素为企业名称、企业标志、企业标准字、企业标准色、企业造型角色、企业象征图案、企业版面编排模式。视觉识别系统的应用要素从其传播的对象来看,有的是对内的,如办公用品、用具、内部报刊读物、会客洽谈用品等;有的是对外的,如票据类、符号类、交通工具类、促销广告类、大众传播广告类、商品包装类、出版物和印刷品等;有的既对内又对外,如证件类、服装和制服类、符号类等。

2. 视觉识别基本要素的设计与开发

(1) 企业名称

企业定名的要诀有五点。

① 简。越单纯明快的名称,越易于和消费者进行信息交流,易于刺激消费者的遐想。如 3M 公司将"3M"用于一般商业活动中,只在涉及法律的场合用全称;IBM 公司也将其全称的缩写用于企业形象的塑造。

② 特。日本索尼公司原名为东京通信工业公司,读起来拗口。其创始人盛田昭夫查了不少字典,终于找到一个拉丁词"Sonus"(声音),该词本身充满声韵,但"Sonny"在日语中读成"Sohne"(丢钱),又犯了商家大忌,于是他将"Sonus"和"Sonny"综合变形,创造出一个字典上找不到的新词"SONY",很快风靡世界。

③ 新。"柯达"一词在英文中根本不存在,本身也无任何意义,但响亮新奇,厂商通过设计和宣传建立起独特的概念。

④ 亮。如音响中的"名流"健伍,原名特丽欧,发音节奏感不强,最后一个音"O"念起来没有气势,后改名为"KENWOOD","KEN"与"OUV"诣音,有力度和个性,而"WOOD"又有短促音及和谐感,整个名称节奏感强,颇受专家好评和消费者喜爱。

⑤ 巧。巧妙利用联想的心理现象,使企业名称能给人以好的、吉利的、优美的、高雅的等多个方面的提示和联想,较好地反映出企业的品位,在市场竞争中给消费者好的印象。如"娃哈哈"这个名称,使人自然地联想起天真活泼的孩子,反映出企业的本质和促进少年儿童身心健康的企业宗旨。

(2) 企业标志

在 VI 视觉要素中,标志是核心要素。企业标志是指造型单纯、意义明确的统一、标准的视觉符号,一般是企业的文字名称、图案记号或两者相结合的一种设计。标志具有象征功能、识别功能,是企业形象、特征、信誉和文化的浓缩。一个设计杰出、符合企业理念的标志,会增加企业的信赖感和权威感,在社会大众的心目中,它就是一个企业或某品牌的代表。

在标志的设计中必须注意以下几点。

① 好的标志应简洁鲜明,富有感染力。无论用什么方法设计的标志,都应力求形体简洁、形象明朗、引人注目,而且易于识别、理解和记忆。

② 标志设计时应把握一个"美"字,使符号的形式符合人类对美的共同感知。点、线、面、体四大类标志设计的造型要素,在符合形式规律的运用中,能构成独立于各种具体事物的结构的美感。

③ 标志在保持相对稳定性的同时,也应具有时代精神,做必要的调整修改。美国宝洁公司(P&G)的标志就是经多次修订,才形成现在的由星星、月亮构成的,透出浪漫、神秘气息的圆形图案。可口可乐公司在 20 世纪 70 年代新的 CIS 设计中,在标准字下添加了一条白色浪线,成为新标志的点睛之笔,和原有的流利而有韵味的字母相配,和谐而更富激情。世界各地企业标志设计的发展趋势,总的特点是出现了"感性凌驾理性的企业发展新趋势":由绘画到图案格式,由一般图案到几何图案,由具体到抽象。

(3) 标准字、标准色

所谓标准字(或标准色),是指一个企业在各种场合下进行各种宣传内容(包括广告、标志、名称以及各种媒体)都要使用统一的字体(或统一的颜色)。确定标准字的原则在于:一要集中表现企业理念;二要体现企业的统一性和独立性,通过标准字加以统一和规范,给人以独特的完整形象;三要给人一种可靠和稳定的感觉。

在视觉识别中,标准色占有十分重要的位置,确定标准色时要体现商品的特性并能感染公众。下面介绍关于商品色彩学的有关内容。

① 日常食品的标志是红色。能够引起食欲的颜色有中桃色、红色、橙色、茶色、不鲜明的黄色、温暖的黄色、明亮的绿色,统称为"食欲色"。纯红色不但能引发食欲,还能给人以"好滋味"的联想。

② 一般而言,亮度越高的颜色越缺乏魅力,影响人们对"好滋味"的联想。

③ 绿色较容易给人以好感。

④ 暗黄绿色近似于纯而明亮的色,很能引人注目。

⑤ 珍珠、项链等宝石类往往装在黑色的盒子里,因为蓝、紫、浓黑色能衬托出"白"色的质地。

⑥ 可以强调对比色的运用。

⑦ 从顾客角度分析,喜欢红色的顾客是性格内向的人;对黄颜色有兴趣的顾客爱动脑筋;衷情蓝绿色的人有极强的辨别力;喜欢蓝色的顾客很会控制自己的感情;倾向于橙色的顾客大多是乐天派……

MIS、BIS、VIS 三个子系统构成 CIS 系统。企业导入 CIS,实施 CIS 战略,即是通过现代设计理论结合企业管理系统理论的整体动作,把企业经营管理和企业精神文化传达给社会及公众,从而达到塑造企业的个性,显示企业的精神,使社会及公众产生认同感,在市场竞争中谋取有利的地位和有效空间的一种总体设计与策划。

超链接

中国建设银行标识设计案例

以古铜钱为基础的内方外圆图形,有着明确的银行属性,着重体现建设银行的"方圆"特性,方,代表着严格、规范、认真;圆,象征着饱满、亲和、融通。图形右上角的变化,形成重叠立体的效果,代表着"中国"与"建筑"英文缩写,即两个"C"字母的重叠,寓意积累,象征建设银行在资金的积累过程中发展壮大,为中国经济建设提供服务。图形突破了封闭的圆形,象征古老文化与现代经营观念的融会贯通,寓意中国建设银行在全新的现代经济建设中,植根中国,面向世界。标准色为海蓝色,象征理性、包容、祥和、稳定,寓意中国建设银行像大海一样吸收容纳各方人才和资金。

任务 7.2　企业形象策划的形式及内容

训练营

认识各类企业形象策划形式及内容;结合生活实际,总结典型的企业形象策划案例,了解企业形象策划的原则,并填写典型企业形象策划分析表(见表 7-3),分组交流。

表 7-3 典型企业形象策划分析

企业名称	企业类型	MI 设计	BI 设计	VI 设计	评价

故事汇

海尔集团 CIS 策划

海尔集团是在 1985 年引进德国利勃海尔电冰箱生产技术建立的青岛电冰箱总厂的基础上发展起来的国家特大型企业。2004 年"世界品牌 500 强"排行榜中,中国的海尔位居第 95 名;2005 年,上升到第 89 名。而且自 2002 年以来,海尔品牌价值连续四年稳居中国最有价值品牌榜首。

在中国众多的企业中,为什么海尔集团能取得这样的成就呢?其实,海尔的迅速发展与企业通过导入 CIS,借以提高企业形象是分不开的。CIS 的导入给企业带来了很大的推动力,海尔集团(以下简称海尔)的做法值得众多企业借鉴。

1. 正确认识 CIS 的意义

首先,海尔认为 CIS 就是投资,而不是常人理解的一次消耗性支出。它是整体营销战略的一部分,把 CIS 当作"软件商品",将其中密集、综合的知识与商场信息灵活运用到每次营销活动中,并始终保持足够的资金投入,以确保 CIS 实施的质量。1991 年 5 月以来,海尔用于纯 CIS 开发的费用达 80 余万元,这笔费用不能与硬性广告费用来比较,用知识与智慧创造的卓越 CIS 方案,可以带来数百万元广告费所达不到的效益。

2. CIS 给予市场的是对高质量的承诺

海尔抓住了 CIS 的实质,CIS 本身并不是仙药,CIS 必须与产品质量相依存,形象的关键在于产品质量。产品质量过硬,再加之 CIS 的宣传系统化、一体化,那么企业形象就可以真正提升。如果只有 CIS,只有作视觉形象识别,究其实质,产品仍不过关,那是徒劳而不能长久的。

海尔将 CIS 贯穿在产品开发中,每个产品都有生命周期,当新的改良的同类产品取代"超龄产品"时,借助于 CIS 在产品上的导入,则可以延续这类产品的生命力。海尔力求产品的换代更新在市场上保持熟悉而不陌生、新颖而不陈旧的形象,避免因标准识别及基本设计思想的差异而产生信息混乱,在消费者心中产生不可靠的印象,从而影响产品的销售。

3. 保持 CIS 一致性,降低传播成本

家电领域中,海尔集团现有 65 个系列的家电、家用产品,2000 多个品种。近几年,海尔又在金融、房地产、制药、商贸等领域里进行拓展,也成就可观。

如此众多的领域,如此复杂、庞大的产品家族,没有完整、系统的品牌定位战略,无疑会导致品牌及企业形象上的混乱。

海尔的做法是首先将集团品牌划分为企业品牌(产品总商标)、产品品牌(产品类别名称)、行销品牌(产品销售识别名)三个层次。从家电的长线产品考虑,将各类家电产品统一成海尔总商标,最大限度地发挥了"Haier 海尔"品牌的连带影响力,大大降低了广告宣传中

的传播成本。

海尔认识到在激烈的市场竞争中,任何一种新商标的宣传、推广都是一次十分艰巨和全新的策划工作,对兼并过来的琴岛—得贝牌冷柜、琴岛—夏普牌洗衣机、青空牌空调等,海尔考虑到市场的风险,放弃了保留原来品牌以及新创品牌的做法,而是一律归并到已经得到市场高度认可的"海尔"商标下,广告策划也放在"海尔"连贯的、一致的可视形象下,大大降低了传播成本,广告费用相对地降低了,同时企业形象也得到了不断提升。如今"海尔集团"已远远超越了"青岛电冰箱总厂"的形象,从而上升到国际化家电大集团的新层次中。

4. 海尔的 CIS 策划历程

海尔集团的前身是 1984 年由濒临倒闭的两个集体小厂合并成立的"青岛电冰箱总厂"。

青岛电冰箱总厂 1985 年引进德国利勃海尔公司先进技术和全套设备生产出亚洲第一代"四星级"电冰箱。为体现出双方合作,将产品名称定为"琴岛—利勃海尔",标志以德方标志为基础,经加笔画而成。当时,对方的注册商标是一种图形——圆圈内写上德文"利勃海尔",按照合同规定,允许中方在德方商标上加注厂址,即青岛。青岛依山傍水,仿佛是一把横卧的琴,故历史上青岛又被称为"琴岛",于是,青岛电冰箱厂在原商标右下方加一个小尾巴便成了"琴岛—利勃海尔"的字母缩写,"利勃海尔"读起来富有节奏,尤其是一个"海"字,令人极易联想起青岛的海浪、沙滩。"琴岛—利勃海尔"给人以词的节奏、诗的韵味,既顺其自然,又巧夺天工;既利用了德方"利勃海尔"旧有的名气,又创造了属于自己的知识产权——新商标。

从当时冰箱装饰考虑,青岛电冰箱总厂成功地设计了象征中德合作的儿童吉祥物(图 7-1)。中德两个儿童亲密无间、共享快乐的图案,比喻电冰箱是两国人民至诚合作的产物,其质量是一流的,并会像儿童一样成长壮大。这些视觉形象及名称,被称为企业第一代视觉识别形象。

在 20 世纪 80 年代中期,这些视觉识别形象给广告带来了一种新鲜感,一下子吸引了许多顾客和社会公众,大家无论关心不关心电冰箱,都被两个可爱的儿童形象所吸引,由此也对海尔集团产生了某种不自觉的好感。视觉识别系统的开发在传媒中起到了良好的作用,对企业知名度的提升,对企业的发展都起到了积极的推动作用。

图 7-1 琴岛—利勃海尔冰箱吉祥物

随着企业的成功,产品的畅销,出口量的不断增加,出现了一个问题:"琴岛—利勃海尔"企业标志与德方近似,影响企业对国际市场的开拓。同时企业名称为"青岛电冰箱总厂",与产品名称"琴岛—利勃海尔"不统一,造成了不利识别等弊端。经过几次变更,1991 年企业名称简化为"琴岛海尔集团公司",产品也同步过渡为"琴岛海尔"牌,实现了企业与产品名称的统一。与此同时导入 CIS 理念,并推出了以"大海上冉冉升起的太阳"为设计理念的新标志,中英文标准字组合为"琴岛海尔",确定"海尔蓝"为企业色,这些都形成了集团 CIS 的雏形。这一阶段,可称为第二代识别阶段。

随着时间的推移,这些识别出现了不够凝练、工业感、科技感不强等弱点,加之企业的迅猛发展,多角化、国际化经营进一步明确,迫切需要更为超前的企业识别设计及产品品牌定位。

在一个企业寻求发展的过程中,CIS 的开发、实施是有益于发展进步的。但是,CIS 并不能随意切入发展的主题中,融入过程必须注意企业自身的实际状况。不顾企业实际,硬性导入CIS,不仅不会给企业带来好处,反而会增添另一些困难。从实际出发,考虑实际状况是极为必要的。

1993年5月,琴岛海尔集团经过深入的调研,决定将第二代识别的中文标志去掉,将企业名称简化为"海尔集团",把英文"Haier"作为主识别文字标志,集商标标志、企业简称于一身,信息更加简洁直接,在设计上追求简洁、稳重、大气、信赖感和国际化。

为推广"Haier",集团以中文"海尔"及海尔组合设计为辅助推广手段,力求建立长期稳定的视觉符号形象。这种抛开具体图形符号标志,追求高度简洁的超前做法,顺应了世界流行的设计趋势,为企业国际化奠定了形象基础。在此基础上,我们把企业识别系统看作一个过程,而非一种固定的表现形式。在企业发展中,以务实的态度不断完善企业视觉识别各要素,经过了改进—否定—再改进的不断反复过程,以求完美的表达。

海尔集团导入CIS的过程,对于识别形象的开发、实施过程,是值得我们深思的,也是很有启发意义的。海尔标志的三次演变互相连贯,逐步简化,以极少的宣传投入,成功实现了自然过渡。海尔品牌的演进、升华,是民族奋进精神的浓缩和提炼。从"琴岛—利勃海尔"到"琴岛海尔",再到"海尔",从六个字逐渐减至两个字的历程,体现了海尔人民族情感的价值。但海尔又是开放的,它的形象广告用的是外国人,体现了它的战略意图:让海尔不仅成为中国品牌,更让它成为国际化的品牌。

多年的扩张过程中,海尔在CIS上屡出奇招。例如,针对公司的每一类产品,海尔都归纳出一句形象用语,以提升自己的形象,如海尔冰箱的"为您着想",海尔空调的"永创新高",海尔洗衣机的"专为您设计",海尔电脑的"为您创造"等,无不体现出海尔"真诚到永远"的集团形象。如今海尔集团已经远远超过了青岛电冰箱总厂的形象,而逐步上升为国际化家电大集团的新形象。

从海尔集团成功树立企业形象的过程,可以看到企业无论是生产发展还是无形资产方面的投入、开发都是处在一个逐渐变化的过程中,这种变化过程,常常不会完全依照我们的主观愿望等发生变化,它的发展有一个"惯性",CIS的导入因此也就不能不认真地考虑这个"惯性",不论导入CIS的愿望是多么美好,忽视了企业实态,导入CIS就会失败,或者与企业的发展主流相脱节。

海尔识别形象的三次演变互相连贯,既有变革,又有继承,逐步简化到位。这样宣传投入较少,过渡比较自然,也能够顾及社会公众的接受态度。当然,这种变化的时间周期需要考虑,多长时间较好是个十分有意思的课题。正因为海尔的发展迅猛,使其企业识别形象的演变周期相对也短了,在某种程度上讲,这是较为有利的。

超链接

海尔启用新标志 灵魂是为用户创造更大价值

2004年12月,海尔又启用新标志,如图7-2所示。

图7-2 2004年海尔启用的新标志

英文标志每笔的笔画比以前更简洁,共 9 画,"a"减少了一个弯,表示海尔人认准目标不回头;"r"减少了一个分支,表示海尔人向上、向前的决心不动摇。海尔英文新标志的设计核心是速度。因为在信息化时代,组织的速度、个人的速度都要求更快。英文新标志的风格是简约、活力、向上。英文新标志整体结构简约,显示海尔组织结构更加扁平化;每个人更加充满活力,对全球市场有更快的反应速度。

海尔汉字新标志,是中国传统的书法字体,它的设计核心是:动态与平衡;风格是:变中有稳。两个书法字体的"海尔",每一笔都蕴含着勃勃生机,视觉上有强烈的飞翔动感,充满了活力,寓意海尔人为了实现创世界名牌的目标,不拘一格,勇于创新。《孙子兵法》说"能因敌变化而制胜者谓之神",信息时代全球市场变化非常快,谁能够以变制变,先变一步,谁就能够取胜。

海尔在不断打破平衡的创新中,又要保持相对的稳定,所以,在"海尔"这两个字中都有一个笔画是在整个字体中起平衡作用,"海"字中的一横,"尔"字中的一竖,"横平竖直"使整个字体在动感中又有平衡,寓意变中有稳,企业无论如何变化都是为了稳步发展。

请回答:海尔集团是如何进行企业的 CIS 设计的?小组讨论 CIS 设计的注意事项。

知识库

7.2.1 CIS 策划的程序

CIS 策划程序是指从调查分析到执行实施、反馈评估全过程的先后次序和具体步骤,是企业具有一定规模的一项正式的活动。其主要作业划分为四个阶段,即提案阶段、调研阶段、开发设计阶段和实施管理阶段。这四个阶段的规划囊括了 CIS 策划的主要内容和程序,是一个相互衔接的过程,每个阶段都有其特定任务和工作重点,如表 7-4 所示。

表 7-4 CIS 策划阶段

阶段	序号	作业项目	主要内容	时间安排	负责人
提案阶段	1	明确导入 CIS 的动机	确定企业内部、外部的需求背景,针对具体企业的营运与设立状况选择时机,同时明确导入的目的与目标,及时立项	略	略
	2	组建负责 CIS 的机构	由发起人召集最初的参与人员,委托专业公司,由公司、专家顾问、专业公司三方面组成 CIS 委员会,并设常务机构	略	略
	3	安排 CIS 作业日程表	按照 CIS 作业的四大阶段,根据企业的具体情况拟订作业项目与进度安排,提交讨论并最后确定、制表	略	略
	4	预算导入 CIS 的提案书	仔细进行各项作业的预算,写出 CIS 预算书,提交企业主管与财务主管审核	略	略
	5	完成 CIS 提案书	按规定完成 CIS 提案书,充分说明导入 CIS 的原因、背景、目的、负责机构的设想、作业安排、项目预算,使推进方针与期待成果明确化	略	略

续表

阶段	序号	作业项目	主要内容	时间安排	负责人
调研阶段	1	确定调研总体计划	制订调研计划,其中包括调研内容、调研对象、调研方法、调研项目、调研程序与期限、调研成果形式	略	略
	2	分析与评估企业营运状况	分析企业各种相关的报表与调查资料,走访有关人士,诸如企业主管、财务主管、营销主管,充分掌握资料,分析研究	略	略
	3	企业总体形象调查与视觉形象项目审查	采取定性、定量两种形式,就企业的基本形象、特殊形象对企业内外进行采访与问卷调查,收集视觉形象项目,分析比较,广泛征求意见,得出审查意见	略	略
	4	调查资料的分析与研究	对经营情况与形象调查的所有资料进行整理、统计、对企业经营实态与形象建设现状做综合的研究与评估,明确企业目前的问题点,从这一前提初步构想CIS导入战略	略	略
	5	完成调查报告书	将研究成果记述在系统的报告书中,提交企业主管、相关部门主管、CIS委员会全体人员讨论、审议	略	略
开发设计阶段	1	总概念的企划	根据调研结果导入CIS的战略方针,对企业理念、识别系统的开发设计提出基本设想,对企业主管或董事会解释总概念书的内容	略	略
	2	创立企业理念	提出具有识别意义的企业理念,其中包括企业使命、经营理念、行动准则与业务范围等,并提出理念教育规范的行为特征。创作企业标语、口号、座右铭、企业歌曲等	略	略
	3	开发设计视觉识别系统	确定企业命名或更名策略,将CIS概念体现在基本因素的设计中,再以基本设计为准,开发应用设计要素、商标与包装设计须认真开发;对新设计方案进行技术评估与形态反应测试、修改、举一反三,最后确立;编印CIS设计手册	略	略
	4	办理有关法律行政管理手续	企业名称登记或更名登记,商标核准与注册登记	略	略
实施管理阶段	1	内部推进	在员工中动员与推行行为规范管理	略	略
	2	对外发布	有计划、讲策略地对外发布	略	略
	3	实施、评估、改进与提升	按照CIS策划手册的内容,在管理、营销、公关等领域全面贯彻CIS策划设计方案,并定期进行阶段性导入效果评估,及时做出改进方案并实施	略	略

7.2.2 CIS策划的基本原则

1. 战略性原则

CIS战略策划是创造企业优势、产品优势和竞争优势,以便全方位推出形象系统的新战略,是一项科学调控各种有效资源的系统工程。因此CIS绝不仅仅是设计上的变更或者企业名称的更改,而应该把它提高到企业存亡、经济兴衰的高度上看待。例如,英国ICI公司收购了一家新公司后,公司经营向多角化方向发展,原有的标志已不能符合公司要求,于是公司决定用100万英镑对呈波浪状的公司标志进行修改,使之能更好地代表公司新的形象。对此,公司的决策者认为:"与其说ICI公司的标志是一个难以名状的混合物,倒不如说它是将公司一系列相互分离的各个部门表现为一个总的公司。重新设计系统标志是为了将所收购的公司融入原来的公司结构中,这是一种新的设计类型,一项要在150个国家内执行的战略。"

2. 民族化原则

CIS战略策划既是一种经济的产物,又是一种文化的成果。文化都植根于不同民族的土壤。如果我们要策划设计出具有民族化的CIS战略,必须对中西民族文化有一个比较深入的分析和了解。

美国的CIS强调理性、个体性,偏重于制度建设。日本的CIS强调情,强调和谐性,偏重于理念建设。中国在CIS策划设计方面刚刚起步,但中国的CIS策划设计有五千年民族文化作基础,相信在21世纪,一定会有具备中国民族特色的CIS优秀之作进入世界CIS之林。

3. 个性化原则

日本著名CIS设计专家申西元男说:"CIS的要点就是要创造企业个性。"企业形象策划就是企业个性的定位。定位就是在消费者的心中寻找空隙和位置,目的是在此位置上建立有个性的优秀企业形象。定位是CIS的出发点,是塑造企业形象的第一步。

企业在理念的设计上应有自己独特的风格,能鲜明地把本企业的理念与其他企业的理念区别开。例如,同是汽车企业的丰田公司和日产公司,前者的企业形象口号是"以生产大众喜爱的汽车为目标",突出迎合大众口味的形象;而后者的企业形象口号是"创造人与汽车的明天",它强调的是不断技术创新的形象。

企业的标志、名称、品牌、招牌、装饰等也要有自己的特色,体现出自己鲜明的个性,这样才能在千千万万个企业中脱颖而出,增强公众的记忆度和企业的知名度。麦当劳金黄色的弧形门、太阳神以人托起的一轮红日、可口可乐的红色波浪,这些独具个性魅力的商标把自己与其他企业鲜明地区别开,给公众留下过目不忘的印象。

个性化原则还包括企业形象的设计简洁明了、易于记忆、生动形象等。例如,常州打火机厂在企业形象的设计中以广告语"送给你的是友谊,打出来的是希望"使产品占领了市场,获得了可观的经济效益。

4. 系统化原则

CIS是一个系统工程,它是包括MI、BI和VI的整体企业识别系统。三者内聚外化,有机结合,相互作用,共同塑造富有个性的企业形象。也就是说,它是将企业的经营理念与企业文化透过具体可感的视觉符号传达到企业外部的各种社会公益活动中,塑造出个性鲜明的优秀企业形象,对内产生凝聚力和激励力,对外提高企业的知名度和认同感。因此,在CIS的策划设计中一定不能将其进行割裂和肢解,要克服重形式轻内容、重设计轻传播的CIS策划形式。CIS是一个复杂的系统工程,是多种专业知识的融会与贯通,需要各类专家和专业人才的通力合作,需要专家与企业决策者的密切配合才能完成这一巨大系统工程,单凭某一专家或某一广告公司、设计公司的力量是难以胜任的。

5. 创新性原则

CI的策划、设计有新鲜、奇特、超群、别致的创意,具有新意和独特性。美国设计界有这样一条原则:不允许模仿他人的设计,要不断地创新。有生命力的CI策划与设计往往和"新"字分不开,只有意境新、形式新、构思新的策划和设计才能打动人、吸引人,使人过目不忘,留下深刻的印象。

首先,以视觉传达设计为例。例如,可口可乐以红色背景衬托白色花体字母组合,横穿一条波浪形线带,宛如一艘白色巨轮在红色海洋破浪前进,产生挡不住的冲击和震荡。这些图案形象醒目,设计新颖,令人耳目一新。其次,创新不仅体现在视觉符号系统上,也要体现在理念识别系统和行为识别系统上。

6. 可操作性原则

企业理念是一种意识、一种经营战略,即指企业的经营宗旨、经营方针和价值观。它是企业的灵魂,是企业运行的依据,具有导向力、凝聚力、激励力、辐射力。它不是一般的抽象思维的哲学,也不是一种宏观的世界观和方法论,它必须切合CIS的实践并便于操作。

CIS的可操作性还体现在企业理念系统应该有行为系统做保障。一些企业虽然拟定了企业理念却没有具体规划行为系统,造成理念成为时髦空洞的口号。如某商场提出的"××商场,购物天堂"的口号就违背了可操作性的原则。

CIS具有极强的可操作性,还表现在它不仅需要内部职工的参与和认同,而且需要通过沟通系统将企业经营理念、企业文化和企业经营活动推向社会,让更多的社会公众认同,否则,企业的CIS战略就很难在公众中树立起良好的形象。

任务7.3 企业形象策划方案结构及流程

○ 训练营

描述企业形象策划方案结构及流程:选择你所熟悉的企业,总结描述企业形象策划方案的流程及注意事项。

○ 知识库

一套简单的企业形象策划方案主要包括表7-5所示内容。

表7-5 企业形象策划方案结构

主要环节	序号	主要内容	具体说明
前期报告	1	企业现状调查	企业外部调查,如社会公众对其的印象、估价、存在的缺点;企业内部调查,如经营理念、员工认知
	2	企业现状分析	主要分析经营理念、经营状况、传播状况
	3	CIS设计开发要求	主要明确企业未来作风、经营理念、活动领域等
策划方案文本	1	标题	简洁、明了
	2	实施策划案的目的	目的明确
	3	引进CIS的理由和背景	背景分析透彻,理由依据前期调研报告,要做到充分、有力
	4	CIS计划的方针	清晰、准确
	5	实施计划	周全、细致、可行

续表

主要环节	序号	主 要 内 容	具 体 说 明
策划方案文本	6	具体实施细则	全面、完善
	7	计划的推动、组织和协办	计划的分配、落实要责任到人、分工合理、明确
	8	所需费用和时间	费用经济合理、达到经济最大化效果、导入时间科学、合理、恰当,按需导入
执行工作大纲		明确实施范围、方法、时间、费用	按照实施范围、时间、费用等要求,科学有效地执行方案

 超链接

麦当劳的 CIS 策划

麦当劳在中国的餐厅目前都经营得非常红火,黄金双拱门"M"、巨无霸汉堡、麦当劳叔叔等标志深入人心,麦当劳小饰品随处可见。麦当劳之所以能一炮打响、享誉京城,一方面在于其战略位置选择;另一方面在于其深层 CIS 战略策划。

一、经营理念——品质(Q)、服务(S)、清洁(C)、价值(V)

麦当劳公司创始人雷·克罗克在麦当劳创立初期,就设定了麦当劳经营的四信条,即向顾客提供高品质的产品;快速、准确、友善的服务;清洁幽雅的环境;做到物有所值。麦当劳几十年恪守"Q、S、C、V"四信念,并持之以恒地落实到每一项具体的工作和职工行为中。

1. 品质(quality)

比如北京麦当劳 95% 以上的产品在当地采购,但这要经过四五年的试验。例如,1984 年麦当劳的马铃薯供应商就派出专家来到中国,考察了黑龙江、内蒙古、河北、山西、甘肃等地的上百种马铃薯,最后在承德围场培育出达到麦当劳标准的马铃薯。麦当劳对原料的标准要求极高,面包不圆和切口不平不用;奶浆接货温度要在 41℃ 以下,高 1℃ 就退货;单是一片小小的牛肉饼就要经过 40 多项质量控制检查。任何原材料都有保存期,生菜从冷藏库拿到配料台上只有 2 小时的保鲜期,过时就扔掉,炸薯条超过 7 分钟、汉堡包超过 10 分钟就扔掉,这些被扔掉的食品并不是变质不能食用,只是麦当劳对顾客的承诺是:永远让顾客享受品质最新鲜、味道最纯正的食品。

2. 服务(service)

从员工进入麦当劳的第一天,就开始被训练如何更好地服务顾客,使顾客 100% 满意。麦当劳全体员工实行快捷、准确和友善的服务。按麦当劳标准,员工必须按照柜台服务三部曲服务顾客,在顾客点完所要食品后,服务员在一分钟之内将食品送至顾客手中,同时餐厅还专门为小朋友准备了漂亮的高脚椅和精美的小礼物。餐厅也为顾客举办各种庆祝活动,为小朋友过欢乐生日会和安排免费店内参观,为团体提供订餐及免费送餐服务。

3. 清洁(cleanness)

麦当劳的员工行为规范中明文规定:男士必须每天刮胡子,修指甲,随时保持口腔清洁,经常洗澡,工作人员不留长发;女士要戴发网,餐厅内不许出售香烟和报纸,器具全是不锈钢的;顾客一走便要清理桌面,凡是丢落在客人脚下的纸片要马上捡起来;上岗操作必须严格洗手消毒,用洗手槽的温水把手淋温并使用麦当劳杀菌洗手液,刷洗手指间和指甲,两手一起搓至少20分钟,彻底清洗后再用烘干机把手烘干;手在接触头发、制服及其他任何东西后,都要重新洗手消毒;各个岗位的员工都不停地用消毒抹布和其他工具清洁,以保证麦当劳餐厅里里外外整洁干净;所有餐盘、机器都会在打烊后彻底拆洗,清洁消毒。

4. 价值(value)

麦当劳食品不仅质量高,而且营养是经科学计算后配比的。营养丰富,价格合理,让顾客在清洁、愉快的环境里享受快捷、营养丰富的美食,这就是"物有所值"。

二、行为规范

为了保证麦当劳餐厅的"Q、S、C、V",麦当劳把每项工作都标准化,即"小到洗手有程序,大到管理有手册"。

1. Q&Tmanul,即麦当劳营运训练手册

麦当劳营运训练手册详细说明麦当劳政策、餐厅各项工作程序、步骤和方法。30年来,麦当劳系统不断丰富和完善营运训练手册,使它成为指导麦当劳系统运转的"圣经"。

2. SOC,即岗位工作检查表

麦当劳把餐厅服务组的工作分成20多个工作站,例如煎肉、烘色、调理、品管、大堂等,每个工作站都有一套"SOC",即 Station,Observation,Checklist。SOC 详细说明在工作站时应事先准备和检查的项目、操作步骤、岗位第二职责、岗位注意事项等,员工进入麦当劳后将逐步学习各个工作站。通过各个工作站的工作后,表现突出的员工将会晋升为训练员,并开始训练新员工,表现好的训练员就会晋升到管理组。

3. Pocket Guide,即袖珍品质参考手册

麦当劳管理人员人手一册袖珍品质参考手册,手册中详细说明各种半成品接货温度、制作时间、原料配比、保存期等与产品品质有关的数据。

4. MDP是麦当劳系统专门为餐厅经理设计的一套管理发展手册

MDP(管理发展手册)一共四册,手册采用单元式结构,循序渐进。管理发展手册中既介绍各种麦当劳管理方法,也布置大量作业,让学员阅读营运训练手册和实践。与管理发展手册相配合的还有一套经理训练课程,如基本营运课程、机器课程、高级营运课程。餐厅第一副经理在完成管理发展手册第三册后,有机会被送到美国麦当劳总部的汉堡包大学学习高级营运课程。高一级经理将对下一级经理员工实行一对一的训练。通过这样系统的训练,麦当劳的经营理念和行为规范就深深地渗透到了麦当劳员工的行为中。

三、识别标志——金黄色双拱门"M"

麦当劳取其英文名称的第一个字母"M"作为其标志。标准色采用金黄色,标志采用寓意和象征图形相结合的方法,如图7-3所示。"M"是公司英文名称的第一个字母,又设计成象征双扇打开的黄金双拱门,表示着欢乐与美味,象征着麦当劳凭"Q、S、C、V"像磁石一般不断地把顾客吸引进这座欢乐之门。

图7-3 麦当劳标志

麦当劳叔叔则是麦当劳的吉祥物,象征着祥和友善,象征着麦当劳叔叔永远是大家的朋友和社区的一分子,他时刻都准备着为儿童和社区的发展贡献一份力量。

想一想:麦当劳的CIS策划之所以能取得成功的原因在哪里?你得到了什么启示?

金钥匙

企业形象策划的操作要领

要点一：企业形象策划应突出环境形象

优美舒适的环境会使人奋发向上，勇于进取，使企业职工产生一种对企业的热爱及为企业效尽全力的信念。对外部公众来讲，优美的环境会给企业社区公众留下良好印象，尤其是商业企业，高雅的装潢、舒适的购物环境，不仅影响消费者对商店的光顾率，而且影响消费者的购物信心。

要点二：企业形象策划应突出人的形象

企业经营的好坏与经营管理者个体形象关系极大。平庸的管理者可以使兴盛的企业走向衰落；优秀的管理者可使濒临倒闭的企业起死回生。良好的管理者形象可以增加企业的凝聚力，提高职工的积极性。

所谓企业管理者的形象，是指企业中管理集团，特别是最高层领导的能力、素质、魄力、气度和经营业绩给职工及企业同行、社会公众留下的印象。企业人员形象策划，还应包括员工形象。所谓员工形象，表现为企业员工的技术素质、文化水平、职业道德和仪表装束等。员工是企业的劳动主体，员工形象直接决定商品形象和企业形象。

要点三：企业形象策划应突出产品形象

产品形象的优劣，直接决定企业形象乃至整个企业的命运。产品形象可以表现在许多方面，但是，集中地讲，它主要表现在产品的质量、性能、商标、造型、包装、名称等在消费者和社会公众心目中的形象。从营销实践来看，西方发达国家的企业无不重视产品形象。企业在产品命名、款式的选择、色彩的搭配等方面均事先通过大量市场调研，在广泛征求社会公众的意见后，才对产品进行定位。

要点四：企业形象策划应突出服务形象

20世纪80年代后期以来，发达国家企业兴起了服务营销。因而，优质服务是树立良好企业形象的保证。当今市场竞争激烈，在吸引顾客、超过同行的竞争中，服务竞争已越来越被摆在突出的地位。

要点五：企划人员在企业形象策划中还必须突出企业识别

换句话说，就是企划人员在市场竞争中，采取统一性和独立性的视觉形象，通过广告及其他媒体加以扩散，有意识地造成个性化的视觉效果，以便更好地引起公众的注意，使企业知名度不断提高。所谓统一性，就是要确定统一的标志、标准字、标准色，并将它贯穿于建筑物的设计、服装和包装等方面。所谓独立性，就是企业形象的塑造必须要有区别于其他企业的独立个性。只有使大众能在感觉上去感受本企业的特性，或本企业与其他企业的不同，才能形成对企业特性的强烈印象。

任务7.4　企业形象策划专项训练

训练营

撰写企业形象策划方案。

一、任务要求

(1) 自选企业，进行市场调研和分析，在此基础上为该企业撰写一份企业形象策划方案。

(2) 按照企业形象策划案的基本格式、结构，要求结构完整、格式正确。

(3) 内容合理、创新意识强。

(4) 策划方案可行性强。

(5) 在规定时间内上交策划方案电子和纸质文档。

(6) 用 PPT 进行策划方案汇报。

(7) 汇报后就存在的问题进行整改。

二、任务准备

(1) 企业可任意选择。

(2) 将全班所有学生进行分组，每组控制在 5 人以内，成立团队项目小组，明确任务内容和要求，各组就所选择企业背景资料充分讨论和调研。

(3) 该策划方案具体内容的分析与把握，如自身产品、竞争者、创意、预算等的分析是否准确与透彻。

(4) 要求按照 MI、BI、VI 进行归类，策划思路的整理。

章节测试题

一、不定项选择题

1. 企业形象识别系统的"心"是（   ）。
   A. 理念识别　　B. 行为识别　　C. 视觉识别　　D. 广告识别

2. 理念识别系统包括（   ）。
   A. 企业使命　　B. 经营哲学　　C. 行为准则　　D. 活动领域

3. 以下属于行为识别系统内容的是（   ）。
   A. 广告活动　　B. 社区交往　　C. 大型活动　　D. 新闻事件

4. 以下（   ）是视觉识别内容。
   A. 企业名称　　B. 企业标志　　C. 经营哲学　　D. 行为准则

5. 视觉识别中企业名称的定名要诀是（   ）。
   A. 简　　　　　B. 特　　　　　C. 新　　　　　D. 亮

6. 对视觉识别标志描述正确的是（   ）。
   A. 好的标志应简洁鲜明，富有感染力
   B. 标志在保持相对稳定的同时，也应有时代精神，必要时要做调整和修改
   C. 标志设计时应把握一个字——美
   D. 视觉标志一旦形成，最好保持持久稳定，不要变动

二、讨论题

各小组分别查找近几年的网红品牌，分析讨论：

1. 网红品牌的形象识别系统的 MI、BI、VI 是否完整？请说明。

2. 网红品牌形象有什么时代特征？

参 考 文 献

[1] 黄聚河.营销策划理论与实务[M].2版.北京:清华大学出版社,2017.
[2] 张晓,王丽丽.市场营销策划:理论、实务、案例、实训[M].3版.大连:东北财经大学出版社,2018.
[3] 戴国良.图解营销策划案[M].北京:电子工业出版社,2011.
[4] 张卫东.营销策划:理论与技艺[M].北京:电子工业出版社,2010.
[5] 王学东.营销策划:方法与实务[M].北京:清华大学出版社,2010.
[6] 叶万春,叶敏.营销策划[M].3版.北京:清华大学出版社,2013.
[7] 孟韬,毕克贵.营销策划:方法、技巧与文案[M].3版.北京:机械工业出版社,2016.
[8] 霍太林.市场营销理论与实务[M].沈阳:东北大学出版社,2008.
[9] 邓镝.营销策划案例分析[M].2版.北京:机械工业出版社,2015.
[10] 赵国祥.广告策划实务[M].北京:科学出版社,2009.
[11] 任锡源.营销策划[M].北京:中国人民大学出版社,2016.
[12] 刘世忠.品牌策划实务[M].上海:复旦大学出版社,2012.
[13] 孟韬.市场营销策划[M].4版.大连:东北财经大学出版社,2018.
[14] 吴良平.海尔商道[M].北京:中国城市出版社,2007.
[15] 聂艳华,张广霞.市场营销策划实务[M].北京:科学出版社,2009.
[16] 蔡嘉清,叶万春,万后芬.企业形象策划:CIS导入[M].5版.大连:东北财经大学出版社,2018.
[17] 徐汉文.现代企业经营管理[M].5版.大连:东北财经大学出版社,2016.
[18] (美)菲利普·科特勒.营销管理[M].15版.何佳讯,于洪彦,牛永革,等译.上海:格致出版社,2016.